노승일의 정조준

노승일의 정조준

초판 1쇄 인쇄 2018년 2월 23일
초판 1쇄 발행 2018년 3월 5일

지 은 이 노승일
디 자 인 박애리
펴 낸 이 백승대
펴 낸 곳 매직하우스

출판등록 2007년 9월 27일 제313-2007-000193
주   소 서울시 마포구 월드컵북로38가길 14, 201호(중동)
전   화 02) 323-8921
팩   스 02) 323-8920
이 메 일 magicsina@naver.com
I S B N 978-89-93342-64-2

*책값은 표지 뒤쪽에 있습니다.
*파본은 본사와 구입하신 서점에서 교환해드립니다.

노승일의 정조준

노승일 지음

이재용과 그들의 나라

　2018년 2월 5일 삼성 부회장 이재용의 2심 선고가 있었다. 2017년 8월 25일 1심에서 징역 5년을 선고받은 이재용은 이날 징역 2년 6개월 집행유예 4년의 선고로 촛불혁명이 한창이던 2017년 2월 17일 두 번에 걸친 구속영장 청구 끝에 구속된 지 353일 만에 풀려났다.

　이재용에게 적용된 혐의 대부분이 무죄로 결정 났다. 1심에서 징역 5년이 선고되었을 때부터 2심에서 집행유예로 풀어주려는 의심이 든다는 소문이 무성하던 끝에 우려는 곧 현실이 되었다. 수많은 사람들의 불길한 예감은 그대로 현실이 되었다.

　삼성과 최순실의 관계를 폭로했던 나로서는 치밀어 오르는 분노와 함께 이 뉴스를 보면서 아직 우리가 가야할 길이 멀고도 험하다는 것을 다시금 깨달았다.

　가게에서 몇 천 원짜리 빵을 훔쳐 먹은 힘없는 서민은 일벌백계의 대상이 되어야 하고, 몇 백만 원만 횡령해도 징역을 살아야 함에도 유독 재벌들에게만 관대한 법원의 판결에 얼굴이 뜨거워 질 수 밖에 없었다.

세간의 관심이 집중됐던 한명숙 전 총리의 항소심을 맡아 이름을 알리기도 했던 정형식 부장판사는 한만호 한신건영 대표로부터 불법정치자금 9억 원을 받은 혐의로 2010년 7월 기소된 한명숙 전 총리의 2심 공판에서 무죄를 선고한 1심을 깨고 징역 2년과 추징금 8억여 원을 선고했다. 이른바 뇌물을 의자에 두고 왔다는 증언을 받아들여 의자가 뇌물 피의자라는 비아냥을 들었던 판결을 했다. 증거도 없이 정황상 받았을 것이라는 추정으로 유죄판결을 내린 것이다. 명확한 증거라고 볼 수 없는 것도 판사가 생각하기에 받았을 것으로 보인다는 논리로 유죄판결을 내렸던 정형식 부장판사는 이재용 재판에서는 명확한 증거가 없다는 변호인의 주장을 그대로 받아들여 대부분의 혐의에 대해서 무죄를 선고한 것이다. 그나마 내가 고발하고 증거로 제출한 부분만 유죄판결을 받았다.

나는 독일에서 삼성이 정유라에게 사줄 말을 테스트하는 동영상을 촬영했고 이 동영상은 2016년 12월 박근혜정부의 최순실 등 민간인에 의한 국정농단 의혹사건 진상규명을 위한 국정조사 특별위원회 청문회에서 더불어민주당 박영선 의원에 의해 세상에 알려졌다. 박근혜 정부의 최순실 등 민간인에 의한 국정농단 의혹사건 규명을 위한 특별검사에 제출한 증거자료에는 처음에 "구입하는 마장마술 마필 2두에 대해서는 100만(유로)이 훨씬 넘더라도 선수 본인과 매치가 된다면 구입하겠다는 말씀을 사장이 제게 말씀 하셨습니다."라고 최순실에게 보고하는 보고서에 명시되어 있다.

우리는 다시 이 나라의 주인이 누구인지 똑바로 보았다.

2016년 겨울 그 추운 날 촛불 하나 들고 나와 외친 1,700만 민주주의의 힘은 박근혜를 비롯한 국정농단세력과 이재용을 구속시켜 정권교체라는 위업을 달성했다. 하지만 만연한 적폐의 청산은 이제 시작일 뿐이다.

이재용의 집행유예 석방을 보면서 독일에 있으면서 삼성과 최순실 사이에 있었던 은밀한 관계에 대한 증거를 모으던 때가 생각났다. 나는 그때 내 목숨을 걸고 증거를 모았다. 반드시 이 증거가 악마들이 세운 정권을 끝장낼 것이라는 것을 믿으며.

증거들을 모으고 2016년 10월 25일 서울중앙지방검찰청에서 폭로를 시작하자 지인들은 나에게 꼴통이라고 말했다. 어떻게 저들과 맞서 싸우려고 하느냐고.

그래서 나는 말했다. "꼴통이 무서울 게 뭐 있어?"

꼴통은 이것저것 복잡하게 생각하지 않는다. 올바른 길이라면 머리가 깨지고 피가 나도 그대로 간다.

나의 꼴통 짓이 있었기에 지난 촛불혁명의 위대한 승리가 있었다는 자부심도 있다. 하지만 나는 영웅이 아니다. 나는 지난날 최순실의 국정농단의 협력자였다. 나 역시 비판받아 마땅한 적폐의 일부였던 것이다. 최순실의 부정부패에서 시작한 나의 증오심이 고발의 원동력이었음을 부인할 수는 없다. 지금도 나는 최순실에 협력했던 지난날이 매우 부끄럽다. 나의 고발은 나의 허물에 대한 깊은 후회와 반성이 있었기에 가능했다.

이 책은 어쩌면 최순실에 협력하며 살았던 나의 치부를 들어내는 자기고백이며 반성문이다.

한때 최순실 국정농단에 협력하며 살았던 나에게 용기를 주고 힘을 함께 모아줬던 2016년 그 겨울의 촛불시민들과 청문회를 보고 나에게 엄지 척 해주던 대한민국 국민 모든 분들께 머리 숙여 사죄드리며 용서를 해준 대한민국 국민 모든 분들께 다시 한 번 머리 숙여 감사한다.

그나마 내가 꼴통이기 때문에 나는 중요한 순간에 정의에 편에 설 수 있었다.

박근혜가 탄핵되는 그 순간에 슬픔과 기쁨의 눈물이 아닌 광화문 광장에서 터져 나오는 국민의 소리에 눈물이 흘렀다.

"국민여러분 사죄드립니다. 그리고 감사합니다."

제목 차례

제2장 트로이 목마

제3장 진실에 서다

제4장 외롭지 않은 싸움

제1장

당신들의 천국

마음만 가지고 가

2016년 10월 서초동.

인생은 늘 선택의 기로에 선다. 몇 가지 갈림길 앞에서 어느 길로 가야 할지를 선택해야 한다. 누구를 만날지, 어떤 것을 선택해야 할지.

그날도 그랬다. 나는 두 통의 전화를 받고 결정해야 했다. 어느 전화에 응해야 할지. 만일 내가 그때 다른 선택을 했다면 내가 애써서 모아왔던 증거들은 제대로 활용되지 못했을지도 모른다.

세상을 떠들썩하게 했던 JTBC 뉴스룸의 최순실이 사용했던 테블릿PC 특종보도가 나오기 불과 한 시간 전인 2016년 10월 24일 월요일 저녁 7시 서울중앙지검에서 두통의 전화가 동시에 걸려왔다. 6층에 있는 검사실과 10층에 있는 검사실에서 전화가 걸려왔다.

"노승일 부장님."

"네."

"서울중앙지검 6층 ○호 검사실인데요. 어디시죠?"

"퇴근중입니다."

"그럼 지금 이리로 올 수 있나요?"

"아니요 내일 찾아뵙겠습니다."

"집이 어디신데요?"

"미아동인데요."

"그럼 지금 왔다가 빨리 끝냅시다."

"제가 지금 몸이 불편해서 내일 아침에 찾아뵙겠습니다."

"지금 오시는 게 좋을 텐데요."

"내일 아침 9시에 찾아뵙겠습니다."

"네 그럼 내일 아침 9시에 ○호실로 오세요. 아 그냥 지금 와서 빨리 끝내시는 게 좋을 텐데."

"죄송합니다. 내일 찾아뵙겠습니다."

"네 알겠습니다."

전화를 끊고 10여분도 되지 않았는데 다시 전화가 걸려왔다.

"노승일 부장님 핸드폰 맞죠?"

"네."

"안녕하세요. 여기 서울중앙지점 10층 검사실인데요."

"네."

"지금 어디시죠?"

"퇴근중입니다."

"집이 어디신데요?"

"미아동이요."

"그럼 지금 서울중앙지검 10층 1018호실로 오세요."

"조금 전에 6층 검사실에서 전화가 왔습니다. 그래서 내일 아침 9시에 찾아뵙기로 했습니다."

"그럼 내일 아침 9시에 6층 말고 10층으로 오세요."

"네 알겠습니다. 그럼 내일 아침 9시에 찾아뵙겠습니다."

통화를 하며 순간 고민했다. 내일 아침 10층으로 빨리 갈까. 왠지 6층 검사실 보다는 10층 검사실이 느낌이 좋았다. 정말 그냥 10층이 느낌이 좋았을 뿐이다. 집에 도착하자마자 JTBC 뉴스룸의 특종을 봤다. 나로서는 별로 놀라울 것이 없는 뉴스였지만 그 뉴스가 갖고 오게 될 파장에 대해서는 예상할 수 있었다. 최순실이 본격적으로 세상 사람들의 입에 오르내리던 그 시작이었다.

세상 사람들이 특종 뉴스에 충격을 받고 있을 때 나는 전혀 다른 것으로 깊은 생각과 고민을 해야 했다. 내일 중앙지검으로 가게 되는 것은 기회일까? 아님 함정일까? 살아있는 권력을 고발하는 일에 관한 영화에서 보면 위에서 권력자가 누르면 그걸로 끝인데 하는 생각이 불현듯 떠올랐다. 나에게 꼴통이라고 했던 지인들의 조언이 떠올랐다. "청와대는 힘이 있고 그 힘으로 언론도 장악할 수 있다." 지인들이 이 말을 처음 나에게 한 것은 2015년 8월 독일 코어스포츠에서 일을 할 때였다. 그때가 바로 내가 최순실의 국정농단을 세상에 알리겠다고 결심을 굳혔을 때였다.

최순실의 국정농단 자료를 차곡차곡 모으며 지내던 2015년 독일에서 나는 엄청난 고민을 했다. 내가 모아온 이 자료들을 어떻게 세상 밖으로 알릴지에 대해. 언론에 먼저 알려야 하나, 검찰에 알려야 하나, 아님 정치권에 알려야 하나를 두고 수없이 고민을 했다.

"그래 정치권 야당 민주당에 도움을 청하는 거야."

하지만 지금은 상황이 다르다. 먼저 언론에서 불씨를 지폈고, 검찰의 수사가 시작된 상황이었다. 하지만 이 나라의 대통령은 박근혜. 거대한 산 청와대 박근혜가 유야무야 수사하고 종료시키면 끝나는 상황. 속된말로 나는 새되는 것이다.

그래 일단 10층으로 가서 조사를 받자. 그리고 아니다 싶으면 야당으로 찾아가자. 그리고 도움을 청하자. 이게 그날 밤 뜬 눈으로 새우며 고민한 결론이었다.

2016년 10월 25일 오전 9시 나는 서울중앙지검 10층으로 찾아갔다. 나에게 처음 말을 건넨 분은 담당 계장님이셨다.

"검찰에 처음이시죠? 너무 부담 갖지 말고 편하게 아는 사실대로만 진술하시면 됩니다. 그리고 화장실 가고 싶거나 커피 마시고 싶거나 쉬고 싶으면 언제든 말씀하세요."

담당 계장님의 친절함이 오히려 경계심을 불러일으켰다. 매우 친절하게 대해 주는 것이 왠지 수사를 대충하고 덮으려는 의도로 보였다. 나는 아직 대한민국 검사를 믿지 못한다. 더욱이 박근혜 정권의 검찰이라면 더욱 그러하다.

아직 누가 검사인지도 모르는데 손에 땀이 나기 시작했다. 연신 휴지로 닦아보지만 화수분처럼 솟아났다. 얼굴도 달아오르기 시작했다.

　다시 계장님께서 말씀하신다.

　"지금 노 부장님 너무 긴장하고 있어. 너무 긴장하지 마세요. 다들 검찰을 너무 무서워해서 그래. 과거와 지금의 검찰은 달라요."

　"아, 예. 긴장도 되고 그래서 매형에게 전화를 걸었더니 너무 긴장하지 말라고 그러더라고요."

　"매형이 여기 계세요?"

　"아니요."

　그때 정수기에서 커피를 타던 나와 동연배로 보이는 사람이 갑자기 아니꼬운 투로 나에게 질문을 던졌다.

　"누군데요? 말씀해 보세요."

　"아닙니다. 그냥 조사받겠습니다."

　"누군데요? 그 사람이."

　'아니꼬운 투로 질문을 하는 저 사람은 도대체 누구지?'

　짜증이 났다.

　"그 사람이 누구냐고요?"

　그의 '다그치는 톤' 더 큰 짜증이 밀려왔다. 지금 조사받으러 왔는데 그 사람 이름이 뭐가 중요하냐고 생각했다.

　계장님이 말씀하신다.

　"검사님께서 궁금하셔서 그러니까 누구세요?"

　아니꼬운 말투의 그 사람이 바로 나의 담당 검사였다.

"매형 사촌 동생 이구요. 존함은 이○○ 검사님입니다."

검사의 눈이 똥그래졌다. 얼굴도 붉게 타올랐다. 나보다 더.

"부장님 제방으로 가시죠. 계장님 음료수 좀 주세요."

"노 부장님 정말 인연입니다. 제가 이 검사님을 가장 존경하며 많은 후배들에게 존경받는 분입니다. 같은 학교에서 같이 공부는 안했지만 늘 존경하고 있습니다. 노 부장님 정말 인연인데 많은 협조 부탁드립니다."

"검사님 죄송하지만 명함을 받을 수 있을까요?"

"명함이요? 제가 지금 명함이 없어서, 찾아서 있으면 드리겠습니다."

"명함이 필요하세요?"

"아, 예. 아닙니다. 그럼 조사받겠습니다."

이렇게 최 검사와의 첫 만남이 시작되었다.

내 인생을 바꾼 잔인한 만남

　1983년 서울 영등포초등학교에 입학해 초등학교 4학년이 되었을 때 학교에 배드민턴부가 창단되었다. 나는 그때 배드민턴 선수가 되며 서울 아현중학교 서울 체육고등학교를 졸업해 1995년 한국체육대학교에 입학해 배드민턴을 전공했다. 한국체육대학교 사회체육대학원 석사과정에서 스포츠 마케팅을 전공하며 경기도 가평 설악중학교에서 체육 기간제 교사를 했다.

　2002년 2월 4일 굿모닝증권에 임시계약직 비정규직으로 입사를 했다. IMF로 대한민국 전체가 암울하던 그 시기 자조처럼 88만원 세대라는 말이 유행을 했는데 나의 첫 월급은 정말 88만원이었다. 비정규직으로 취업을 하는데도 몇 백분의 일의 치열한 경쟁 속에 입사를 했다. 이후 정규직 직원이 되는 과정도 순탄치는 않았다. 88만원의 급여를 받는 날이면 서울역 염천교 구두거리로 향해 뒷굽이 달고 등이 갈라진 구두와 이별하고 한 달 후 이별할 새 구두와 첫 만남을 가졌다.

주식투자를 권유하며 주식투자자를 모집하는 것이 주 업무였다. 고객을 만나고 커피와 식사 값을 계산하며 늘어나는 카드빚에 이 신용카드 저 신용카드를 만들며 신용카드는 하나둘 늘어만 가고 카드대금을 돌려 막으며 늘어나는 신용카드빚에 나는 고금리 신용대출을 받아들이게 되었다. 비정규직에서 정규직 전환을 생각하며 정해진 퇴근 시간도 없이 나는 이렇게 서울 거리를 돌아다녔다. 양복을 입고 넥타이를 매고 서류 가방을 든 한 남자가 하염없이 거리를 걸으며 눈물을 흘렸다. 그 한 남자는 여의도에서 광명사거리까지 걸어서 퇴근하는 꼴통이었다.

증권회사에 입사해 주식투자를 권유하며 영업에 한계를 느낀 나에게 뜻밖의 전화가 걸려왔다. 중학교 1학년 때 같은 반 친구인 김연신이란 친구였다. 서로의 중학교 졸업 후 안부와 현재 하고 있는 일에 대한 대화를 하며 반가움에 시간 가는 줄 몰랐다. 그리고 우린 만나기로 약속을 했고 친구를 만나 이런저런 대화를 나누다 친구의 사장님이 주식투자를 한다는 친구의 말에 나는 친구에게 만나 뵙게 해 달라고 부탁을 했다. 친구는 나에게 걱정하지 말라며 사장님께 말씀드리고 약속시간을 정해 다시 연락을 해 주기로 약속하며 우린 서로 아쉬운 짧은 만남의 반가움을 뒤로하며 헤어졌다.

친구에게 연락이 왔다. 사장님께 말씀드렸다며 약속 장소와 날짜 그리고 시간을 알려줬다. 그리고 약속 날짜에 목동으로 친구의 사장님을 만나 뵙기 위해 친구의 회사로 찾아갔다. 캐주얼한 옷차림에 젊은 사장님이셨다. 사장님께 오늘 방문한 목적을 설명 드리고 도움을 부탁드렸다. 흔쾌히 도움을 주시겠다는 사장께서 식사를 하자고 말씀하신다. 사장님과 식사를 하며 술도 한잔 마시며 이런저런 대화를 했다. 흔쾌히 도움을 주겠다는 사장님께 깊은 감사의 마음을 전하며 집으로 향했다.

소리 지르고 싶은 가슴 벅찬 사장님의 대한 감사의 마음과 주식투자자 모집 영업에 자신감을 갖고 안양천 뚝방길을 따라 광명사거리까지 걸으며 하늘을 쳐다보니 돌아가신 친할아버지와 친할머니가 떠오르며 죄송한 마음에 눈물이 흘렀다.

전라도 광주 광산 노씨 집안의 장남인 아버지에게 시집온 어머니는 딸 셋을 낳았고 친할아버지와 친할머니로부터 자연스럽게 눈치를 보고 살았다. 내가 세상에 태어나며 친할아버지와 친할머니는 장손인 나에게 가졌던 사랑과 기대가 컸을 것이다. 하지만 지금 나는 월급 100만원에 세금을 제외하고 88만원을 받으며 직장을 다니는 임시 계약직인 비정규이었다. 이 책을 쓰고 있는 지금도 죄송한 마음뿐이다.

흔쾌히 나에게 도움을 약속한 이희영 사장님은 지금도 형님으로 부르며 도움을 주신 감사의 마음을 가슴속에 품고 인연을 이어가고 있다.

임시계약직 비정규직에서 계약직 비정규직으로 전환이 되며 신한굿모닝증권 주안지점으로 발령을 받아 고객에게 주식을 상담하며 주식을 매도 매수하는 영업을 시작하며 첫 가정을 갖게 되고 지인의 도움으로 2004년 6월 정규 계약직으로 메리츠증권에 입사를 하며 1년 후 정규직이 되었다. 하지만 비정규직으로 직장생활을 하며 늘어난 빚을 감추고 살았던 나에게는 이혼이란 시련을 겪게 했다. 하지만 빚은 두 번째 가진 가정에게도 아픈 시련과 상처를 남겼다. 증권회사를 그만 두고 새로운 직업을 찾고 싶었다. 하지만 현실은 녹록지 않았다. 증권회사를 12년 다녔던 내가 선택할 수 있는 것은 타 증권사로 이직을 하는 것이었다. 직장 상사의 도움으로 동부증권으로 이직을 준비하고 있을 때 새로운 직업을 선택할 수 있는 기회가 나에게 주어졌다.

그것은 바로 내 인생을 바꿔 놓은 최순실이었다. 2014년 3월 초 이력서를 들고 차움빌딩 뒤편에 위치한 작은 커피숍에서 만난 최순실은 평범한 옷과 평범한 얼굴의 작은 목소리로 나에게 예의를 갖추며 이력서를 보면서 질문을 했다.

"한국체육대학교를 다니며 배드민턴 운동선수였는데 왜 증권회사에 입사를 했었어요?"

"한국체육대학교를 입학해 대학교 2학년까지 운동선수 생활을 했습니다. 운동 기량은 뛰어나지 않았지만 선배들에게 맞으며 허벅지 혈관이 파열돼 운동을 그만두고 공부를 하기로 결정했습니다."

"증권회사는 몇 년 다녔어요?"

"네 12년 다녔습니다. 지금도 다니고 있습니다."

"전공을 살리고 싶은 생각은 없어요?"

"전공을 살리고 싶지만 기회가 주어지질 않아서요."

"앞으로 체육재능기부 사단법인을 만들려고 하는데 전공을 살리면 서 함께 일을 할 수 있겠어요?"

"네. 기회 주신다면 열심히 하겠습니다."

"남자는 돈보다는 명예를 쫓아야 해요. 명예를 쫓으면 돈은 자연스럽게 따라와요, 앞으로 잘 해보세요."

"네 감사합니다."

"언제부터 출근 할 수 있어요?"

"지금 다니는 직장 정리되는 대로 바로 출근하겠습니다."

그리고 그는 '한체대 총장이 자꾸 보자구하네. 귀찮게.'라며 자리에서 일어났다.

한국체육대학교 19대 총학생회장이었던 나는 '한체대 총장'이라는 말에 자연스럽게 관심이 갔다. '이분 도대체 누구지'라고 혼잣말을 했다.

압구정역에 위치한 사무실에 출근했다. 사무실에 문을 열고 들어서는 순간 남자 세 분이 옷을 만들고 있었다. 마네킹에 옷을 걸쳐놓고 옷핀을 꽂으며 맵시를 가다듬는 사람, 원단에 자를 대고 원단을 절단하는 사람, 컴퓨터 화면을 보며 옷을 보는 사람. 컴퓨터에 앉아 있던 분이 안쪽에 위치한 사무실 문을 열며 나를 안내해 주며 사용할 컴퓨터를 말해준다.

사무실에는 책상 두 개, 컴퓨터 두 대, 소파 그리고 높이가 허리까지 오는 금고가 있었다.

나는 책상에 앉아 컴퓨터를 켜고 한참을 앉아 있었다. 그리고 최순실이 문을 열면서 들어왔다.

"사단법인을 만들어야 하니깐 절차를 알아보세요."

"네. 알겠습니다."

"그리고 사단법인을 어떻게 운영할지 계획서를 만들어 보세요."

"네. 알겠습니다."

"그리고 독일 유아체육 교육이 잘돼있다고 하니깐 그 것도 좀 알아보세요."

"네. 알겠습니다."

그리고 최순실은 자리에서 일어나 사무실 문을 열고 옷을 만드는 남자에게 이렇게 말한다.

"이번 순방 때 고생했다고 위에서 보냈으니깐 받으세요."

그리고 옷에 대한 얘기를 하며 옷의 색상 옷깃 옷의 주름 등 이건 이렇게 저건 저렇게 하라고 지시를 내렸다.

그렇다 이곳은 대통령의 옷을 만드는 곳이다. 옷걸이에 걸려 있는 수많은 옷들은 이곳에서 만들어진 옷이다. 대통령 옷이 이 한곳에서 만들어 진다니 신기했다. 출근 직후부터 체육재능기부 사단법인 설립을 위해 자료를 만들기 시작했다. 사단법인은 어떻게 만드는지 체육재능기부 사단법인의 목적과 필요성 조직도 종목 등의 기본골격을 만들며 사단법인에서 교육운영에 접목시키기 위해 독일 유아체육에 관해서 알아보았다.

나는 최순실에게 사단법인 설립절차와 사단법인의 목적과 필요성 그리고 조직도를 정리해 보고를 했다.

"사단법인 명칭은 가칭 SDT로 체육인재를 선발하여 스포츠 은퇴 선수들과 올림픽, 아시안게임, 세계선수권 메달리스트 중

지도자를 선발해 지도자가 가지고 있는 재능을 체육인재에게 전달하고 체육인재가 미래 올림픽, 아시안게임, 세계선수권에서 메달을 획득하는 내용입니다."

"사단법인 설립 절차는 알아봤어요?"

"네. 사단법인 설립 신청에 필요한 서류가 준비되면 법무사나 행정사에게 전해주면 처리해 준다고 합니다. 그리고 비용은 300만원 이라고 합니다."

"아무한테 함부로 맡기면 안돼요. 법무사나 행정사는 내가 알아서 하고. 독일 유아체육 좀 알아봤어요?"

"서점에 가서 책을 구입해서 알아보겠습니다. 그리고 체육인재를 육성하기 위해 체육시설이 필요합니다."

"그건 내가 알아볼게요."

"사단법인 설립에 있어 이사회를 구성해야 하는데요. 그리고 이사회 구성하면서 이사님들 개인서류가 필요합니다."

"지도자들 중에서 한 명, 이사될 만한 사람 한 명 추천하고, 나머지 이사들은 내가 알아서 할 거예요."

"네. 알겠습니다."

"그리고 종목을 정하고 지도자를 알아보세요."

"네 알겠습니다."

지시사항을 전달하고 자리에서 일어나며 최순실은 나에게 서류 하나를 준다.

"이거 보고 참고하세요."

"네. 알겠습니다."

최순실이 사무실에서 나가고 난후 최순실이 건네준 서류를 보며 놀랬다. 사단법인의 설립 그리고 사업목적과 내용 그리고 운영 스포츠 산업의 미래와 시장조사까지 정리가 너무나 잘 돼 있었다. 이 서류를 갖고 그냥 사단법인을 만들고 운영해도 전혀 문제가 되지 않는 잘 정리된 서류였다. 이후 최순실은 나에게 문건 두 개를 주며

"여기 서류에 나온 시설 잘 살펴보고 보고 하세요"

"네. 알겠습니다."

"둘 중 한군데를 우리가 쓸 수 있다고 하니 어디가 좋을지 보세요. 그리고 운영권도 줄 수 있다고 하네."

최순실이 나에게 준 서류는 일산 올림픽스포츠센터와 분당 올림픽스포츠센터였고, 두 곳의 스포츠 운영현황과 재정현황 등이 있는 자료였다. 그리고 나중에 알게 된 사실은 문화체육관광부 제2차관 김종에게서 온 시설에 관한 문서였다.

이건 특혜였다. 정치권력을 잡은 사람이 할 수 있는 일이라 생각했다. 부정부패였다. 내가 계속 일을 한다면 나중에 나도 문제가 될 수 있고 이 사단법인에 힘들게 모셔온 지도자에게도 문제가 될 수 있다는 생각이 들었다. 그렇다고 해서 회사를 그만둘 용기는 없었다. 나는 일을 해야만 했다.

그리고 얼마 후 최순실은 체육재능기부 사단법인의 사무실을 알아보라고 하며 직원도 두 명 채용하라고 지시를 했다. 사무실을 알아볼 때 조용한 곳을 알아보라고 했다. 여러 곳을 돌아다니며 사무실을 알아봤다.

두 번째 사무실은 서울 강남구 삼성동에 위치한 서울정애학교 정문에 위치해 있었다. 사무실 계약 후 사무집기를 주문하고 통신사에 연락해 사무실 전화와 인터넷 케이블 선을 정리하고 이제 남은 건 주문한 책상과 사무집기만 들어오면 되는 상황이었다. 그런데 다음날 오전 주문한 사무집기와 책상이 배송되길 기다리는 나에게 갑자기 해고를 통보한다. 실직! 아 이건 도저히 이해를 하려해도 이해를 할 수 없었다.

그때 당시 정윤회, 최순실의 딸 정유라의 승마공주 기사가 나왔다. 은밀한 진행을 원했던 최순실은 이 기사를 통해 나를 의심하는 것인가? 라는 생각이 들었지만 도저히 이해와 납득이 되지 않았다. 내가 해고를 당하며 위안을 삼은 건 정치권력을 통한 부정부패에서 빠져나왔다는 것이며 이렇게 최순실과 나와의 인연은 짧게 지나갔다.

후회하지 말고 웃어라

최순실에게 어이없는 부당한 해고를 당하고 집으로 돌아오는데 구름 한 점 없는 파란 하늘과 선명한 햇살은 나를 더 우울하게 만들었다.

"실직자! 노승일 너는 왜 그렇게 힘들게 사니? 친구 아버지가 너에게 했던 말을 생각해봐! 승일아 참으로 네 인생이 파란만장하구나"라며 걱정을 해주셨잖아.

앞으로 어떻게 살아갈지를 고민도 못 할 만큼의 시련과 괴로움은 나를 더욱 답답하게 만들었다. 정말 내 인생에는 바닥이 어디인가? 바다도 바닥이 있는데 왜 나의 인생에는 바닥이 보이질 않는 것인가? 바닥이 보이질 않는데 왜 나는 올라가려고만 하는 것일까? 딛고 올라올 바닥은 언제 나타나는 것일까? 집으로 돌아와 방 한구석에 누워 눈을 감았다. 이대로 영원히 눈을 뜨고 싶지 않았다. 실직 그리고 신용불량자 개인파산 생각만 해도 끔찍했다.

신용불량자가 되지 않기 위해 난 뭐든 해야 했다. 배드민턴 동호회 레슨 코치로 버티기에는 수입보다 지출이 많은 상황이었다. 레슨 코치를 하며 개인사업자등록을 하고 동호인들의 배드민턴 라켓 줄을 수리하고 용품도 도매로 받아다 판매했다. 라켓 줄은 수리하면 5000원이 남았고 용품도 5000원이 남았다. 100만원에 구입한 마티즈 자동차를 타고 다니며 배드민턴 레슨을 하는 나를 동호인들은 측은해 보였는지 많은 도움을 주었다. 하지만 그래도 수입보다 지출이 많았다. 그 이유는 부채가 많았기 때문이다. 부채가 이자를 생산하고 그 이자는 또 다른 부채를 생산하는 악순환이었다.

나는 오랜 망설임 끝에 배드민턴 동호회에서 친하게 지내던 한정석이란 동생에게 부탁을 했다. 그는 구리농수산물시장 청과물시장에서 일을 하고 있었다.

"형. 그러다 쓰러져. 못 해. 하지 마."

"할 수 있어. 일자리 좀 부탁할게 정석아."

"형 정말 힘들어 잠을 못 자면 쓰러져."

"아니야 할 수 있어. 정말 힘들어서 그래. 좀 도와줘. 부탁할게."

"알았어요. 형."

간절했다. 아니 살아 숨 쉬고 싶었기에 꼭 해야만 했다. 한 달 30일 동안 부채를 갚아 나가야하는 날은 20일. 부채도 많고 갚을 곳도 많았다. 지인들에게 돈을 빌려 돌려막기를 한다는 것도 괴로운 일이었다. 잠을 안자고 일을 할 수 있고 돈을 갚을 수 있다면 무엇이든 얼마든지 할 수 있었다. 나는 살고 싶었다.

배드민턴 레슨 코치 수입 180만원에 청과시장 200만원을 합쳐도 부채를 갚기에는 빠듯했고 월세를 낼 수 없어 집주인 아주머니가 전화해서 방을 빼달라고 할까봐 늘 걱정을 하고 전기료와 가스사용료 상하수도사용료는 독촉이 들어와야 납부를 했다.

월세보증금 300만원은 독일로 향할 때 한 푼도 받지 못했다. 월세가 밀려도 딱 한번 전화해 주신 집주인 아주머니께 죄송하고 고마운 마음뿐이다.

동생이 청과시장에 일자리를 구해줬다. 너무나 고마웠고 숨을 쉴 수 있었고 나는 살 수 있다는 희망이 생겼다. 새벽 2시부터 다음날 오후 2시까지 일하는 조건이었다. 저녁 배드민턴 레슨이 끝나고 밤 10시 구리농수산물시장에 도착하면 11시. 도착 후 청과물가게 소파에서 쪽잠을 자고 새벽 1시 30분부터 일할 준비를 했다.

피곤해하는 나를 보며 사장님은 "새벽일이 피곤하지?"라며 말씀하신다. '사실은 저녁에 배드민턴 레슨을 합니다.'라고 말하고 싶었지만 그만 두라고 할까봐 말씀을 못 드렸다.

약 3개월가량 청과물시장에서 일하고 있을 때, 수산시장에서 20만원을 더 준다기에 수산물시장으로 자리를 옮겼다. 밤 11시 출근 다음날 오전 11시 퇴근 청과시장은 중간에 쪽 잠을 잘 시간이 있었는데 수산시장은 시간이 여의치 않았다. 춥고 졸리고 내 몸은 그야말로 최악의 상태에 노출되었다. 그동안 잠을 제대로 자질 못 해 눈은 건조할 대로 건조해졌다. 인공 눈물을 넣고 또 넣고 하지만 졸음은 참을 수가 없었다. 추운 겨울날 손님을 기다리며 의자에 앉아 졸고 졸다 사장님에게 혼나길 몇 번, 화장실에 다녀온다고 말하고 화장실에서 졸고를 반복했다. 생선을 배달하고 구리농수산물시장 주차장에 앉아 담배를 피우며 울고 또 울고 반복하다가도, 손님이 찾아오면 웃으며 맞이하고 주문한 물건을 가지러 냉동 창고로 향했다.

비닐로 만들어진 사무실에서 노트북 모니터에 '정윤회 문건 유출사건'이란 뉴스가 나왔다.

"나 최순실 아는데."

잊고 살았던 기억에서 해고를 당한 그 순간이 떠올랐다.

'아 그때 문화체육관광부 제2차관 김종이 최순실에게 건네주었던 문서가 정부문서였다면'하는 아쉬움이 남았다.

'그 문건이 정부문서였다면 최순실의 존재를 만천하에 알릴 수 있을 텐데'

몸이 망가질 대로 망가져서 더 이상 버티기가 불가능하다고 생각할 무렵 이번에는 배드민턴 동호회 레슨회원인 김종오 형님에게 전화를 걸었다. 웃으며 형님에게

"형님 일자리 좀 주세요."

"야, 너 레슨 하잖아."

"오전 오후에 돈 좀 벌려고요."

"그럼 우리 회사로 와. 내비게이션에 우정포장 찍고."

형님의 회사는 포장자재 종이박스를 생산하는 우정포장이었

다. 오전 8시 출근해 오후 6시 퇴근 월급은 150만원. 그래도 좋았다. 이제 정상적인 삶을 살 수 있어서.

내가 주로 하는 일은 박스 생산 보조, 박스 배송이었다. 나는 돈이 필요하기에 명함을 만들어 달라고 부탁해 박스 영업을 병행했다. 우정포장 김종오 형님은 나를 측은하게 바라보며 배려를 아끼지 않았다. 저녁 7시 레슨에 지장이 없게 해주기 위해 박스 배송 일정을 조정해 주셨다. 나 하나 때문에 우정포장에서 배송을 하는 직원들이 힘들면 직원들의 불만으로 형님이 힘들어 질 것이라는 생각과 배려를 해주신 형님께 누가 되지 않기 위해 나 역시 배드민턴 레슨 시간을 조율하며 배송 근무를 했다.

우정포장에 출근하며 한 가지 습관이 생겼다. 도시락을 싸고 도시락 가방을 들고 출근했다. 점심은 회사에서 제공해 주지만 저녁에 퇴근하면 바로 배드민턴 레슨을 가야 했던 내 삶의 허기를 달래주기 위한 하나의 수단이었다. 퇴근 후 황금색 마티즈를 타고 배드민턴 레슨 장소로 이동하며 짧은 신호대기 시간에 한 입 두입을 반복하며 또 다른 출근을 준비하면서 나는 최순실에게 당한 부당해고를 잠시 잊고 새로운 삶을 시작했다.

또 나야 왜?

우정포장에서 약 4개월을 근무하며 첫 여름휴가를 맞이했다. 그 무렵 한통의 전화가 걸려왔다. 잘 지내느냐는 안부의 전화와 대한승마협회 회장사가 한화에서 삼성으로 바뀌고 삼성에서 승마선수를 지원하기 위한 프로젝트가 만들어 졌고 이 프로젝트를 수행하기 위해 독일에 스포츠 매니지먼트 회사를 설립한다며 내게 독일 스포츠 매니지먼트 회사의 대표를 제안했다. 그리고 독일 스포츠 매니지먼트 회사에서 함께 일할 대표를 만나기 위해 서울 가든호텔로 갔다. 호텔 로비에 위치한 커피숍에서 윤영식 대표, 독일 이름 데이비드 윤을 만났다.

"안녕하세요. 노승일입니다."

"반갑습니다. 독일에서 함께 일 할 데이비드 윤. 윤영식입니다."

"독일어는 하실 줄 아시죠?"

"아니요. 전혀 못 합니다."

"현재 무슨 일을 하시죠?"

"증권회사를 다니다 지금은 다른 일을 하고 있습니다."

"저는 지금 화장품과 관련된 사업을 하려고 한국에 왔습니다. 그래서 지금 독일에 화장품 회사를 설립하려고 준비하고 있습니다."

데이비드 윤과 짧은 인사를 나누고 대화를 이어갔다.

"최 회장님께서 독일에 스포츠 매니지먼트 회사를 만들어야 한다고…."

"네. 저도 얘기 들었습니다."

"독일어는 독일에 가서 배우면서 일을 하시면 되는데 지금 문제는 독일에 스포츠 매니지먼트 회사를 빨리 설립하는 것이 문제입니다."

"네. 시간이 없다고 페이퍼 컴퍼니를 통한 방법을 알아보라고 했습니다."

데이비드 윤은 망설임 없이 이렇게 말을 받았다.

"회사설립은 시간이 오래 걸립니다. 현재 방법은 독일에 있는 페이퍼 컴퍼니를 사야 합니다."

하지만 나는 생각이 달랐다. 페이퍼 컴퍼니를 통한 회사의 설립은 앞으로 문제가 발생할 수 있다는 생각을 했다. 나는 데이비드 윤에게 이렇게 말했다.

"페이퍼 컴퍼니 매도 가격과 특히 우발부채를 확인하려면 시간이 더 걸립니다. 독일에 살고 계시니 회사설립에 따른 행정절차는 많이 알고 계시리라 생각됩니다."

"페이퍼 컴퍼니 말고는 다른 방법이 없습니다."

윤 대표는 페이퍼 컴퍼니 외에는 정상적인 회사 설립을 생각하지 않았다. 그날은 독일에 스포츠 매니지먼트 회사를 설립하기 위해 윤 대표를 만나는 자리였다. 하지만 윤 대표와 나의 생각이 다르다는 생각이 들었다. 그리고 윤 대표는 내일 독일로 출국해서 설립될 독일 스포츠 매니지먼트 회사의 설립방법과 회사 사무실을 알아본다고 말하며 나에게 독일에서 보자고 말하며 자리에서 일어났다.

윤 대표와 대화를 끝내고 집으로 돌아오는 동부간선도로에서 생각을 정리하기 시작했다. 정상적인 회사 설립이 아닌 페이퍼 컴퍼니를 설립한다. 그 이유는 시간이 없다. 왜 시간이 없을까? 이유가 무엇일까? 해외에 페이퍼 컴퍼니를 설립한다는 것은 자금세탁과 탈세를 위한 수단으로 이용되는 것을 여러 기사를 보며 느꼈던 나로서는 고민을 많이 해야 했다. 회사를 빨리 설립해야하고 그 방법으로 페이퍼 컴퍼니라면 이 계약은 아무리 생각해도 이상한 계약이라는 생각이 들었다. 그럼 범죄 집단의 대표 범죄인이며 허수아비 대표일 것이다. 또 속았다.

윤 대표를 만난 후 나는 밤 11시 최순실의 압구정동 미승빌딩 옆에 위치한 커피숍에서 최순실과 만났다. 1년 4개월 만의 마주한 최순실에게 나는

"건강하셨어요." 욕을 하고 싶었지만 참았다.

"노 부장 살이 좀 빠졌네."라는 최순실에 말 한마디에 아랫입술을 깨물며

"네. 새벽에 수산시장에서 생선 나르고 밤에는 배드민턴 레슨 하면서 잠을 못 자서 살이 빠졌습니다."

"고생 많이 했네. 독일에 가는 건 결정했어요?"

"아직 확실한 결정은 못 했습니다. 이번에도 몇 개월도 못가 해고당하면 어떡하나 고민입니다."

"걱정하지 말고 빨리 결정해야 해요. 그리고 급여는 350만원을 말했는데"

"네 독일에서 직원으로 등록해 주시고 세후 350만원을 원합니다."

"급여는 세금 문제도 있고 한국에서도 법인을 만드니깐 한국 법인하고 독일법인하고 나눠 받아요."

"그 방법은 독일에서 장기간 체류하며 취업비자를 받아야 하는데 문제가 생길 수 있습니다."

"그럼 그 부분은 독일 세금을 알아봐야 하는데 일단 알았어요. 그리고 내 생각에는 대표보다는 재무를 맡아 줬으면 좋겠는데."

"네. 알겠습니다."

"독일에는 도움 받을 누가 있어요?"

"네. 독일에 변호사로 일하시는 지인이 있습니다."

"독일어는요?"

"아직 할 줄 모릅니다."

"그럼 윤 대표하고 일하면서 독일어 공부하세요."

"네. 알겠습니다."

"내가 알아보니깐 회사설립이 어렵고 시간이 많이 걸린다고 하는데 페이퍼 컴퍼니를 사고파는 인터넷 사이트가 있다고 하는데 독일 출국 전에 최 변호사에게 연락을 해보세요." 하며 최순실은 내게 메모지와 펜을 받아 최 변호사의 이름과 핸드폰 번호를 적어 주었다.

"그리고 독일가기 전에 미승빌딩 사무실에서 당분간 일하면서 알아볼 것 알아보고, 핸드폰 요금 많이 나오니깐 070 전화기 만들어서 가고 노트북이며 필요한 것 챙겨 놓으세요."

"네. 알겠습니다."

1년 4개월 만에 최순실과의 만남에 바로 독일로 가야 한다고 하니 두려움이 앞섰다. 최순실에게 부당해고를 당하고 살기 위해 많은 지인들에게 도움을 받으며 자리를 잡은 나였다. 하지만 갑자기 독일로 간다면 나를 도와줬던 지인들에게 피해를 줄 수 있으며 만약 독일에서도 몇 개월 일을 못하고 한국으로 돌아오면 다시는 지인들의 도움을 받을 수 없을 것이다. 만약 그렇게 한국으로 돌아오게 된다면 다시 자리를 잡는 것이 나에게는 가장 큰 고민이었고 두려움이었다. 하지만 또 다른 삶의 도전을 위한 모험도 필요했다. 독일 스포츠 매니지먼트 회사의 설립 후 독일에서 계속 직장을 다닐 수 있다면 외국어를 배우고 독일에서 체육에 관련된 공부를 지속할 수 있으며 석사과정과 박사과정을 마치고 새로운 인생을 살고 싶기에 독일로 가자는 결정에 작은 희망의 불씨를 피웠다.

하지만 독일로 향하는 가장 큰 결정은 바로 삼성이었다. 대한

승마협회 회장사가 한화에서 삼성으로 바뀌었다. 삼성은 왜 대한승마협회 국가대표 선수들을 위해 설립도 되지 않은 독일의 스포츠 매니지먼트 회사와 계약을 체결해야하며 하필 그 회사가 최순실이 만들 회사인지가 궁금했다.

최순실 그는 나에게 첫 번째 일을 하자며 체육인재를 위한 체육재능기부 사단법인 설립과 사단법인에서 일을 하자고 했다. 그 당시 나는 최순실을 통해 정치권력의 부정부패를 경험하게 했다. 이번에는 또 무엇인가? '정치와 경제의 긴밀함을 표현했던 과거와 달리 지금은 정치와 경제사이 부정부패를 위한 하나의 고리로 표현되는 정경유착의 부정부패인가?'라는 생각은 나를 힘들게 했다.

나의 어머니는 나를 성장시키며 자식이 건강하고 바르게만 평생 살게 해달라고 부처님께 소원을 빌었다. 정경유착의 부정부패에서 하나의 도구로 전락될지 모르는 최순실의 제안을 선택하게 된다면, 내가 범죄인이 되어 징역을 사는 모습을 한 번도 상상하지 못했을 어머니에게 불효를 저지를 지도 모른다는 생각에 어려운 결정이 아닌 괴로운 결정이었다.

"만약 내가 우려한 부정부패의 정경유착이 있게 된다면 나는 이 부정부패의 정경유착을 눈감고 피하는, 정의에 반하는 겁쟁이며 패배자가 될 것이다." 라는 불길한 예감에도 불구하고, "그래 나는 꼴통인데 독일행 비행기를 타고 부정부패인 정경유착인지 아닌지 확인하자. 그리고 내 손에 들어오는 모든 서류와 영수증을 모으고 자료로 만들자." 라고 결론을 내렸다.

"꼴통아 가자. 독일로"

어색한 만남

2015년 8월 11일 나는 인천국제공항에서 독일 프랑크푸르트행 비행기에 탑승했다. 장거리 비행 중 독일에 도착하면 해야할 일들을 다시 한 번 정리했다. 우선 사무실로 사용할 장소와 법인설립을 위한 변호사를 알아봐야 했다. 또한 독일어를 못 하는 상황이라 지인의 도움과 통역이 필요했다.

11시간 30분의 비행 끝에 드디어 독일 프랑크푸르트공항에 도착했다. 나에게 있어 독일 방문은 이것이 두 번째였다. 여전히 익숙하지 않은 장소였다. 독일 프랑크푸르트공항은 터미널1과 터미널2가 있다는 사실도 이때에 알았다.

터미널2로 짐을 갖고 입국장을 통과해 독일에서 보자던 데이비드 윤 윤영식 대표를 만났다. 윤 대표는 낯선 남성 한명과 함께 있었다. 그는 본인을 윤 대표의 사촌동생으로 소개하며 독일에서 설립될 스포츠 매니지먼트 회사에서 함께 일할 직원이라고 했다.

윤 대표와 함께 지층으로 내려가는 에스컬레이터를 탔다. 윤 대표가 나를 데려간 곳은 렌터카 사무실이었다.

"노 팀장님. 국제운전면허증 가져왔어요?"

"네. 발급받아왔습니다."

"그럼. 여권하고 국제운전면허증 주세요."

"여기 있습니다."

"렌터카 사용료는 무엇으로 지급하실 거예요?"

"유로로 지급하겠습니다."

"여긴 신용카드로 결제를 해야 하는데."

"신용카드를 안가지고 왔습니다."

"그럼 박 원장님이 최 회장님 신용카드를 가지고 있으니깐 우리 커피숍에서 잠시만 기다립시다."

윤 대표 그리고 사촌동생과 셋이 커피숍으로 이동했다.

윤 대표의 행동과 말투가 조금 이상했다.

머뭇거리는 윤 대표가 본인의 상황을 설명하기 시작했다.

"제가 지금 스포츠 매니지먼트에서의 포지션이 정확하지 않습니다. 어디까지 도와드려야 할지 저도 따로 사업을 하고 있어서."

"무슨 말씀이세요?"

"최 회장님하고 통화했는데 스포츠 매니지먼트 대표직을 확실히 말씀 안 하시네요."

"그래요?"

무슨 일이 있었는지 이상하다고 생각했다.

"법인설립 전 사무실도 빨리 알아보라고 하시는데 임시로 사용할 스포츠 매니지먼트 회사는 지금 제가 헷센주 승마협회 이사로 있으니깐 헷센주 승마 회장님께 말씀드려 승마협회 내 사무실 공간을 만들어 달라고 하고, 임대료를 지급하면 될 것입니다."

"숙소하고 거리는 얼마나 걸리죠?"

"숙소를 헷센주 쪽으로 정하면 문제는 없을 거예요."

1시간가량 시간이 흘러 누군가 도착했다. 윤 대표는 그 분에게 나를 소개 시켜줬다.

"한국에서 온 노 팀장입니다."

"안녕하세요. 노승일입니다."

"이분은 한국에서 오신 박 원장님입니다."

그리고 우리는 다시 렌터카 사무실로 향했다. 하지만 렌터카를 빌리지 못했다. 박 원장이 가져온 신용카드는 최순실 명의의 카드로 개명 후 최서원 이름으로 된 카드였기에 결제가 가능하지 않았다. 최순실 본인이 와서 결제를 하던지, 차를 운행해야 할 사람의 카드로 결제를 하던지 해야만 했기 때문이다. 한국이었다면 아무 문제없을 텐데 하는 생각이 들었다. 현금으로 결제가 안 되는 것도 있다는 것도 알게 되었다. 한국이었다면 현금으로 결제한다고 하면 더욱 좋아했을 텐데.

"노 팀장님은 박 원장님과 함께 가시면 됩니다. 저는 바로 여기에서 돌아가겠습니다."

"네 알겠습니다. 감사합니다."

짐을 챙겨 박 원장님을 따라 주차장으로 향했다. 박 원장님의 자동차 폭스바겐 투아렉이었다. 차량을 타고 어디론가 향했다.

  "원장님 감사합니다. 이렇게 나와 주시고 지금 어디로 가는 거죠?"

  "네 지금 비블리스로 가고 있습니다. 지금 도착하면 식사할 곳이 없는데 이동하다 휴게소에서 간단하게 빵을 먹자고요."

  "네. 알겠습니다."

  "노 팀장은 회장님이 뭘 하라고 하시나요?"

  "네. 회장님께서 재무를 담당하라고 하셨습니다."

  "독일어는 하나요?"

  "못 합니다."

  "그럼 영어는?"

  "영어도 잘은 못 합니다."

  "그럼 독일어를 배워야겠네요."

  "네. 근무 시간 외에 독일어 학원을 다닐 생각입니다. 틈틈이 공부하려고 한국에서 회화 책도 가지고 왔습니다."

  잠시 후 휴게소에 들러 맥도널드 햄버거를 주문해 먹고 다시 비블리스로 향했다.

  "원장님 지금 시속이 몇 킬로에요?"

  "지금 200 시속 200입니다."

  "와 이렇게 빨리 달려도 되나요?"

  "앞으로 운전하게 되면 1차로는 추월차로이니 반드시 2차로로 달리고 120 표지판이 보이면 속도를 줄여줘야 해요. 옆에 보이는 저게 속도위반 단속 카메라입니다.”

담스타트를 지나 비블리스 표지판이 보였다. 비블리스 가는 길에 카메라 위치를 알려주었다.

“이곳은 속도위반 단속 카메라가 앞, 뒤로 있습니다. 조심해야 합니다.”

넓고 넓은 밭이 보이기 시작했다. 듬성듬성 보이는 비블리스의 모습은 시골이었다.

20분 후 밤 9시 30분쯤에 도착한 비블리스에 위치한 시골 호텔에 도착했다. 안내 데스크에는 아무도 없었다.

박 원장은 1층 객실 빈방을 열어주며

“노 팀장님. 여기에서 자고 내일 아침 식사는 카운터 옆에 식당에서 먹으면 되요. 그리고 나는 내일 체크아웃을 하니깐 내가 체크아웃을 하면 그 방을 노 팀장이 사용하면 됩니다. 아침에 식사하고 봅시다.”

“네 원장님. 감사합니다. 안녕히 잘 주무세요.”

박 원장이 자신의 방으로 가고 나는 침대에 앉아 두리번거리면서 오늘 내가 묵어야 할 방을 구석구석 보았다. 잠시 박 원장이 방문을 노크했다.

“노 팀장님.”

“네 원장님.”

“혹시 배가 고플까봐 내가 낮에 사놓은 음식 먹으라고 가지고 왔어요.

“네 원장님. 잘 먹겠습니다.”

시차적응의 문제도 있겠지만 첫날의 긴장감 때문에 잠이 오지 않았다. 수첩을 펴고 공항에서 윤 대표와 나눴던 대화를 정리하기 시작했다. 핸드폰을 꺼내 독일 프랑크푸르트 부동산 중개소를 검색하기 시작했다. 우리부동산, 스텔라부동산, 서울부동산, 에덴부동산 록부동산 등을 검색해 수첩에 적어 놓았다. 그리고 한국에서 가져온 노트북을 켜 앞으로 할 일을 정리하기 시작했다. 뜬눈으로 밤을 지새웠다.

2015년 8월 12일 아침.
카운터 옆에 있는 식당으로 향했다. 박 원장이 식사를 하고 있었다.
"어서 와요. 잘 잤어요?"
"네 원장님. 안녕히 잘 주무셨어요?"
"아침은 여기에서 챙겨먹으면 되고, 내가 식사하고 체크아웃하면서 노 팀장도 체크인 해 줄 테니 내가 쓰던 방으로 짐을 옮겨놓고 승마장으로 갑시다."
"승마장이 여기에서 가까운가요?"
"여기에서 10분도 안 걸려요."
"가깝네요. 그럼 선수들도 다 독일에 와서 훈련하나요?"
"아직 선수들은 다 안 들어온 상황입니다."
식사가 끝나고 박 원장의 짐을 차에 옮겨 싣고 승마장으로 향했다. 자동차로 이동하는 길에 밭과 밭 사이로 길이 이어지고 울창한 숲이 보였다. 길가에 보이는 커다란 사과나무를 지나 삼거리에서 우회전을 하니 '예거호프'라는 간판이 보였다.

"원장님 혹시 예거호프인가요?"

"와 봤어요?"

"아니요. 간판이 보여서요."

"네. 예거호프 맞아요."

박 원장은 예거호프 문을 열고 자동차를 예거호프 승마장 쪽으로 이동시켰다. 주차를 하고 승마장 앞 건물 2층으로 짐을 옮기는 걸 도와주었다.

"이제 노 팀장이 여기에서 할 일은 스포츠 매니지먼트 회사 재무일과 승마장을 관리하는 일입니다. 승마장에 뭐가 있고 뭐가 필요한지 빨리 파악해야 합니다."

박 원장은 승마장의 여기저기를 보여주며 자세히 설명을 해주고, 마필관리사가 지내는 숙소로 이동했다. 마필관리사는 식사 중이었다. 마필관리사를 소개시켜 주어 나는 마필관리사와 간단한 인사를 나눴다.

"노 팀장님. 우리도 여기에서 식사하고 다음 볼일 봅시다."

"네. 원장님. 식사하시죠."

박 원장은 대충 때우고 가자고 했지만 나는 도저히 식사를 하고 싶지 않았다. 수십 마리의 파리들이 식탁을 날아다니고 있었다. 김치와 함께 라면과 밥을 먹고 박 원장과 함께 프랑크푸르트로 향했다.

내가 타고 다닐 자동차를 렌트하기 위해 윤 대표와 15시 30분에 프랑크푸르트 아우디 매장에서 만나기로 약속했다.

아우디 매장에 도착해 윤 대표를 만났다.

"노 팀장님. 여권하고 국제운전면허증 주세요."

"네 여기 있습니다."

"원장님. 카드주세요."

잠시 후 결제가 되고 윤 대표는 키를 받았다. 그리고 아우디 매장 직원과 함께 렌터카가 있는 주차장으로 향했다. 나는 키를 건네받고 운전석에 앉았다. 윤 대표가 종이상자에서 무엇인가를 꺼내 건네주었다. 한국어로 안내를 하고 한글로 자막이 되어 있는 내비게이션이었다. 천군만마를 얻은 느낌이었다.

태어나 처음으로 외국에서 운전을 하다니, 더군다나 무제한 고속도로인 독일의 아우토반이라니 신기했다. 렌터카를 운전해 다시 비블리스 예거호프 승마장에 도착하자 박 원장이 주의사항을 설명했다.

"노 팀장님. 자동차 주차는 여기에 하고, 앞으로는 출입을 이쪽 문으로 하면 됩니다. 그리고 지금부터는 오늘 아침에 자동차로 들어온 문은 사용하지 말고 그 쪽에 있는 집은 신경 쓰지 말고요. 그 집은 내가 관리하고 있어요. 그 집에서 필요한 부식 같은 건 내가 다 사다주고 있습니다. 그리고 이건 마스터키입니다. 잘 관리해야 합니다. 잃어버리면 큰일 납니다."

"네 알겠습니다."

마필관리사의 숙소 앞에 있는 야외 승마장을 바라보고 있었다. 여자 한 명과 남자 두 명이 마필관리사 숙소를 향해 다가오고 있었다. 박 원장은 그들에게 나를 소개 시켜줬다.

"서울에서 온 노 팀장님이야. 인사해."

"안녕하세요."

"독일 회사에서 재무를 담당할 거야. 앞으로 회사와 승마장에서 관련된 일은 노 팀장에게 말하고."

"네."

나를 소개하는 박 원장의 말이 끝나고 나는 그들에게 인사를 했다.

"네 안녕하세요."

여자 한 명은 정유라. 개명 전 이름은 정유연. 남자 두 명은 승마선수로 생각했다. 반팔 반바지 차림의 정유라와 그 옆에 있는 남자 한명의 허벅지에 아기 발바닥 문신이 있었다. 이상했다. 혹시 둘이 사귀나? 그럼 박 원장이 신경 쓰지 말라고 했던 그 집에서 다 같이 사는 건가?

남자 두 명은 마필관리사를 형이라고 부르고 정유라는 마필관리사를 오빠라고 부른다. 이들은 친했다.

최순실이 지시한 독일 비자를 발급받기 위한 서류를 준비하라고 마필관리사에게 전달 한 후 예거호프를 나와 시골호텔로 향했다.

오후 7시가 되어도 해는 중천에 떠 있었다. 독일 비블리스의 위도는 49.4도로 서울보다 무려 12도가 높다보니 여름의 낮 시간은 엄청 길어서 밤 10시는 되어야 해가 진다. 여름에는 밤이 워낙 짧다보니 서울과 같은 밤 문화라는 것이 있을 수가 없다. 나는 배가 고파 마트에 들러 맥주 두 캔과 소시지를 사들고 숙소로 들어왔다.

샤워를 하며 빨래를 하고 옷걸이에 걸어 창가에 걸어 두고 노트북을 켜서 독일 스포츠 매니지먼트 회사 설립을 위한 과정을 문서로 작성했다. 비블리스에서 만난 최순실의 딸 정유라와 남자 두 명 그리고 마필관리사의 관계가 궁금해졌다. 허벅지의 아기 발바닥 문신은 도대체 뭐지. 내가 최순실과 처음 일을 했을 때 정유라는 고등학생이었고 가출을 해서 최순실은 많은 고민을 했었다. 그럼 그때 가출을 해서 남자 친구와의 사이에서 아이를 낳아 이곳 독일로 오게 된 것인가? 라는 생각을 해봤다.

최순실의 딸 정유라는 한국에서 생각했던 예의도 없고 버릇도 없는 그런 나의 생각보다는 첫 만남과 인사를 하며 예의도 바르고, 착하고, 순수했으며 도와주고 싶다는 느낌이 들었다. 외로워 보였으며 무엇 때문에 고민을 많이 하는지 모르겠지만 고민에 힘들어 하는 얼굴이 지금도 생생하다.

시차적응할 시간도 없이 서둘러서 독일 스포츠 매니지먼트 회사를 설립하라는 최순실의 지시에 절차와 방법을 고민하며 잠을 쉽게 잘 수가 없어 힘들었다. 그렇다고 한국에 있는 지인들에게 전화를 걸어 안부를 전할 수도 없었다. 국제전화요금이 얼마가 나올지 모르는데 마음 놓고 전화를 할 수도 없었던 상황이었다. 메신저를 이용해 전화를 하려고 해도 아직 와이파이도 연결이 안 된 상태였다. 나는 옷을 다시 입고 호텔을 나와 산책을 하며 독일로 출국하며 한국에서 정리하지 못하고 온 것들을 생각하며 호텔 주면을 맴돌았다. 한국의 시골읍내와 유사한 풍경이었지만 문 닫은 마트와 음식점 깜깜한 거리에는 걸어 다니는 사람들조차 찾아보기 힘들었다. 결국 다시 호텔로 들어와 뜬 눈으로 밤을 보냈다.

2015년 8월 13일 아침에 눈을 떠 나갈 채비를 하고 박 원장에게 전화를 했다.

"원장님 식사는 하셨어요?"

"아니요. 아직 식사 전입니다."

"그럼 뭐 좀 사다드릴까요?"

"올 때 빵 좀 사다주세요."

"네. 알겠습니다."

나는 마트에 들려 박 원장에게 줄 빵을 사서 예거호프의 박 원장 숙소에 들렸다.

"노 팀장님 식사 하셨나요?"

"네. 저는 호텔에서 먹고 왔습니다."

"그럼 커피 한잔 하세요."

박 원장이 따뜻한 커피 한잔과 색깔이 예쁜 사과 하나를 주었다.

"노 팀장. 오늘은 뭐 할 일 있나?"

"네 오늘은 에쉬본에 위치한 부동산에 들려 사무실로 사용할 곳을 알아 봐야 합니다."

"그럼 나도 프랑크푸르트에 갈 일이 있으니 같이 갑시다."

박 원장의 식사가 끝난 후 에쉬본에 위치한 록부동산을 방문했다. 록부동산 사장님께서 이것저것을 문의했다.

"어떤 용도로 사용하실 건가요?"

"네 회사 사무실과 숙소로 사용 할 것입니다."

"방은 몇 개가 필요한가요?"

"선수들도 사용해야 해서 방이 많으면 좋습니다."

"그럼 임대인가요? 아님 사실건가요?"

"그건 제가 지금 결정을 못합니다."

"그럼 결정은 누가 하시나요?"

"한국에서 회장님이 오시는데 그 분이 결정을 하셔야 합니다."

"그럼 제가 임대하고 사실 물건을 정리해 놓겠습니다."

"네 알겠습니다. 사장님 혹시 인터넷 설치는 어떻게 해야 하나요?"

"아 제가 아시는 분이 컴퓨터 설치 등 모든 일을 잘하시는 분이 있는데 소개 시켜드릴까요?"

"네 소개시켜 주면 감사하죠."

록부동산 사장님께서 소개해준 분은 염 사장이었다. 훗날 그 분은 독일에서 만나 뵙게 되어 감회가 남달랐다.

"사장님 제가 회사를 설립해야 하는데, 혹시 변호사도 소개시켜 주실 수 있나요?"

"네. 제가 잘 아는 변호사님이 있어요. 한국 분이기도 하고요."

록부동산 사장은 바로 그 변호사에게 전화를 해 주었다. 부재중이었다.

"전화를 안 받네. 제가 연락처를 알려드리겠습니다. 전화 통화되면 제 이름을 말하고 통화하세요."

"네 사장님. 감사합니다."

박승관 변호사. 얼마 후 이 사람은 코어스포츠 대표가 된다.

록부동산과 상담이 끝난 후 최순실에게서 전화가 왔다.

"잘 도착했어요?"

"네 잘 도착했습니다."

"렌터카가 안 된다고 하던데."

"윤 대표님하고 박 원장님께서 도와주셔서 렌터카 빌렸습니다."

"지금 어디에요?"

"박 원장님하고 함께 지금 부동산 상담 끝냈습니다. 그리고 오늘 회사 설립하는데 도움을 받을 변호사를 소개받았습니다."

순간 최순실이 짜증을 냈다.

"아니 그렇게 떠벌리고 다니면 어떡해요. 독일은 한인들 사회가 좁아서 금방 소문나는데. 소문나면 안돼요. 아직 일처리를 해보지 않아서 모르나 본데 그렇게 하면 안돼요. 아니 그래서 변호사 이름하고 연락처 받았어요?"

"네 받았습니다."

"누구에요?"

"변호사 이름은 박승관이고 전화번호는 문자로 보내겠습니다."

"앞으로 그렇게 일처리 하지 마세요. 모르면 물어보고 하세요."

"네 알겠습니다."

"내일 독일에 도착하니깐 공항에서 봐요."

"네 알겠습니다."

성격 참 지랄이네. 알아보라고 독일 보냈으면 알아서 하는데 뭐가 소문이 나면 안 된다는 거야!

에덴부동산 사장님과 부동산 상담 예약을 해 논 상태여서 박 원장을 모시고 에쉬본으로 이동해 에덴부동산 사장님을 만났다.

에덴부동산 사장님은 꽤 유쾌하시고 독일에 대해 자세하게 설명해 주었다. 사장님의 친절한 설명 덕분에 독일에서 지낼 나에게는 많은 도움이 되었다.

에덴부동산 사장님과 상담이 끝난 후 박 원장과 에쉬본에 위치한 한인 마트에 들렸다. 박 원장은 장을 보기 위해 나와 함께 동행을 한 것이다. 여러 가지 부식을 카트에 담았다. 특히 물을 많이 샀다. '왜 이렇게 물을 많이 사지'란 생각을 했다.

부식을 자동차에 싣고 비블리스 예거호프에 도착했다. 부식은 마필관리사의 것과 정유라의 집 그리고 박 원장 이렇게 나눴다.

"독일은 수돗물에 석회석이 많아 마실 물과 음식을 조리할 때 생수를 사용해야 합니다. 나는 기관지가 좋지 않아 기관지가 마르기 때문에 수시로 물을 마셔야 합니다."

"네 아 그렇군요."

박 원장은 평소 거친 목소리로 말했다. 이후 검찰 조사 당시 기관지가 좋지 않아 수술을 받았다고 했다.

머리는 뭐 하러 들고 다녀. 무거운데

2015년 8월 14일 윤 대표에게서 「오늘 회장님 도착하십니다. 17시 40분 터미널2로」 문자가 왔다. 나는 비블리스 예거호프 승마장에서 출발해 프랑크푸르트공항으로 마중을 나갔다. 윤 대표와 윤 대표의 사촌동생이 나와 있었다. 최순실은 가방을 들고, 대한항공 남자직원 한 명과 여자직원 한 명 이렇게 직원 두 명이 최순실의 짐이 실린 카트를 끌고 최순실과 입국장을 통과하고 있었다.

참 대단하기는 한 사람인가보다. 완전 VIP네.

최순실의 짐을 나눠 싣고 프랑크푸르트 번화가에 위치한 웨스틴호텔(The Westin Grand Frankfurt Hotel)에 도착했다. 윤 대표가 호텔을 미리 예약해 두었고, 체크인도 윤 대표가 해주었다. 그리고 최순실이 나를 따로 불렀다.

"유로 얼마나 환전해 왔어요?"

"1만 유로 환전해 갖고 있습니다."

"지금 갖고 있어요?"

"네."

"그럼 주세요."

"여기 있습니다."

"봉투가 네 개네."

"네 혹시 분실할까봐 나눠서 보관했습니다."

나는 큰돈이 생기면 분산해서 보관하는 버릇이 있다. 오랫동안 증권회사를 다녀서 그런 것 같다. 주식 투자에 아주 오래된 격언이 있는데 '계란을 한 바구니에 담지 말라'라는 것으로 위험을 분산하라는 뜻이다. 이른바 포토폴리오를 구성하는 것이다. 계란을 한 바구니에 담지 말라는 말처럼 나는 독일에 들어올 때 환전한 1만 유로를 이렇게 네 개의 봉투에 분산해 놓았다.

"부동산은 알아봤어요?"

"박 원장님과 두 군데 중개업자를 만나봤습니다."

"그럼 부동산 상담 예약해 봐요."

"네 알겠습니다."

"그리고 이건 앞으로 삼성에서 돈 들어오기 전까지 사용해야 하는 돈이에요. 내 돈이니깐 영수증 잘 관리하고 나중에 삼성에서 돈 들어오면 정산해서 날 주세요. 그리고 다 쓰면 말 하세요 그때 돈 줄 테니깐."

"네 알겠습니다."

그때 건네받은 금액이 500 유로였다.

최순실과 간단하게 대화를 끝낸 후 비블리스로 향했다. 왜 변호사 상담에 대해서는 아무런 말이 없는지 궁금했지만 묻지 않았다.

2015년 8월 15일 토요일이었다. 독일은 주말에 약속을 잡기가 힘들다고 들었다. 최순실이 부동산 사장님을 만날 수 있는지 확인해 보라고 해 전화를 했더니 마침 상담을 할 수 있다고 했다. 최순실과 박 원장을 모시고 록부동산을 방문했다.

"사무실로 사용할 물건을 찾고 있어요. 최대한 빨리 사용했으면 하는데."

"사무실과 숙소로 사용할 물건을 찾고 있다고 들었는데요. 임대인지 아님 사실 건지를 몰라서요."

"살 거예요."

"사셔도 바로 사용을 못 할 수 있습니다. 그런 물건은 좀처럼 쉽지 않습니다."

"물건은 볼 수 있어요?"

"지금은 볼 수 없습니다. 독일은 예약해야 볼 수 있습니다. 그럼 일단 사이트에서 보시죠."

최순실은 흥미로워했다. 사이트에는 물건의 사진과 가격 등 다양한 정보가 있었다. 마치 인터넷 쇼핑을 하는 듯 했다.

"이거 말고 집은 없어요?"

"그럼 사무실로 사용할 거 외에 집도 알아보시는 거예요?"

"네. 방이 많으면 좋아요."

"그럼 호텔을 알아봐야 하는데."

"네 그렇게 알아봐 주세요."

부동산 상담이 끝난 후 최순실은 이렇게 말했다.

"노 부장. 부동산 알아보는 거 윤 대표에게 말하지 마세요. 내가 얼마나 당했는데 알면 또 자기가 알아보고 다닐 거야. 걔 알면 머리가 아파. 될 일도 안 돼."

"네 알겠습니다."

최순실과 윤 대표는 오래된 사이라는 걸 알 수 있었다. 윤 대표를 조심하라고 했던 말이 떠올랐다.

2015년 8월 16일 일요일. 프랑크푸르트 시내에 위치한 웨스틴호텔 최순실의 숙소에서 윤 대표와 만났다. 윤 대표는 최순실의 숙소를 옮겨 주기 위해 호텔 프론트 데스크에서 체크아웃을 도와주고 있었다.

"노 팀장님, 회장님이 숙소를 옮기실 겁니다. 제가 주소 알려드릴게요."

짐을 옮기고 나니 받홈북(Bad Homburg)에 위치한 마리팀호텔(MARITIM Hotel Bad Homburg)이었다. 최순실은 이 호텔을 주로 이용했으며 편하다고 했다.

최순실에게 전화가 걸려왔다.

"지금 부동산 사장님에게 전화해서 우리가 찾아가 본다고 부동산 물건을 소개 받아보세요."

"네 알겠습니다."

록부동산 사장님이 부동산 물건을 보려면 예약을 해야 한다고 했는데 안하무인격이었다.

록부동산 사장님께 전화를 드렸다.

"안녕하세요. 노승일입니다. 회장님께서 오늘 개인적으로 찾아가 보신다고 물건을 소개받을 수 있는지 확인해 보라고 해서 전화 드렸습니다."

"개인적으로 볼 수 없습니다. 예약을 해야 하고 중개인이 없이는 절대 볼 수 없습니다. 그럼 담스타트에 물건이 있는데 그곳 주소를 문자로 보내 드리겠습니다."

"네 감사합니다. 사장님."

잠시 후 문자가 왔다. 담스타트 암 하웁트반호프 역시 정확한 주소가 아닌 그냥 담스타트 분위기만 보라는 문자였다.

최순실과 박 원장을 모시고 담스타트로 향했다. 비와 함께 강한 바람이 부는 날씨였다. 담스타트 풍경을 보는 드라이브였다.

2015년 8월 17일 이른 아침에 최순실에게 전화가 걸려왔다.

"노 부장. 오늘 은행에서 약속이 있으니깐 빨리 오세요."

"몇 시까지 모시러 갈까요?"

"10시 약속이니깐 빨리 오세요."

"네 알겠습니다."

비블리스 예거호프에서 오전 8시에 출발했다. 잠시 후 최순실에게 전화가 걸려왔다.

"여보세요."

"아니 어디에요?"

"출발한지 10분 됐습니다."

"10시에 약속인데 지금 출발하면 어떡해요."

"네. 죄송합니다. 서둘러서 가겠습니다."

진짜 성격 지랄이네. 전화를 끊고 다시 10분이 지났다. 또 전화가 걸려온다.

"여보세요."

"도착했어요?"

"지금 고속도로 진입했습니다."

"아니 출발한지 얼마가 지났는데 지금 고속도로면 어떡해."

뚝 끊어진 전화기 미칠 것 같았다.

고속도로에 진입해 담스타트를 지날 무렵 자동차 사고가 났는지 더 이상 달릴 수 가없었다.

혈압은 최상으로 오르고 가슴이 터질 것 같아 자동차 안에서 소리를 지르며 욕을 했다.

"아! 씨발!"

최순실에게 전화를 걸었다.

"도착했어요?"

"회장님 지금 고속도로에 자동차 사고가 났는지 차가 움직이지 않습니다. 10시 약속인데 다른 교통편을 이용하시는 게 빠를 것 같습니다."

최순실이 막 소리를 지른다. 하지만 알아들을 수가 없었다. 최순실에게 은행주소와 택시를 이용할 것을 문자로 보냈다.

30분 후 쯤 최순실에게 전화가 또 걸려왔다.

"어디세요?"

"도착 20분 남았습니다."

"도착하면 연락주세요."

"네 알겠습니다."

도착하려면 20분이 아니었다. 50분이 남아있었다. 렌터카는 아무리 액셀레이터를 밟아도 시속 230km가 끝이다. 잠시 후 표지판에 120이 표시가 보인다. 무조건 속도를 낮춰야 했다. 무시하고 달릴 수밖에 없는 상황이었다. 지랄하는 그 소리를 듣기 싫었다.

"도착했습니다."

10분 후 최순실의 얼굴이 보였다.

"노 부장 여기는 약속을 잘 지켜야 해. 신용이 없으면 독일 사람들은 다음에 만나주질 않아. 그리고 여기에서 함부로 택시 못타. 누가 누군 줄 알고 택시 타. 큰일 나."

"네 알겠습니다."

아까 늦는다고 짜증을 낼 때와는 전혀 다른 차분한 목소리의 최순실이었다. 기복이 참 심하다는 생각을 했다.

최순실을 프랑크푸르트 시내에 위치한 독일하나외환은행에 내려줬다. 법인설립 전 법인통장을 개설하려는 듯 보였다.

비블리스 시골호텔에 도착해 체크아웃을 하고 짐을 예거호프로 옮겼다. 박 원장이 마나임에 있는 이케아에서 침대와 이불을 직접 구입해 주었다. 책상과 의자는 따로 배송이 될 거니 배송 오면 운송비를 지급하라고 했다. 이렇게 나의 숙소는 마필관리사가 지내는 실내 승마장 한쪽에 정해졌고 주방이 임시 사무실로 정해졌다.

나에게는 박 원장이 자상하고 따뜻한 분이셨다. 지금도 그렇다.

2015년 8월 18일.

최순실, 박 원장과 함께 록부동산에서 추천해 준 여러 건의 부동산 물건을 보았다. 최순실은 게스트하우스로 활용하고 있는 작은 호텔을 마음에 들어 했다.

최순실은 박 원장과 함께 에쉬본에 위치한 변호사 사무실로 가자고 했다. 도착 후 최순실이 나에게

"노 부장. 노 부장은 여기에 있어. 독일은 사람 수에 따라 상담료를 지급해야 해."

"네 알겠습니다."

한참 후 최순실과 박 원장이 나타났다. 그리고 최순실이 나에게 명함을 주었다.

"앞으로 회사 설립을 도와 줄 변호사 연락처야 잘 보관하고, 자주 연락해야 될 거야."

"네 알겠습니다."

명함을 받고 놀랐다. 록부동산 사장이 나에게 소개 시켜준 그 변호사였다. 훗날 알게 된 사실은 최순실이 독일 출국 전 나에게 최 변호사 연락처를 적어주며 법인설립을 상의해 보라고 했던 최 변호사와 박승관 변호사가 독일의 모 로펌에서 함께 근무

했다는 사실을 알게 되었다. 최순실과 매우 친밀하다는 것을 알게 되었다.

최순실은 회사명을 무엇으로 할 것이지 고민에 빠졌다. 회사명을 무엇으로 할 것인지 박 원장님과 나에게 고민해 보라고 했다. 그리고 시간이 얼마 지나지 않고 결정되었다. 박 원장이나 내가 제안한 것이 아니고 최순실이 이것으로 쓰라고 했는데 코어스포츠(CORE SPORTS)였다. 나는 이것이 누구의 제안이었는지 짐작할 수 있었다.

2015년 8월 19일.

박 원장과 함께 받홈북 마리팀호텔에 도착하니 잠시 후 통역을 해 줄 친구가 도착했다. 통역할 친구가 도착하자마자 아놀드 빈터가 운영하는 빈터밀로 이동했다.

최순실, 박 원장, 통역, 그리고 빈터가 자리를 함께했다. 나는 옆 테이블에 앉아 승마장을 구경하고 있었다. 최순실이 흥분하기 시작했다. 빈터에게 퍼스트모멘트란 말을 구입했는데 그 말을 빈터에게 팔아달라고 빈터에게 보냈다. 빈터의 결론은 이러했다. 현재 퍼스트모멘트가 건강 상태가 너무 좋지 않고 나이가 많아 시합용 말로는 적합하지 않다. 어린아이들 연습용 말 수준이다. 말 가격도 3만 유로 수준이다. 말 관리가 전혀 되어 있지 않았다. 최순실이 흥분할만했다. 최순실 성격상 손실을 봤으니 빈터에게 말을 예거호프로 다시 보내 달라고 말하고 자리에서 일어났다.

다시 받홈북 마리팀호텔로 향하는 자동차 안에서 최순실은 빈터를 욕하기 시작했다. 그렇게 말 상태가 좋지 않은데 내게 비싸게 말을 팔았다는 것이다. 2017년 2월 JTBC와 이규연의 스포트라이트 팀 허진 PD와 김준하 촬영감독과 취재하기 위해 독일에 갔을 때 빈터는 이렇게 말했다.

"빈터밀은 정유라의 말을 고정적으로 구입하는 장소이며 최순실과 빈터의 관계는 아주 오래된 관계이다. 박근혜 대통령을 만나러 최순실과 청와대도 갔었다."라고 말했다.

나중에 자료를 정리하며 알게 된 사실은 최순실, 박 원장과 빈터밀을 방문하는 사이 박승관 변호사는 'Mainsee959.VV GmbH'를 'Core Sports International GmbH'로, 대표는 헷센주 승마협회장 로버트 쿠이퍼스, 코어스포츠 변호사 박승관으로 변경등기를 신청해 놓고 있었다. 참 대단한 일이다. 박승관 변호사를 어제 만났는데 공동대표로 선임하고, 또 윤 대표가 얘기한 헷센주 승마협회장을 공동대표로 선임하고 코어스포츠는 헷센주 승마협회 주소인 것이다. 내가 독일에 들어오기 전 최순실은 미리 준비를 다 해놓고 최종 결재만 본인이 와서 한 것이다. 그런데 왜 아무것도 모른 척 했을까? 지금 생각해 보면 본인이 빠져나가기 위한 병풍이 필요했을 것이다.

2015년 8월 20일 아침에 일어나 이메일을 확인해 보니 삼성전자로부터 이메일이 도착했다. 삼성전자와 코어스포츠의 매니지먼트 계약서였다. 박 원장에게 보고 드리고 최순실에게 전화를 했다.

"원장님 삼성에서 이메일로 계약서가 왔습니다."

"뭐라고 왔던 가요?"

"영문으로 돼있어 내용을 잘 모르겠습니다. 계약 날짜는 2015년 8월 25일입니다."

"그럼 회장님께 보고하세요."

나는 최순실에게 전화를 했다.

"회장님. 삼성에서 계약서가 이메일로 왔습니다."

"그럼 일단 변호사한테 연락해 보세요."

나는 다시 박승관 변호사에게 전화를 했다.

"안녕하세요. 노승일입니다. 삼성에서 계약서가 도착했는데 회장님이 변호사님께 검토를 부탁하시는데요."

"그럼 제 이메일로 보내주세요."

불과 5일밖에 남지 않은 상황이다. 순간 당황했다. 삼성에서 계약서를 만들어서 보내주다니 이해가 되지 않았다. 그리고 문득 최순실과 박 원장의 대화가 떠올랐다. "삼성에서 계약을 서두르자고 합니다."라고 박 원장이 최순실에게 말했다. 그렇다. 내가 검찰에 자료를 넘겨주기 전 검토하는 과정에서 삼성과 박 원장 그리고 최순실 간의 긴밀한 협의가 있었던 문건을 발견하였다.

시간이 흘러 박승관 변호사의 검토 의견서가 도착했다. 몇 개 조항을 수정하면 별 무리가 없다는 내용이었다.

잠시 후 최순실에게 전화가 걸려왔다.

"노 부장."

"네."

"삼성하고 계약하려면 홈페이지가 있어야 해. 그리고 명함도 만들어야 하고. 명함 만들 때 내 명함도 만들고 명함에 들어갈 로고도 만들어야 하고."

"네 알겠습니다."

"대답만 하지 말고."

"네 알겠습니다."

그렇다. 2015년 8월 16일. 최순실은 유로저널에 신문광고를 사진으로 찍어 나에게 보내 주었다. 하지만 당시 법인명과 법인이 설립되지 않았기에 서두르지 않았다.

홈페이지 관련하여 한국에 있는 지인에게 연락을 취하고 명함에 들어갈 내용을 정리하기 시작했다.

2015년 8월 21일 박 원장이 다들 마필관리사 숙소로 모이라고 했다. 박 원장이 직접 그림을 그려 로고를 만들어왔다. 말발굽을 이용한 로고였다. 정유라는 웃으며 "이게 뭐예요!"라고 했다. 모인 사람 대부분의 반응이었다. 최순실에게 사진을 찍어 카톡으로 보냈다.

"그걸로 하시고요. 명함하고 로고 서울로 보내세요."

"네 알겠습니다."

홈페이지에 들어갈 내용을 정리하고 있었다. 하지만 시간이 문제였다. 비블리스 예거호프에 있는 승마장에 있는 사람들 중

홈페이지를 만들 수 있는 능력이 있는 사람이 아무도 없었다.

최순실에게 전화가 걸려왔다.

"노 부장."

"네."

"홈페이지에 들어갈 내용 정리해 놨어요?"

"정리하고 있습니다."

"시간이 얼마 남지 않았는데 그걸 지금 정리하고 있으면 어떡해."

"내용도 문제지만 홈페이지를 만들 수 있는 시간이 부족합니다. 제가 서울에 있는 지인에게 부탁을 해 볼까요?"

"서울에 누구? 자꾸 이사람 저사람 말이 새나가면 안된다고 내가 몇 번이나 말했잖아. 머리는 뭐 하러 들고 다녀. 무거운데."

순간 욕이 나올 뻔 했다.

"홈페이지는 내가 알아서 할 테니 신경 쓰지 마세요. 명함은 정리해 놨어요?"

"네 박승관 변호사하고 쿠이퍼스까지 정리해서 보내겠습니다."

"빨리하세요. 알았어요."

"네. 알겠습니다."

최순실과 함께 일하는 것은 하루가 갈수록 짜증났다. 두서없는 지시에 상대방에 대한 모욕적인 언행 그리고 무시하는 말투는 참기 힘들 정도였다. 한마디로 너무 무식했다. 절차와 방법을 잘 모르면서 본인이 제일 많이 알고 있다는 생각과 상대방의 조언을 이해 못하면서 짜증과 화를 낸다. 이런 최순실을 보면서 참아야만 했다. 나는 끌어 오르는 화를 참으며 최순실의 지시를 묵묵히 진행했다. 최순실이 한국으로 돌아갈 날을 참고 기다려야 했다.

박 원장과 함께 일을 하며 나는 새로운 사실을 알게 됐다.

"내 급여는 신경 쓰지 마. 독일에 법인이 설립되면 최 회장이 지분을 주기로 했어."

독일에 법인을 설립하며 최순실은 모든 것을 은밀하게 진행하려 노력했다. 그리고 독일에 스포츠 매니지먼트 회사를 설립하며 이사를 제안 받은 사람과 삼성전자와 계약을 위해 일했던 박 원장에게도 설립될 독일 법인의 지분을 약속한 상태였다. 최순실의 이런 약속은 본인이 앞에 나서 진행을 하면 문제가 있을 수 있다는 판단에 본인을 대신할 대상을 알아보고 그 대상에게 환심을 이끌어내기 위한 수단으로 보였다.

최순실에게 지분을 약속받은 박 원장은 삼성전자와 계약이 끝나고 최순실과 함께 일하며 억울한 누명을 받게 된다. 끝내 박 원장은 최순실이 약속한 지분도 못 받고 한국으로 돌아왔다.

최순실 그는 함께 일을 진행하다가도 목적한 결과가 이루어져 이제는 필요성이 없다는 생각이 들면 그 대상을 버린다. 본인과 함께 일하는 직원들을 이쑤시개처럼 사용하고 버리는 사람이라는 생각을 자주 했는데 은밀하게 일을 진행해야 했던 최순실의 사업을 생각하면 이해하기 어려웠다. 자신감인가? 아님 무식함인가?

삼성전자와 코어스포츠 간 몇 차례 계약서 내용을 수정하며 계약 날짜는 2015년 8월 25일에서 2015년 8월 26일로 변경되었다. 무슨 이유인줄 몰랐지만 2015년 8월 19일 설립등기 신청을 하였고 설립완료 처리기간이 소요되어 늦어진 코어스포츠의 설립등기 완료일 때문으로 추정된다.

최순실과 함께 변호사 사무실 은행 일 그리고 부동산을 알아보고 있을 때 최순실이 이렇게 말한다.

"노 부장."

"네."

"윤 대표에게 이렇다 저렇다 말한 거 없지?"

"네 없습니다."

"절대 윤 대표에게 말하면 안 돼. 그리고 삼성하고 계약하는 날짜도 말하지 말고."

"네 알겠습니다."

윤 대표가 나에게 했던 말이 생각났다. 삼성하고 계약을 해야 하는데 법인설립이 늦어질 경우 본인의 독일 회사가 삼성과 계약을 체결하는 방법도 있다고 했다.

윤 대표는 독일 코어스포츠가 설립됐는지 모르고 있었다. 아니 모르고 있었을까? 지금 생각해 보면 독일 코어스포츠의 주소와 법인 공동대표였던 독일 헷센주 승마협회 회장 로버트 쿠이퍼스와 연관돼 있었다. '윤 대표가 중간에서 가교역할을 하지 않았다면 있을 수 있는 일인가'라는 생각이 든다.

최순실은 삼성전자와의 계약 장소를 고민하며 박 원장에게 이렇게 말했다.

"원장님. 삼성하고 계약하는 장소를 어디로 해야 하죠?"

"비블리스 예거호프 승마장에서 하는 게 좋지 않을까요?"

"회장님. 그래도 삼성과 계약인데 프랑크푸르트 호텔에서 하시는 게 좋지 않을까요? 호텔에서 계약 끝나면 비블리스 예거호프 승마장으로 이동하고 다과를 먹으면서 정유라 선수가 말 타는 모습을 보여주면 좋지 않을까요?"

"노 부장 이상한 소리하고 있어. 동네방네 소문낼 일 있어."

"그런가요?"

부정적이었던 최순실의 생각이 바뀌었다. 삼성과의 계약 장소는 2015년 8월 26일 오후 3시 프랑크푸르트 시내에 위치한 인터콘티넨탈호텔 19층에서 하고 삼성관계자들이 비블리스 예거호프 승마장으로 이동해 다과를 즐기며 정유라 선수가 말 타는 모습을 보여주라는 것이었다.

독일에서 일을 하며 또 다른 사실을 알게 되었다. 독일로 출국하기 전 최순실은 나에게 한국에 법인을 설립한다고 했다. 한국에 설립한 법인은 주식회사 코어플랜(core plan Co..Ltd) 개업연월일은 2015년 8월 24일 업태는 서비스 종목은 광고, 기획, 스포츠 에이전시였고 사무실은 강남구 신사동이었다. 코어플랜은 한국에서 우수한 스포츠 선수를 선발해서 독일 코어스포츠로 연결시켜 주고 문체부하고 정부에서 발주하는 광고를 만드는 사업을 계획하고 있던 것으로 최순실은 한국에 코어플랜과 독일의 코어스포츠를 업무로 연결해 놨던 것이다.

"참 대단하다. 최순실 돈을 긁는구나"

가슴으로 울어봤니?

2015년 8월 26일 아침. 마필관리사와 함께 비블리스 예거호프 승마장을 출발해 마나임에 위치한 이케아에 도착해 다과에 필요한 그릇과 사무실이라고 보여 줄 주방에 걸어 놓을 인테리어 소품을 구입하고 비블리스로 돌아와 마트에 들려 다과를 구입해 예거호프 승마장에 도착해 정유라와 만났다.

"유라야. 오늘 삼성하고 프랑크프르트에서 계약식 끝나면 삼성 관계자들이 승마장에 와서 시설보고 너 말 타는 것 본다고 하니깐 준비 잘 하자."

마필관리사와 두 명의 남자와 함께 식탁과 의자의 위치를 잡아주고 최순실의 숙소 받홈북으로 향했다.

"회장님. 도착했습니다."

"도착했어요? 그럼 계약할 때 필요한 거 준비하고 있으세요."

"네 알겠습니다."

호텔 근처에 위치한 사무용품 판매점에 들려 계약식에 사용할 펜 등을 구입 후 호텔로 이동했다.

"회장님 다 준비했습니다."

"알았어요. 기다리세요."

받홈북 마리팀호텔에서 최순실을 기다리며 나는 이런 생각을 했다. 오늘 삼성전자와 코어스포츠 간의 승마선수들을 위한 스포츠 매니지먼트 계약은 앞으로 대한민국 승마선수들의 미래를 밝게 해주고 또한 앞으로 다가올 2020년 도쿄올림픽에서 승마 종목에서도 금메달을 목에 거는 장면도 볼 수 있을 것이다. 하지만 만약 최순실이 대한승마협회 승마 국가대표 선수들을 앞세워 2020년 도쿄올림픽 금메달을 목표한다는 명분을 만들고 본인의 실리를 위해 이 명분을 앞세워 삼성전자와 코어스포츠의 스포츠 매니지먼트 계약을 한다면 대한승마협회와 소속된 선수들을 힘들게 할 것이다.

나는 삼성전자와 코어스포츠의 스포츠 매니지먼트 계약을 준비하며 독일에서 삼성전자 실무진의 모습도 삼성전자의 실무진이 선발된 승마 국가대표 선수들이 훈련할 장소와 코어스포츠의 사무실을 방문한 적이 없다는 것과 삼성전자에서 스포츠 매니지먼트 계약서를 만들어 코어스포츠에 보냈다는 것 그리고 지원받을 마장마술 세 명, 장애물 세 명의 선수들도 선발이 되지 않은 이 상황에서 삼성전자와 코어스포츠가 스포츠 매니지먼트 계약을 체결한다는 것에 의심을 떨쳐버릴 수 없었다.

호텔 로비에서 이런 생각을 하고 있는 나에게 최순실은 늦으면 안 된다고 재촉하며 다가왔다.

최순실과 함께 자동차로 30여분을 이동해 프랑크푸르트 인터콘티넨탈 호텔에 도착했다. 최순실은 1층 로비에 내렸고 나는 지하 주차장에 주차를 했다. 최순실은 1층 로비에 있는 커피숍에 앉아있고 나는 엘리베이터를 이용해 19층으로 향했다.

계약식장에 도착하니 다과를 준비해 주는 박승관 변호사 사무실 여직원과 박승관 변호사, 로버트 쿠이퍼스, 박 원장이 있었다.

인터콘티넨탈 19층의 창밖의 전경은 매우 아름다웠다. 파란 하늘과 비행기가 지나다니며 만들어 놓은 하얀 선 그리고 마인 강 물줄기와 평화롭게 물 위를 떠다니는 유람선, 휴식을 즐기고 운동을 하는 사람들에게서 행복과 여유를 느낄 수 있었다.

잠시 후 삼성 관계자 세 명이 도착했다. 삼성전자 사장 박상진, 전무 황성수, 법무팀 정 변호사였다. 이들의 직함은 계약식을 진행하며 자연스럽게 알게 되었다.

박승관 변호사, 로버트 쿠이퍼스와 삼성전자 박상진 사장이 서로 명함을 주고받고 삼성전자 전무 황성수가 나에게 다가와 명함을 주고받았다.

박승관 변호사가 법무팀 정 변호사에게 서류 한 장을 건네주었다. 그리고 삼성전자 박상진 사장은 "문제 있어?"라고 질문하고 법무팀 정 변호사는 "없습니다."라고 짧게 대답했다.

계약 전 몇 차례의 수정을 거친 계약서에 드디어 삼성전자와 코어스포츠의 스포츠 매니지먼트 '186억+α'에 사인을 시작했다. 몇 차례의 수정을 거친 계약서 그렇다면 서로 상호간의 이

견이 있었다는 얘기인데 계약식에서 수정을 했던 내용을 읽으
며 다시 한 번 확인하는 과정도 없고, 박승관 변호사와 로버트
쿠이퍼스 그리고 삼성관계자들은 이 날 첫 대면인데 상호 오고
가는 대화가 전혀 없었다. 나는 사인하는 장면을 기록에 남기기
로 했다. 지금 생각해도 발칙한 생각이었다.

"사진 좀 찍겠습니다."

사실 삼성에서 찍지 말라고 할 줄 알았다. 아마 못 들은 것 같
았다. 가슴이 두근거렸다. 박 원장이 비블리스 예거호프 승마장
에서 나에게 했던 말이 있었다.

"원장님. 삼성에서 승마협회 회장사도 되고 큰 결심을 했네
요."

"삼성전자 이재용 부회장과 나는 사제지간이야."

"그래요? 몰랐습니다."

"삼성전자 이재용 부회장이 승마선수였을 때 내가 조금 가르쳐줬거든."

"아. 그래요? 그래서 삼성이 승마협회 회장사로?"

"아니 그건 아니고. 언젠가 삼성전자 이재용 부회장을 만났거든. 그래서 내가 부회장님이라고 부르니깐 선생님 왜 그러세요. 그러더라고."

"아. 네. 그래도 삼성에서 대단한 결심을 했습니다. 승마선수를 선발해서 독일에서 훈련시켜주고."

"그건 그렇지. 하지만 정유라 빼고 나머지 선수들은 들러리야. 삼성 돈은 아무리 먹어도 탈이 안나 치밀하거든."

아 이게 말로만 듣던 정경유착인가? '정경유착의 부정부패에 내가 지금 뭐하고 있는 거지'란 생각을 하며 얼굴이 붉게 달아 올랐다.

삼성전자와 최순실 소유의 코어스포츠 사이의 스포츠 매니지 먼트 계약서 그리고 이 계약식의 사진은 증거 자료로 충분히 사용될 수 있다는 생각을 했다.

이 사진은 내가 최순실의 부정부패를 세상에 알리겠다고 생각을 하며 증거자료를 수집하는 과정의 첫 번째 행동이었다.

삼성전자 측 사장 박상진, 전무 황성수, 법무팀 정 변호사 코어스포츠 측 박승관 변호사, 독일 헷센주 승마협회장 로버트 쿠이퍼스를 각각 양측 나눠 사진을 찍었다. 언젠가는 세상에 알리겠다고 마음먹고 찍은 사진이라 나의 마음을 누군가에게 들킬 것만 같아 심장의 박동 수가 빨라졌다. 사진을 찍고 나서도 삼성전자 측에서 핸드폰 사진을 지워달라고 요청할까 두려워 핸드폰을 호주머니에 넣고 빨리 계약식이 끝나기만을 기다렸다. 하지만 내 걱정은 기우였다. 계약식은 계약서에 사인함과 동시에 삼성전자 측이 자리에서 일어나며 끝났다. 삼성전자 측이 먼저 엘레베이터를 타고 내려갔고 코어스포츠 측은 다음에 엘레베이터로 내려갔다. 삼성전자 측은 1층 로비에서 잠시 머뭇거리다 1층 로비 현관을 통해 빠져나갔다. 그들은 비블리스 예거호프 승마장으로 이동했다.

1층 로비 커피숍에 기다리고 있는 최순실이 보였다. 나는 최순실을 향해 걸어갔다.

"노 부장."

"네."

"끝났어요?"

"네 사인만 하고 바로 끝났습니다."

"삼성에서 별 말은 없어요?"

"네 별 말은 없었습니다."

"돈은 언제 보내준데요?"

"그런 말은 없었습니다."

"그럼 차 갖고 오세요. 차 어디에 있어요?"

"지하 주차장에 있습니다."

"차 갖고 1층 로비 앞으로 오세요."

"네."

지하 주차장에서 로버트 쿠이퍼스를 만났다. 그는 나에게 명함을 건네주고 짧은 인사를 하고 지하 주차장을 빠져나갔다. 하지만 명함을 주는 그의 얼굴은 일그러져있었다. 왜 표정이 일그러져있었을까? 지금도 의문이다.

자동차는 지하 주차장을 빠져나와 호텔로비 1층에 도착했다. 최순실은 자동차의 뒷문을 열고 뒷좌석에 앉았다. 그리고 나에게 비블리스 예거호프 승마장이 아닌 최순실이 독일에 도착해 처음 숙소로 사용했던 프랑크푸르트 시내에 위치한 웨스틴호텔로 가자고 했다. 호텔에 도착해 최순실은 1층 로비에서 내리고 나는 지하주차장에 주차를 하고 다시 1층 로비로 갔다. 커피숍에 앉아있는 최순실이 보였다.

"노 부장 이쪽으로 와요."

"네."

"노 부장 앉아봐."

"네."

그리고 최순실이 오렌지 주스 두 잔을 주문했다.

"노 부장. 중간 결산한 거 줘봐."

"네 여기 있습니다."

최순실이 그동안 삼성에서 돈이 들오기 전 사용하라고 준 돈을 영수증과 함께 정리해 놓은 것이다.

"그리고 노 부장. 내가 알아봤는데 독일은 세금이 워낙 높아. 그러니깐 200만원은 한국에 법인을 만들었으니깐 한국에서 받고 150만원은 독일법인에서 받는 것으로 해."

독일 출국 전 한국에서 최순실을 만나 내가 요구한 것은 세금을 제외한 후 독일에서 350만원을 받는 것이었다.

"회장님 독일 출국 전 회장님 만나 뵙고 말씀드렸습니다."

"독일은 세금이 높다고. 그럼 노 부장한테 그렇게 줄 수 있는 회사로 가든가."

소리를 버럭 지르는 최순실에게 앞에 놓여있는 주스 잔을 얼굴에 던지고 싶었다.

"회장님. 한국에서 말씀하신 거와 지금 말씀이 다르잖아요?"

"그러니깐 노 부장을 그렇게 줄 수 있는 회사로 가라니깐."

"세후 150만원은 체류비자를 받을 때 문제가 될 수 있습니다."

"비자는 신경 쓰지 말고. 아니 노 부장 그렇게 줄 수 있는 회사로 가라니깐 왜 나한테 그래?"

"아니 제가 회장님께 말씀드렸잖아요."

"그러니깐 그렇게 줄 수 있는 회사로 가라니깐"

소리 지르는 최순실을 마주하며 생각을 했다. 2014년 3월 압구정에서는 약 한달 그리고 현재 2015년 8월 독일에서는 15일 만에 해고 통보. 나는 주스 잔을 손에 잡았다. 하지만 참아야 했다. 이대로 한국으로 돌아가면 나는 최순실에게 패배자일 것이며 한국에 돌아간다고 당장 있을 곳도 일할 곳도 없는 상황이었다. 한국에서 최순실을 만나고 나를 고민에 빠뜨리고 두려움을 갖게 했던 상황이 현실이 되었다. 그리고 나는 이 현실에서 결정을 내려야했다. 고민할 시간 또한 없는 지금 자료를 모으기 위해서는 빠른 판단과 결정이 필요했다.

"네. 그렇게 하겠습니다."

"노 부장. 결정 했어?"

"네. 그렇게 하겠습니다."

당황하는 최순실의 얼굴. 더 이상 한국으로 돌려보낼 명분이 없어졌다.

최순실은 나에게 체류비자와 세무사에게 독일에서 직장인이 내야할 세금을 알아본다고 말하며 그 자리에서 바로 일어나 받홈북 마리팀호텔로 이동하자고 말했다. 마리팀호텔에 도착한 최순실은 객실로 향했다. 마리팀호텔 근처에서 축제가 열렸다. 나는 호텔 지하주차장에 주차하고 터질 것 같은 가슴을 달래기 위해 축제를 구경하는 사람들 속으로 들어갔다. 사람들과 함께 걸으며 독일 도착 후 생활을 정리해봤다.

숙소라고 표현하기에는 정말 어처구니없는 승마장 마구간의 마필관리사 옆 숙소에서 수백 마리의 파리와 전쟁을 하고 말발굽 소리와 말똥 냄새를 참아가며 숙식을 했다. 주방은 책상과 컴퓨터를 놓고 정유라의 지원을 위한 사무실이 되었다. 이렇게 승마장에서는 정유라와 정유라의 남편 신 주임 그리고 백일 갓 넘은 사내아이와 신 주임의 친구 김 주임, 정유라의 마필을 관리하는 마필관리사, 정유라의 독일 생활을 도와주는 아주머니, 정유라의 독일 생활과 훈련을 챙기는 박 원장 그리고 나 이 모든 사람들이 정유라의 독일 정착을 위해 일을 하고 삼성전자에서 보내 줄 돈은 오직 정유라에게만 사용되는 것이 아닌가?

오늘 최순실과 다투며 내린 내 결정과 앞으로 행동에 대해 다시 생각하며 머릿속에 정리하기 시작했다. 지금껏 모아온 영수증과 최순실에게 받은 서류를 복사하고 스캔 작업을 통해 파일로 만들고 파일을 안전하게 보관할 방법과 어떤 방법으로 세상에 알릴지를 정리해야 했다. 그리고 최대한 의심을 안 받게 행동하기 위해 최순실의 지시에 순응하며 특히 비블리스 예거호프 승마장의 사람들과의 부드러운 관계로 지내는 것이 중요하다. 앞으로 급여가 아닌 다른 문제를 빌미삼아 나를 언젠가 해고시킬 것이다.

이런저런 생각을 하며 발걸음을 마리팀호텔로 옮겼다. 비블리스 예거호프 승마장으로 향하는 아우토반을 달리며 라디오에서 들려오는 음악소리의 볼륨을 높였다. 그리고 소리 지른다.

노승일 원조준

"씨발! 다 죽었어!"

쇼핑하는 사람은 행복하다

2015년 8월 27일 이른 아침.

비블리스 예거호프 승마장에서 출발해 최순실의 숙소인 받홈북 마리팀호텔에 도착했다.

"회장님. 도착했습니다."

"알았어요. 내려갈게요."

1층 로비에서 어제 생각했던 것과 머릿속에 정리한 것들을 다시 정리하며 최순실을 기다렸다. 모습을 나타낸 최순실은 나에게

"노 부장."

"네."

"다른 쪽 부동산 연락처 있어?"

"에덴부동산이라고 있습니다."

"그럼 연락해봐. 오늘 만날 수 있는지."

"네. 알겠습니다."

에덴부동산 사장님께 연락을 했다. 사장님께서는 오늘 시간이 가능하다고 했다.

"회장님 에덴부동산에 연락했는데 오늘 시간이 가능하다고 합니다."

"그럼 지금 출발해요."

최순실과 함께 에덴부동산 사장을 만났다. 오전부터 저녁까지 부동산을 보러 다녔다. 에덴부동산 사장님의 끊임없는 물건 추천에 나는 지치다 못해 짜증이 났지만 표정을 관리해야 했다. 반면 최순실은 물 만난 물고기였다. 에쉬본에서 받홈북, 쾨닉슈타인, 드라이아이쉬, 플로쉐임 등 머리가 터질 것 같았다. 에덴부동산 사장님과 헤어진 최순실이 박 원장과 함께 보았던 록 부동산 사장이 추천한 물건을 다시 보자고 해 그 부동산 물건을 찾아다니기 시작했다. 부동산을 다 돌아보고 최순실의 숙소인 마리팀호텔로 이동했다. 숙소로 이동하는 길 오른쪽에 폭스바겐 자동차 전시장이 눈에 보였다.

"노 부장."

"네."

"자동차도 구입해야 하니깐 옆에 세워봐."

"네. 알겠습니다."

나는 부동산을 보며 지칠 때로 치쳤고 짜증 날 때로 짜증이 난 상태였다. 하지만 표정관리를 해야 했다.

최순실이 이 자동차 저 자동차를 보고 다니며 가격을 확인한다.

"노 부장 이 자동차 어때?"

"네. 가격도 저렴하고 좋은 것 같습니다."

"노 부장 이 자동차 어때?"

"네. 가격도 저렴하고 좋은 것 같습니다."

"노 부장 이 자동차 어때?"

"네. 앞으로 업무 볼 때 편리할 것 같습니다."

"노 부장 이 자동차 어때?"

"네. 장거리 이동할 때 편안할 것 같습니다."

"노 부장 뭐해 빨리 사진 찍어 놔야지. 그렇게 눈치가 없어?"

"아 네. 죄송합니다."

나는 혼잣말로 보면 뭐 하냐고 지금 사지도 않을 거면서 그리고 자동차 구입한다고 이 전시장 저 전시장을 다 돌아다닐 것을 상상하며 앞으로 내가 받아야 할 스트레스 '아 이건 병이다. 아 힘들다.' 라는 생각을 했다.

폭스바겐 자동차 전시장에 이어 벤틀리, 벤츠 전시장까지 하다하다 못해 잔인하다는 생각을 했다. 자동차 아이 쇼핑을 끝내고 최순실을 마리팀호텔로 데려다 줬다. 최순실은 자동차에서 내리며

"노 부장."

"네."

"잠깐만 이쪽으로 와봐. 지난번에 통역했던 학생에게 연락해서 내일 시간이 되냐고 연락해봐."

"네 알겠습니다."

지난번 빈터밀을 방문했을 때 통역을 해줬던 학생이었다. 나는 학생에게 바로 전화를 했다.

"안녕하세요. 노승일입니다."

"네. 안녕하세요."

"혹시 내일 시간 있으신가요?"

"오전 아니면 오후요?"

"오전이요. 그리고 혹시 오후에도 가능할까요?"

"무슨 일 때문에 그러시죠?"

"내일 통역을 부탁해도 될까요?"

"네. 그럼 내일 어디로 갈까요?"

"제가 내일 오전 9시까지 집으로 모시러 갈게요."

"네. 알겠습니다."

통역을 도와 줄 학생과 통화를 끝내고 최순실에게 보고를 했다.

"회장님 통화 됐습니다."

"뭐래요?"

"내일 시간이 된다고 합니다."

"그럼 내일 아침 10시까지 이리로 오세요."

"네 알겠습니다."

2015년 8월 28일 비블리스 예거호프를 출발해 프랑크푸르트 외각에 위치한 통역을 도와줄 학생의 집에 들러 학생과 함께 마리팀호텔로 이동했다. 그리고 도착해서 바로 최순실에게 전화를 걸었다.

"회장님 도착했습니다."

"학생도 도착했어요?"

"네. 같이 왔습니다."

"내려갈게요."

잠시 후 최순실의 모습이 보였다.

"노 부장."

"네."

"빈터 승마장 주소 알죠?"

"네 알고 있습니다."

"그럼 빈터 승마장으로 가세요."

최순실, 통역 학생과 함께 빈터밀 빈터 승마장으로 향했다. 최순실이 빈터 승마장을 다시 방문한 것은 혹시 빈터와 말을 거래하면서 박 원장이 말 가격을 갖고 장난을 치는지 확인해 보기 위해서였다. 내 예상이 맞았다. 최순실은 주위에 있는 사람을 전혀 믿지 못한다. 주위에 있는 사람들이 좋은 말을 해 줘도 믿지 않고 경계를 하며 의심하기 시작한다. 그래서 나는 최순실과 대화를 할 때도 선을 긋고 대화를 했다.

빈터밀을 출발해 다시 마리팀호텔로 돌아온 최순실은 호텔 객실로 들어가고 나는 통역을 도와준 학생을 집으로 데려다 주기 위해 프랑크푸르트로 이동하고 있었다.

최순실에게 전화가 걸려왔다.

"노 부장 어디에요?"

"네. 지금 통역을 도와준 학생 집에 데려주려고 프랑크푸르트로 이동하고 있습니다."

"그럼 학생 데려다 주고 다시 이쪽으로 오세요."

"네. 알겠습니다."

나는 프랑크푸르트에 도착해 통역을 도와준 학생을 집에 데려다주고 다시 받홈북 마리팀호텔에 도착해 최순실에게 전화를 걸었다.

"회장님 도착했습니다."

"내려갈게요."

"네. 알겠습니다."

잠시 후 최순실이 내려왔다.

"노 부장."

"네."

"승마장으로 가세요."

"네. 알겠습니다."

나는 최순실과 함께 비블리스 예거호프 승마장으로 이동했다. 이동하는 자동차 안에서 최순실은 아무런 말을 하지 않았다. 최순실의 표정은 고민이 가득한 표정에 무엇인가 곧 폭발할 것 같은 느낌이 들었다. 최순실의 눈치를 봐야 했던 나는 신경을 쓸 수밖에 없었다. 비블리스 예거호프 승마장에 도착해 최순실은 정유라가 기거하는 집으로 이동했다.

나는 라면을 끓여 허기진 배를 달래고 자료를 정리하기 위해 책상의자에 앉았다. 그리고 주위를 살핀다. 혹시 자료를 정리하는 것을 누가 볼까 걱정이 됐다. 마필관리사가 없는 시간과 자는 새벽 시간에 나는 서류를 복사하고 스캔을 했다. 누가 사무실로 올까봐 귀를 기울이며 소리에 민감하게 반응했다.

의심의 끝은 어디인가?

　한참 후에야 사람의 발자국 소리가 들린다. 최순실이 마필관리사 숙소에 온 것이다. 그런데 표정이 매우 좋지 않았다.

"노 부장."

"네."

"가요."

"네. 알겠습니다."

　받홈북 마리팀호텔로 이동해 최순실을 내려다 주고 다시 비블리스 예거호프 승마장에 도착해서 왜 최순실의 표정이 좋지 않았나를 알 수 있었다.

　정유라는 개 여덟 마리와 고양이 두 마리를 키우고 있었다. 그것도 집안에서. 최순실이 비블리스 예거호프 승마장에 온 것은 근처 주민이 산책하다 큰개가 작은개의 목을 물어뜯는 장면을 목격하고 동물보호청에 신고를 했기 때문이다. 최순실은 개 여덟 마리, 고양이 두 마리를 키우는 것에 큰 충격을 받았다. 그리고 그 많은 동물들이 집안에서 백일 갓 넘은 외손자와 살았다는 것도 충격이었다.

정유라와 남편 신 주임은 동물을 좋아했다. 어느 날 남편 신 주임과 얘기를 나눴을 때 둘은 전라도 해남 전원주택에서 개 백 마리를 키우는 게 꿈이라고 했다. 그야말로 개꿈이었다. 나는 정유라를 이해했다. 유년시절 친구들과 함께 했던 얘기를 전혀 언급한 적이 없었기에 나는 정유라를 이해 할 수 있었다.

근처 주민이 동물보호청에 신고하기 전까지 최순실이 비블리스 예거호프에 올 때면 정유라와 남편 신 주임은 개를 마구간에 숨기기에 분주했다.

2015년 8월 29일.

최순실에게 전화가 걸려왔다.

"노 부장."

"네."

"오늘 윤 대표하고 자동차 전시장 갈 거니깐 이리로 오세요."

"몇 시까지 갈까요?"

"오후 3시까지 오세요."

"네 알겠습니다."

비블리스 예거호프에서 출발해 최순실의 숙소인 받홈북 마리 팀호텔에 도착했다.

"회장님 도착했습니다."

"기다리세요."

"네 알겠습니다."

호텔 로비 1층 출입구에 윤 대표의 모습이 보였다. 윤 대표와 인사를 나눈 후 이런저런 대화를 하며 최순실을 기다리고 있었다. 윤 대표와 대화를 나누는 사이 최순실의 모습이 보였다.

"노 부장."

"네."

"윤 대표에게 자동차 전시장 주소 받고 그쪽으로 출발해요."

"네. 알겠습니다."

나는 윤 대표에게 프랑크푸르트 폭스바겐 자동차 전시장 주소를 받아 내비게이션에 주소를 입력하고 최순실, 윤 대표와 함께 프랑크푸르트 폭스바겐 자동차 전시장으로 이동했다. 폭스바겐 자동차 전시장 주차장에 주차를 하고 전시된 자동차를 구경했다. 최순실은 신이 나서 1층과 2층을 오르내리며 자동차를 구경하고 있었다.

"노 부장.'

"네."

"노 부장은 밴을 알아보세요."

"네. 알겠습니다."

승마선수들이 타고 다닐 밴을 알아보고 있던 나를 최순실이 부른다.

"노 부장."

"네."

"노 부장 이쪽으로 와봐."

"네."

"이 자동차 어때?"

최순실이 마음에 들어 하는 중고 자동차를 발견했다. 폭스바겐 투아렉 가격은 28,500 유로. 이 자동차는 정유라의 남편 신주임이 타고 다닐 자동차였다.

"네. 가격도 그렇고 자동차 외관도 상태가 좋습니다."

폭스바겐 투아렉 자동차를 이곳저곳 한참을 본 최순실은 나에게

"노 부장 이쪽으로 와봐."

"이 자동차는 어때?"

그리고 폭스바겐 골프 가격은 16,980 유로. 이 자동차는 코어 스포츠에서 업무용으로 사용할 자동차였다. 최순실은 기존에 렌터카를 반납하고 자동차를 구입해 운행하라고 지시한 상태였다.

"네. 가격도 그렇고 자동차 외관도 상태가 좋습니다. 그리고 연식이 오래되지 않아 업무 볼 때 부담이 없을 것 같습니다."

윤 대표와 최순실은 자동차 영업사원에게 다가갔다. 그리고 중고 자동차 가격을 흥정하기 시작했다. 옆에 서 있는 나에게 최순실이

"노 부장."

"네."

"왜 여기 서있어?"

"네."

"왜 여기 있냐고? 눈치 없이 낄 때 안 낄 때 다 낄라 그래?"

"네?"

"저리 가라고."

"네. 알겠습니다."

어이가 없었던 나는 지금 생각해도 그때 잘 참았다. 만약 내가 소리를 지르며 욱했더라면 어땠을까? 당장 한국으로 돌아가라고 하며 소리를 질렀을 것이고 이후 내가 케이스포츠재단에 입사를 할 수 있었을까?

나는 자동차 전시장 밖으로 나와 담배를 피우며 마음을 달래고 있었다.

자동차 전시장으로 들어서는 나에게 최순실이 짜증을 낸다.

"노 부장."

"네."

"어디 있었어?"

"나가 있으라고 해서 나가 있었는데요."

"도대체 뭐하는 거야. 옆에 있어야지. 머리 무겁지 않아? 뭐하러 들고 다녀 무겁게."

"네."

아랫입술을 꽉 깨물고 참았다.

"네만 하지 말고. 이거 자동차 매매계약서야. 잘 갖고 있다가 삼성에서 돈 들어오면 내가 독일에서 쓴 돈 정산할 때 같이 정산해."

심한 모멸감과 함께 나는 아무 말 없이 서류를 받아 챙기며

"네. 알겠습니다."

"밴은 봤어요?"

"네. 봤습니다."

"가격은 어때요?"

"네. 가격은 새것과 별 차이가 없습니다."

"사진은 찍어놨어?"

"네. 찍어놨습니다."

"어딨어? 밴은?"

"전시장 밖에 있습니다."

최순실과 나는 전시장 밖으로 이동해 밴을 살펴봤다.

"그럼 밴은 새것으로 사고 박 원장님하고 한번 견적을 받아봐"

"네. 알겠습니다."

"그럼 나하고 윤 대표하고 호텔에 내려주고 노 부장은 일봐."

최순실과 윤 대표를 마리팀호텔에 내려 주고 비블리스 예거호프 승승마장에 도착해 마필관리사 숙소에서 허기진 배를 라면으로 달래며 머리 무겁지 않아? 뭐 하러 들고 다니냐는 최순실이 내게 한 말을 떠올리며 최순실에게 받은 자동차 매매계약서를 복사하고 스캔하며 자료를 정리하기 시작했다.

2015년 8월 30일.

독일에 도착해 비블리스 예거호프 승마장에서 인사를 못 드렸던 분이 있다. 정유라의 독일생활을 도와주기 위해 한국에서 오신 아주머니였다. 2015년 8월 29일 최순실에게서 전화가 걸려왔다.

"노 부장."

"네."

"내일 한국에서 오신 아주머니 모시고 교회를 다녀와야 해요."

"네. 박 원장님에게 연락을 받았습니다."

"그럼 내가 교회 주소를 알려줄게요."

"네. 알겠습니다."

"그럼 아주머니는 올 때는…? 제가 교회에서 기다리다 모시고 오겠습니다."

"네 그럼 그렇게 하세요."

아주머니는 독일에 도착해 본인 개인시간에 교회에 다니시는 것 뿐, 늘 집안의 개와 고양이의 똥오줌 냄새를 참아 가며 하루하루를 지내셨다. 한 여름에도 정유라가 사는 집은 커튼이 내려와 있고 거실 창문도 닫고 살았다. 내가 아주머니께 도와 드릴 수 있는 유일한 일이었다. 아주머니를 모시고 비블리스 예거호프에서 프랑크푸르트 교회로 이동하는 자동차 안에서 아주머니는 과자와 음료수를 주시며 말씀하셨다.

"노 부장님 맞죠?"

"네."

"오늘 고마워요. 일요일인데 쉬어야 하는데."

"아닙니다. 독일에 왔는데 친구도 없고 일요일이 의미가 없네요."

"저는 회장님께 독일에 오면서 부탁을 드린 게 일요일에는 교회에 가야 한다고 말했어요."

"네. 회장님께 전해 들었습니다."

"그리고 노 부장님."

"네?"

"회장님하고 오래 일하려면 봐도 못 본 척 들어도 못 들은 척하고 지내야 오래 일할 수 있어요."

"네 저도 그런 느낌을 받았습니다."

"다음에도 부장님께 부탁을 드려도 될까요?"

"그럼요 언제든 말씀하세요."

아주머니의 연세는 70세가 넘어보였다. 당시 내 어머니의 나이는 76세였다. 아주머니를 처음 본 느낌은 한국에 계신 내 어머니 같았다. 이날 이후 나는 아주머니를 세 번 정도 교회에 모셔다 드렸다. 지금도 아주머니를 생각하면 가슴이 먹먹하다.

2015년 9월 1일 아침 최순실에게 전화가 걸려왔다.

"노 부장."

"네."

"몇 시까지 올 수 있어요?"

"지금 출발하겠습니다."

비블리스 예거호프에서 출발해 받홈북 마리팀호텔에 도착했다. 1층 로비에는 윤 대표가 있었다.

"안녕하세요. 노 부장님."

"네. 안녕하세요."

"제가 회장님께 내려오시라고 하겠습니다."

"네. 알겠습니다."

잠시 후 최순실의 모습이 보였다. 최순실과 윤 대표와 함께 자동차로 이동해 윤 대표가 가자고 하는 방향으로 갔다. 도착한 곳은 받홈북에 있는 작은 병원이었다. 그리고 윤 대표가 최순실에게 무엇인가 보고를 한다. 최순실의 표정이 좋지 않아 보였다. 정유라와 신 주임의 모습이 보였다. 오늘은 정유라의 몸 상태가 좋지 않아 윤 대표가 예약해 병원을 방문한 것이다.

정유라의 치료가 끝나고 최순실은 비블리스 예거호프 승마장으로 이동하자고 했다. 승마장에 도착해서 나는 마필관리사 숙소로 이동해 책상에 앉아있었다. 최순실은 한참 후 마필관리사 숙소에 왔다.

"노 부장."

"네."

"잠깐 이쪽으로 와봐."

마필관리사 숙소 옆에 있는 테이블에서 최순실은 나에게

"노 부장 앉아봐."

"네."

"노 부장 최근에 한국에 전화한 적 있어?"

"아니오. 없습니다."

"솔직히 말을 해줘야 해 아니면 노 부장도 여기에서 나가야

해."

"없습니다."

"그럼 뭐 생각나는 거 없어?"

"예, 없습니다."

"그럼 노 부장은 어떻게 할 건데?"

"저는 독일에서 회장님하고 일해야죠."

"노 부장은 여기에서 계속 일 한다고?"

"네 제가 회장님 처음 뵈었을 때 한 달도 일 못하고 해고당하고 힘들게 살았습니다. 지금 그 상황인데요. 회장님은 삼성전자하고 계약이 끝나고 나가라고 하고 다시는 힘들게 살고 싶지 않습니다."

"나는 노 부장이 괜찮다고 생각했는데, 노 부장 출근 안 하냐고 물어보니 노 부장에게 문제가 있는 거 같아서 출근하지 말라고 그랬다고 했어. 내가 노 부장 해고한 게 아니야."

　나는 최순실이 거짓말을 한다고 생각했다. 하지만 거짓말이 진실로 느껴지는 이 기분은 무엇 때문일까? 정말 이 사람 화술이 좋은 것인가?

"노 부장."

"네."

"여기에서 일하려면 신의를 지켜야 해. 앞으로 연락하지 말고."

"네."

"연락하며 이곳 사정 말하고 그러면 안 돼."

"네 알겠습니다."

"그리고 독일어 과외 선생님 이쪽으로 오시라고 했으니깐 애들하고 같이 공부하고."

"네 알겠습니다. 회장님 저는 독일어 학원을 다니고 싶은데요."

"학원도 다니고 과외도 받아."

"네 알겠습니다."

"그리고 비자문제는 걱정하지 말고 내가 받을 수 있게 도와줄게."

"네 감사합니다."

최순실은 나에게 비블리스 예거호프 승마장 계약서라며 잘 보관하라고 하면서 승마장 계약서와 코어스포츠와 관련된 서류를 건네주었다. 승마장 계약 날짜는 2015년 7월 15일 임대기간은 2015년 8월 1일부터 2016년 7월 31일까지였다. 그 후 승마장 계약서는 삼성전자와 스포츠 매니지먼트 계약식이 끝난 후 임차인 최순실에서 임차인 코어스포츠로 계약 날짜와 임대기간이 동일하게 변경되었다.

삼성전자와 계약식이 끝나고 머릿속에 정리한 것이 그대로 적중했다. 최순실과 대화를 끝내고 나는 최순실이 했던 말 중 다른 사람이 나를 해고했다는 말에 깊은 고민을 하기 시작했다. 비블리스 예거호프 승마장을 출발해 최순실의 숙소인 반홈북 마리팀호텔로 이동하며 최순실은 나에게

"노 부장."

"네."

"통역했던 학생한테 연락해서 내일 올 수 있냐고 물어봐."

"네 알겠습니다."

"그리고 내일 두시까지 여기로 오라고 하고."

"네 알겠습니다."

"노 부장도 와야 해."

"네. 알겠습니다."

받홈북 마리팀호텔을 출발하며 최순실이 말한 통역을 도와준 학생에게 전화를 걸었다.

"안녕하세요. 노승일 부장입니다."

"네 안녕하세요."

"혹시 내일 오후 두시에 받홈북 마리팀호텔에서 통역 가능하세요?"

"제가 지금 베를린에서 아르바이트를 하고 있습니다."

"그럼 혹시 통역 가능한 친구는 없을 까요?"

"제 친구들도 다 베를린에서 아르바이트를 하고 있어서요. 제 누나가 있는데 내일 가능하냐고 물어 볼까요?"

"네 부탁드리겠습니다."

그리고 잠시 후 통역을 도와준 학생에게 전화가 걸려왔다.

"네 여보세요."

"부장님. 누나가 가능하다고 합니다."

"감사합니다. 그럼 누나를 모시러 어디로 갈까요?"

"아닙니다. 누나가 그 쪽으로 바로 이동할 수 있습니다."

"네 그럼 부탁드리겠습니다."

그리고 나는 최순실에게 전화를 걸었다.

"회장님."

"네."

"통역을 해줬던 친구가 베를린에서 아르바이트 중이라 통역이 어렵다고 합니다."

"그래서요?"

"본인의 누나가 있는데 누나가 해도 가능한지 물어보았습니다."

"그럼 그렇게 하세요."

"네 알겠습니다."

아우토반을 달리며 통역을 도와준 학생과 최순실과 통화를 하며 비블리스 예거호프 승마장에 도착해 마필관리사와 함께 지내는 숙소 주방에서 최순실에게 받은 비블리스 예거호프 승마장 계약서와 코어스포츠 관련 서류를 스캔하며 그 동안 모은 자료를 다시 정리하기 시작했다. 이렇게 자료는 하나둘씩 모아지기 시작했다.

2015년 9월 2일.

비블리스 예거호프 승마장에서 출발해 받홈북 마리팀호텔에 도착했다. 1층 로비에 학생의 누나가 나를 기다리고 있었다. 서로 짧은 인사를 나눈 후 최순실에게 전화를 걸었다.

"회장님 도착했습니다."

"통역할 학생도 왔어요?"

"네. 도착했습니다."

"기다리세요."

잠시 후 최순실이 다가와

"노 부장. 이 학생이에요?"

"네 맞습니다."

"독일어는 어느 정도 하세요?"

"통역을 도와준 학생과 비슷하다고 합니다."

"노 부장. 오늘 중요한 손님이 오실 거야. 실수하면 안 돼."

"네. 알겠습니다."

"윤 대표한테 말하면 안 돼."

"네 알겠습니다."

"오늘 만나는 손님이 대단하신 분이야 아무나 안 만나줘."

"네 알겠습니다."

잠시 후 1층 로비입구에서 두 명의 남자가 들어왔다. 최순실은 그들에게 짧게 인사를 하며 2층 식당으로 안내했다.

그들은 최순실에게 "선수를 우리에게 보내라. 우리는 최고 수준의 시설을 갖추고 있다. 스포츠 매니지먼트 시합용 말 전문 코칭 스텝까지 모든 게 준비돼 있다."

그들과의 대화를 짧게 나눈 후 짧은 인사와 함께 헤어졌다.

그들과의 만남에서는 잘 몰랐지만 후에 알게 된 건 독일 하겐에 위치한 카셀만호프 승마학교를 운영하는 유명한 사람들이었고 두 명의 남자는 아버지와 아들이었다. 최순실이 나를 부른다.

"노 부장."

"네."

"오늘 통역하는 학생 얼마 주기로 했어?"

"저번과 똑같이 200 유로 주기로 했습니다."

"오늘은 짧게 끝났으니깐 100 유로만 줘."

"처음에 약속을 200 유로로 했는데요."

최순실은 아무런 말이 없었다. 통역을 도와준 친구에게 200 유로를 건네주고 최순실과 나는 비블리스 예거호프 승마장으로 이동해 도착할 무렵 최순실이 정유라, 신 주임, 신 주임의 친구, 마필관리사를 마필관리사 숙소로 모이게 하라고 지시했다. 마필관리사 숙소에 다 모이게 한 후 최순실은 각자의 역할을 분장해 주었다.

"노 부장은 재무일과 승마장의 전체적 관리를 하세요. 주평이는 재무일과 부식을 담당하고, 주평이 친구는 마필관리사와 함께 말을 관리하는 것을 도와주고, 유라는 개 다 팔고 말이나 열심히 타고."

그리고 최순실은 나를 따로 불렀다.

"노 부장."

"네."

"연락 왔어?"

"아니요. 연락 안 왔습니다."

"연락은 해 봤어?"

"아니요. 회장님이 연락을 하지 말라고 해서 연락 안 했습니다. 그리고 연락할 일도 없고요."

"삼성 사람들 만나고 명함 받았다고 했잖아."

"네."

"보여줬어?"

"아니요. 그런 적 없습니다."

"내가 그 사람들과 일을 하면서 이런 경우가 있었는데, 그 쪽에 전화를 해서 협박을 했다는 거야. 이번에도 삼성에 전화를 해서 또 협박을 할까봐. 노 부장이 나한테 속이면 안 돼. 편들지 말고 나하고 약속한건 지켜줘야 해."

"누구에게도 연락할 일 없습니다. 부모님께도 아직 연락 못 드렸습니다. 걱정하지 마세요."

최순실은 한번 의심하기 시작하면 끝까지 의심하는 성격이다. 대화는 최대한 짧고 간결하게 해야 한다. 만약 이게 무너지게 되면 나는 바로 한국으로 돌아가야 한다.

최순실은 비블리스 예거호프 승마장에 오면 밤 열시쯤에서야 본인의 숙소인 받홈북 마리팀호텔로 데려다 달라고 했다. 최순실을 숙소로 데려다주고 다시 비블리스 예거호프 승마장에 도착하면 새벽 1시다. 나는 하루 일과가 너무 힘들어 녹초가 되었다. 나는 최순실이 한국으로 돌아가는 그날을 손꼽아 기다릴 정도로 힘들었다.

제2장

트로이 목마

딸을 향한 불변의 사랑

앞에서도 언급했다시피 정유라는 개 여덟 마리와 고양이 두 마리를 키우고 있었다. 최순실은 겨우 백일이 지난 외손자와 함께 같은 방에서 개 여덟 마리 고양이 두 마리가 살고 있다는 것에 엄청난 충격을 받았다. 정유라의 이런 유별난 동물 사랑은 이후 많은 문제를 일으키기에 충분했다. 국내 언론에도 소개되었듯이 정유라가 도피하는 동안 말과 개 여덟 마리 고양이 두 마리가 함께 했다는 것은 널리 알려진 사실이다.

2015년 9월 3일.

비블리스 예거호프 승마장을 출발해 받홈북 마리팀호텔에 도착했다. 1층 로비에는 최순실과 윤 대표가 기다리고 있었다. 최순실, 윤 대표와 함께 비블리스 예거호프 승마장으로 이동해 최순실을 승마장에 내려주었다.

오늘은 윤 대표의 도움으로 독일 체류비자를 신청하러 가는 날이다. 독일 체류비자를 신청하기 전 먼저 해야 할 독일의 거주지 등록을 며칠 전에 했다. 나는 윤 대표의 도움을 받아 독일의 거주지를 Ausserhalb 8 68647 Biblis DEUTSCHLAND 비블리스 예거호프 승마장으로 등록했다. 윤 대표와 함께 비블리스에서 헵펜하임(Heppenheim) 외국인 노동청까지 자동차로 약 30분을 이동해 도착한 후 윤 대표의 도움을 받아 독일 6개월 체류비자를 받을 수 있었다.

"노 부장님."

"네."

"축하드립니다."

"네. 도와주셔서 감사합니다."

"제가 오늘 점심 사드릴게요."

"아닙니다. 제가 사드리겠습니다."

"가시죠."

테이블이 약 5개쯤 되는 작은 식당이었다. 대화를 하며 윤 대표와 식사를 했다. 윤 대표의 표정은 불만이 가득했다.

"노 부장님."

"네."

"저는 제 역할이 뭔지 모르겠습니다."

"역할이라뇨?"

"유라 뒤치다꺼리나 하고 주민이 개 때문에 신고해서 동물보호청에 신고당해서 처리하고."

"회장님이 별 말 없나요?"

"아직은 없습니다. 오늘은 비블리스 예거호프 승마장 주인이 보자고 하는데 걱정입니다."

"왜요?"

"지난번 동물보호청 신고 때문에 승마장 주인하고 동물보호청 사람들이 유라 사는 집을 들어가 봤는데 악취하고 개와 고양이 분뇨 때문에 경악을 했어요. 아기도 있는데."

"아기도 있는데 그렇게 지저분하게 살아요?"

"그러니깐 제가 한심하죠. 그런 걸 뒤치다꺼리하고 있으니."

나는 정유라와 신 주임 사이에 아이가 있다는 건 마필관리사를 통해 알고 있었다. 그 집이 어떤 환경인 지도 알고 있었다. 하지만 내가 내색하게 되면 마필관리사에게 불똥이 튈까봐 내색하지 않았다. 식사를 마치고 다시 비블리스 예거호프 승마장으로 이동해 승마장 주인을 만났다.

승마장 주인, 최순실, 윤 대표, 정유라, 그리고 나 이렇게 예거호프 테이블에 앉아 얘기를 했다. 승마장 주인의 말은 기르는 개가 너무 많고 임대를 해준 집에 더 이상 사람이 살 수 없을 정도로 더러워졌고 악취가 너무 심하다. 어떻게 그 집에서 아이를 키울 수 있냐? 승마장 주인의 말에 최순실은 화가 많이 난 상태였다. 승마장 주인은 더 이상 임대를 줄 수 없다고 하였다. 한마디로 원래의 상태로 만들어 놓고 다 나가라는 뜻이었다. 최순실의 표정은 더 일그러져 가고 화를 신 주임에게 풀기 시작했다. 당시 상황을 본 나의 느낌은 내 딸을 꼬드겨 가출하게 만들고 임신을 시켜 이화여자대학교를 못 다니게 한, 정유라의 인생을 망친 놈으로 생각하며 신 주임에게 소리를 질렀다. 상황이 어떻게 돼서 아이를 낳고 출산까지 했는데 그래도 하나밖에 없는 딸의 남편이고 부정할 수 없는 사위인데 사람을 사람대접하는 것이 아니라 하인취급을 하고 있는 모습을 종종 본 나로서는 지금 이 상황을 보고 있을 수 없어 자리를 피할 수밖에 없었다.

지금 생각해 보면 최순실은 2015년 8월14일 독일에 도착한 후 2015년 9월 10일 한국으로 출국하는 그날까지 비블리스 예거호프 승마장에 매일 오다시피 했다. 정유라의 숙소에서 몇 시간씩 본인도 있었는데 본인은 개와 고양이의 분뇨 그리고 악취를 어떻게 참고 있었을까? 최순실도 대단한 사람이다.

2015년 9월 4일.

최순실은 부동산을 적극적으로 알아보기 시작했다. 우선 정유라의 숙소를 옮기고 싶어 했다. 정유라가 기르는 개와 고양이로 인해 주민들의 신고가 신경 쓰였기 때문이다. 최순실과 이곳저곳의 부동산 물건을 보러 다니며 최순실은 부동산 사장님에게 우선적으로 물어본 것이 '개를 기를 수 있냐?'는 것이었다. 독일은 주민이 반대를 하면 개를 기를 수 없다고 부동산 사장님은 말했다. 정유라가 생활할 집과 호텔, 상가를 집중적으로 보기 시작했다.

에쉬본(Eschborn)에 위치한 상가건물 1층에 깜장머리 헤어숍이 있었는데 그동안 부동산 물건을 볼 때와는 사뭇 표정이 달라 보였다. 상가 임대현황에 대해 자세하게 물어보기 시작했다. 가격은 140만 유로. 최순실은 가격도 마음에 들어 했다. 부동산 사장님께 가격을 조정해 달라고 부탁하고 헤어졌다. 최순실과 함께 이동하며 부동산 물건을 본 것 중 가장 마음에 들고 그 위치에 그 정도 상가 면적이면 상가를 구입해 리모델링을 하고 1층 깜장머리 헤어숍은 임대종료 후 업종을 변경해서 본인이 직접 운영해도 좋을 것 같다고 했다. 이후에도 나는 최순실, 박 원장과 함께 에쉬본의 상가를 보러 찾아 갔다. 최순실은 집주인을 만날 수 있냐고 에덴부동산 사장님께 얘기했고 부동산 사장님은 상가 주인에게 연락을 취했다. 나는 최순실이 상가 주인을 만나 주로 어떤 얘기를 했는지 알 수 없었다. 에덴부동산 사장님은 내게 "상가 주인이 꼭 140만 유로를 받아야 한다고. 또 1층 깜장머리 헤어숍 임대기간이 많이 남아 있기 때문에 상가 주인도 깜장머리 헤어숍을 내 보내려면 깜장머리 헤어숍 주인에게 또 다른 비용을 줘야 한다. 만약 회장님께서 이 상가를 구입하려면 깜장머리 헤어숍은 임대만료일까지 임대를 줘야 한다."고 했다. 최순실이 생각한 상가를 구입해 리모델링을 하고 깜장머리 헤어숍은 임대종료 후 업종을 변경하고자 했던 계획은 깜장머리 헤어숍의 임대기간 문제로 차질이 생긴 것이다. 그러나 최순실은 상가 주인을 한차례 더 만나 가격을 조율했다.

최순실은 록부동산 에덴부동산 사장님이 추천하는 부동산 물건 외에 독일하나외환은행 이 법인장이 추천하는 부동산 물건도 보러 다녔다. 2015년 9월 5일 토요일임에도 독일하나외환은행 이 법인장은 여직원을 불러 최순실에게 부동산 물건에 대해 설명하고 부동산 구입을 도와주게 했다. 특히 주로 추천한 곳은 프랑크푸르트 외각에 조용한 정유라가 생활할 집이였으며 이날 부동산 물건을 본 것은 여러 군데였다.

부동산 물건을 다 보고 마트 주차장에 차를 세웠다. 독일하나 외환은행 이 법인장은 내게 회장님이 미리 사인해준 출금전표를 다 사용했다며 출금전표를 수십 장 건네주며 최순실에게 사인을 받아 줄 것을 부탁했다. 나는 최순실에게 전표를 건네주며

"회장님 그 전에 미리 사인해준 출금전표를 다 사용했다는 데요"

"그래서요?"

"여기 출금전표에 사인해 달라고 부탁했습니다."

그렇다 최순실은 독일하나외한은행을 수시로 올 수 없으니 독일하나외한은행 이 법인장에게 전화만하면 출금처리가 될 수 있도록 조치를 취해둔 것이다.

독일하나외환은행에는 코어스포츠의 법인계좌 그리고 최순실 계좌가 있었다. 이후 2015년 9월 8일에도 독일하나외환은행 이 법인장이 추천한 부동산 물건 여러 곳을 보러 다녔다.

2015년 9월 9일.

정유라가 기르는 개 때문에 또 문제가 생겼다. 나는 비블리스 예거호프 승마장에서 출발해 프랑크푸르트 시내에 위치한 호텔 프랑크푸르트에 있는 'Hotel Frankfurter Hof'로 향했다. 최

순실이 2015년 9월 7일 받홈북 마리팀호텔에서 호텔프랑크푸르트로 숙소를 옮겼기 때문이다.

잠시 후 최순실의 모습이 보였고 표정이 좋지 않았다. 최순실과 함께 비블리스 예거호프 승마장에 도착했다. 최순실은 정유라가 생활하는 집에서 한참 동안 있었다. 최순실은 개를 다른 곳으로 팔라고 했다. 하지만 정유라는 안 팔겠다고 하며 앞으로 말을 타지 않겠다고 최순실에게 소리를 질렀다. 이에 질세라 최순실은 고성을 지르며 "타지 마. 이년아. 냄새나 죽겠어. 씻고 다녀 미친년아. 개 빨리 안 팔아."

최순실의 욕지거리에 정유라도 지지 않았다. 정유라의 짧은 욕 한마디.

"씨발!"

비블리스 예거호프 승마장에서 최순실과 정유라가 대화하는 내용을 옆에서 들었다. 박 원장이 승마장 마술선수 세 명과 장애물선수 세 명을 선발하려 이리저리 알아보고 다녔을 때였다.

"엄마 누구도 독일에 온데."

"누가 그래?"

"박 원장님이 알아보고 다닌데. 누구 때문에 생겼는데."

"꼴값 떨고 있네. 누구 때문에 만들어졌는데."

정유라는 삼성전자와의 계약이 본인 때문에 만들어 졌다는 것을 간접적으로 표현했다. 그리고 본인이 말을 안 타면 삼성전자와의 계약이 무산 될 것이라는 간접적인 표현을 삼성전자와 계약 전 했었다. 평소 비블리스 예거호프 승마장에서 나와 얘기를 하며 느꼈던 정유라가 아니었다. 그리고 아주머니가 해주신 말이 떠올랐다. 회장님은 절대 정유라를 이길 수 없다.

"회장님 머리 꼭대기에 정유라가 있어요. 부장님."

그랬다. 최순실은 결코 정유라를 이길 수 없었다. 결국 최순실은 정유라가 개를 기르며 생활할 집을 알아보고 있었다. 그런 집을 구하는 것이 최우선이었다. 그래야 정유라가 말을 탈 것이니깐.

최순실은 정유라와 신 주임을 제외한 나와 신 주임의 친구 김 주임, 마필관리사, 아주머니와 함께 하이델베르크로 회식을 가자고 했다. 하이델베르크 한국관에서 식사를 하며 그날 최순실은 독일 소주 돈카트 한 병을 마셨다. 식사가 다 끝나고 나는 최순실, 아주머니와 함께 이동했다. 최순실은 아주머니께 오늘은 이 근처에서 주무시라고 했다.

"노 부장."

"네."

"아주머니 주무실 때를 알아봐."

"이 근처에서요?"

"어."

"네 알겠습니다."

나는 아주머니를 하이델베르크에 위치한 호텔에서 숙박할 수 있도록 도와드렸다.

아주머니의 숙박을 도와드리고 최순실과 함께 최순실의 숙소인 프랑크푸르트 호텔로 이동하며 최순실은 자동차 안에서 울기 시작했다. 딸 정유라를 생각하며 오늘 있었던 일을 떠올리는 듯 했다. 이날 나는 최순실이 우는 것을 처음 봤다. 그동안 최순실을 욕하면서 지내왔던 나였지만 이 순간만큼은 최순실을 동정했다. 딸 정유라에게 만큼은 진심으로 사랑하는 엄마 최순실을 느낄 수 있었다. 세상의 그 어떤 악마도 자식 앞에서는 천사가 되는 것인가.

"유라가 원래 그렇지 않았는데, 착했는데, 신 주임을 만나고 삐뚤어진 거야."

"아 네."

"내가 교육부를 이십년을 도와 줬는데 자식은 쉽지 않네."

"아 네. 교육부를요?"

"대통령하고도 가까운 사이에요."

"지금 박근혜 대통령 말씀하는 건가요?"

"네. 오래된 사이예요. 친한 언니 동생이에요."

"아. 네."

"우리 아버지 돌아가실 때 마지막에 내게 한 말이 신의를 지키며 살라고 했어요."

"아 네."

"내가 우리 아버지하고 남산에도 끌려갔어요."

"네. 남산이요?"

최순실의 말에 나는 적잖이 놀랐다. 인터넷 기사를 통해 알았던 박근혜 전 대통령과의 관계를 직접 듣게 된 것이다. 나는 더 이상 말을 이어 가지 않았다. 하지만 최순실의 아버지 최태민이 죽을 때 했던 신의를 지키며 살라는 그 말이 머릿속에서 떠나질 않았다. 최순실이 지금 박근혜와 인연을 맺고 있는 것은 박근혜와 최태민의 그 옛날 관계에서 시작 것인가?

박근혜와 최태민의 은밀한 관계는 사실일까? 최순실의 지금 재산은 최태민의 유산을 기반으로 하고 있다고 생각되었다. 최태민이 거대한 자본을 축적할 수 있었던 것은 박근혜와 여러 사업을 함께 했기 때문에 가능했던 것인가? 최태민이 세상을 떠난 후 최태민의 차지였던 박근혜의 그림자 역할을 최순실이 하게 된 것인가?

자주는 아니지만 가끔 최순실은 내밀한 가정사를 내게 얘기해줬다. 주로 차로 이동할 때였다. 최순실은 끊임없이 무엇인가 얘기하고 싶어 하는 사람이었다. 독일에서만큼은 그 누구보다 자주 최순실과 함께 다녔던 나는 그에게서 정유라와 신 주임의 이야기를 들을 수 있었다.

어느 날 장유라가 가출을 했다. 갖고 있던 현금은 곧 바닥이 났다. 그때 정유라는 최순실이 자기 앞으로 가입한 교육보험을 해약해 그 돈으로 가출생활을 했다는 것이다. 정유라는 보통이 아니었다.

최순실을 프랑크푸르트 호텔에 내려주고 다시 비블리스 예거호프 승마장으로 이동하며 생각을 했다. 정유라가 말을 안탄다고 하면 코어스포츠는 어떻게 되는 것일까? 정유라 때문에 정유라를 위해 만들어진 코어스포츠가 아닌가? 최순실 입장에서는 정유라가 기르는 개 때문에 삼성전자와 스포츠 매니지먼트로 계약한 '186억+ α'를 포기하지 않을 것이다.

아빠를 그리워하는 딸

2016년 10월 25일.

서울중앙지검과 2017년 1월 박근혜정부의 최순실 등 민간인에 의한 국정농단 의혹사건 규명을 위한 특별검사 조사를 받을 당시 독일의 지인으로부터 받은 자료를 검토하며 놀라움을 감추지 못했다. 그 자료에는 2015년 9월 9일 최순실의 코어스포츠 지분 100%를 정유라 50% 장시호 50%로 지분변경을 신고하는 내용의 문서였다. 그리고 최순실은 2015년 8월 26일 프랑크푸르트 인터콘티넨탈호텔에서 삼성전자와 코어스포츠간의 스포츠 매니지먼트 계약식에는 참석하지도 않은 정유라의 말 트레이너 크리스티안 캄플라데가 코어스포츠 대표로 되어있다고 했다. 기존 삼성전자 측 대표는 박상진, 코어스포츠 측 대표는 박승관 변호사와 독일 헷센주 승마협회장 로버트 쿠이퍼스였다. 하지만 이후 최순실은 계약서를 변경했던 것이다. 나는 지인에게 이 계약서를 받을 수 있냐고 물어봤고 지인은 친구가 크리스티안 캄플라데의 변호사인데 의뢰인에게 의뢰를 받은 상태여서 줄 수 없다는 대답을 들었다. 나는 이게 사실이라면 그 자료를 꼭 좀 부탁한다고 다시 한 번 지인에게 부탁했다.

2015년 9월 10일 아침. 박 원장님은 삼성전자에 인보이스(INVOICE)를 보내야 한다며 문자로 「DHL Mr.Seong Soo Hwang Samsung Electronics Co.Ltd 11. Seocho daero 74gil Seocho gu Seoul 06620 KOREA」 삼성전자가 인보이스를 받을 주소를 내게 보내줬다. 인보이스는 박 원장이 작성하고 최순실이 2015년 9월 8일 박승관 변호사를 찾아가 사인을 받아 최순실이 비블리스 예거호프 승마장에서 내게 준 것이다. 나는 인보이스를 최순실에게 건네받고 최순실이 다시 가져갈까봐 마필관리사 숙소 주방에서 스캔을 해 보관했다. 스캔을 하고 자세히 살펴보니 받는 사람의 주소와 인보이스를 청구할 주소가 'SAMSUNG ELECTRONICS CO., ltd. 416, maetan-3dong yeongtong-gu suwon city gyeonggi-do 443-772 KOREA' 로 다르다는 것을 알았다. 박 원장이 내게 했던 그 말이 다시 떠올랐다. 삼성에서 준 돈을 아무리 먹어도 탈이 안 난다. 그 만큼 삼성은 치밀하다. 자료를 모으고 있는 나로서는 더 치밀하게 자료를 모아야 한다는 생각을 했다. 하지만 자료는 쉽게 모아지지 않았다.

박 원장과 나는 비블리스 우체국을 방문하여 삼성전자 황성수 전무에게 DHL로 인보이스를 보내고, 인보이스 내용을 황성수에게 이메일로도 보냈다. 인보이스 내용은 2015

년 8월 26일에서 2015년 12월 31일까지 사용할 비용이 euro 810,520.00(당시 환화로 10억 2천 정도)였다. 비블리스 우체국에서 삼성전자 황성수 전무에게 인보이스를 발송하고 비블리스 예거호프 승마장에 도착할 무렵 최순실에게 문자왔다.

「변호사 사무실에 12시 이전에 와야 한다니깐 지금 출발하세요.」

「네. 알겠습니다.」하고 나는 최순실에게 문자를 보냈다.

2015년 9월 10일. 드디어 날 괴롭혔던 최순실이 한국으로 출국하는 날이다. 기분이 날아갈 것 같았다. 비블리스 예거호프 승마장에서 출발해 최순실의 숙소인 프랑크푸르트 호텔로 이동했다. 최순실이 체크아웃을 하고 있었다.

"노 부장."

"네."

"이거 호텔 비용 영수증이야."

"네."

"삼성에서 돈 입금되면 내가 지금까지 쓴 비용 처리해서 내 계좌로 입금하고."

"네."

"박 원장님도 영수증 가지고 있으니깐 받아서 같이 처리해."

"네 알겠습니다."

최순실의 짐을 옮겨 받아 자동차 트렁크에 싣고 최순실과 함께 에쉬본 박승관 변호사 사무실로 이동해 최순실을 내려줬다.

잠시 후 최순실이 내려와 에쉬본에 위치한 한방병원으로 이동했다. 나는 이 한방병원을 최순실, 박 원장과 함께 온 적이 있었다. 최순실이 2015년 8월 14일 독일에 도착해 2015년 9월 10일 한국으로 출국할 때까지 22,000km를 자동차로 운전을 하고 다녀 뒷목이 심각하게 아픈 상태여서 치료를 받았다. 치료가 끝난 후 최순실이 독일에 도착해 처음 숙소로 사용했던 웨스틴호텔로 이동해 주차를 했다. 그리고 최순실은 프랑크푸르트공항으로 출발하기 전까지 쇼핑했다. 쇼핑을 하고 돌아온 최순실은 나에게 봉투를 건넸다.

"노 부장."

"네."

"지금 얼마 가지고 있어요?"

"회장님이 준 것으로 2,000 유로 쯤 있습니다."

"삼성에서 돈 들어오기 전까지 이 돈으로 사용하고."

"네. 알겠습니다."

"15,000 유로야 잘 갖고 있어."

"네. 알겠습니다."

나는 최순실과 함께 웨스틴호텔로 이동해 자동차로 프랑크푸르트공항 터미널2로 향했다. 프랑크푸르트공항 터미널2에 도착하니 윤 대표가 배웅을 하려고 나와 있었다. 윤 대표가 최순실의 티켓팅을 도와 줄 때 쯤 대한항공 남자 직원이 다가오고 있었다. 윤 대표가 남자 직원에게 인사를 한다. "안녕하세요. 지점장님." 얼굴을 자세히 보니 최순실이 독일에 입국할 때 최순실 짐을 실은 카트를 가지고 나왔던 그 직원이었다. 대한항공 지점장은 최순실의 티켓팅과 글로벌텍스프리(Global-Tax free)와 짐을 붙이는 일을 도와 준 후 최순실과 함께 VIP 라운지로 이동하였다. 나는 이렇게 최순실의 괴롭힘에서 벗어났다고 생각했다.

그리고 프랑크푸르트공항에서 출발해 타고 다녔던 렌터카를 반납하기 위해 프랑크푸르트에 위치한 아우디 자동차 전시장으로 이동했다. 렌터카를 반납하고 마필관리사에게 프랑크푸르트에 위치한 자동차 전시장으로 와 줄 것을 부탁하는 전화를 걸었다. 마필관리사를 기다리는 동안 배가 고파 근처 음식점에 들어가 테이블에 앉았다. 그리고 최순실이 준 봉투를 꺼내 돈을 세어 보았다. 15,000 유로가 아닌 13,000 유로였다. 다시 세어보았다. 역시 13,000 유로였다. 이마에 땀이 흐르기 시작했다. 최순실이 건네 줄 때 그 앞에서 세어보았어야 했는데 괜한 의심을 받을 걸 생각하니 손에서도 땀이 났다. 나는 마필관리사에게 전화를 걸었다. 회장님이 15,000 유로라고 줬는데 세어보니 13,000 유로인데 어떻게 하냐고 그랬더니 마필관리사가 이렇게 얘기해 줬다. "서울에서 온 방 과장님도 그런 경우가 있었는데 방 과장님 돈으로 채워 놓았습니다." 간단하고 명료하게 답을 해 준다. 의심이 심한 최순실 한번 의심을 하면 의심을 버리지 못 하고 직원을 해고시키는 최순실. 방 과장은 20년 넘게 최순실의 운전을 해준 사람이다. 하지만 나는 잠시 시계를 보며 생각을 한다. 지금 출발 안 했겠지 하고, 그 순간 최순실에게 전화가 걸려왔다.

"노 부장?"

"네. 회장님 아직 출발 안 했나요?"

"지금 어디에요?"

"지금 렌터카 반납하러 왔습니다. 회장님."

"그런데?"

"회장님이 건네준 봉투에 15,000 유로가 아니라 13,000 유로
가 들어있습니다."

"다시 한 번 확인해 봐요."

"세 번을 확인 했는데 13,000 유로입니다."

"내가 아까 그 봉투에서 돈을 꺼냈나? 알았어요. 자주 연락하
세요."

"네. 알겠습니다."

다행이었다. 최순실과 통화를 끝낸 후 테이블에서 음식과 맥
주를 시켰다. 화분을 보니 어린 시절 옛 생각이 떠오른다. 서울
영등포구 도림 2동에서 태어나 아버지는 구로동에 위치한 작은
철강 공장을 다니셨고 어머니는 내가 여섯 살 때부터 도림동에
위치한 쭈쭈바 비닐을 생산하는 공장을 다니셨다. 공동 재래식
화장실 옆 두 평 남짓한 방 한 칸에 반 평 남짓한 부엌에서 누나
세 명과 함께 살았다. 가난했던 어린 시절에 주민등록상 나이가
한 살 어리게 되어있어 친구들은 학교에 가고 어머니가 보고 싶
어 어머니가 다니시는 공장에 찾아 갔지만 어머니를 만나지 못
하고 뒤 돌아 가는 길에 공장 담장 바로 옆에 문방구를 보았다.

문방구 앞에 가니 가판대가 있었고 가판대에는 크고 작은 장난 감이 놓여 있었다. 갖고 싶은 마음에 당시 100원짜리 조립식 장난감을 집어 들고 도망을 쳤다. 하지만 아주머니 목소리가 들렸다. "야 너 빨리 안와." 도망치던 나는 아주머니에게 걸어갔다. 아주머니는 내 뺨을 한 대 때리셨고 이렇게 말씀 하셨다. "다음부터 도둑질하지 마." 나는 "네."라고 답하며 울면서 집까지 걸어갔다. 지금까지 살아오며 나는 남의 것을 탐하며 남에게 의심을 받는 걸 싫어했다. 모든 사람이 다 같은 마음일 것이다. 지금도 도림문방구 아주머니께 감사하는 마음으로 살아간다.

주문한 음식을 먹고 한참 후 비블리스 예거호프 승마장에서 출발한 마필관리사가 도착해 나는 그와 함께 비블리스 예거호프 승마장으로 이동했다. 이날은 독일에 도착해 처음이자 마지막으로 편하게 잠을 잤다.

2015년 9월 11일.

최순실에게 문자가 왔다. 도저히 최순실이 보냈을 것이라고 믿어지지 않아 오히려 어리둥절했다.

「그동안 고생 많이 했어요. 신뢰와 믿음으로 가면 미래의 길이 열릴 거예요. 잘 지내고 아이들 전부 잘 부탁합니다.」

독일에서 최순실에게 들었던 말과 문자 중 내게 가장 부드럽게 했던 문자다. 나는 마필관리사와 함께 비블리스 예거호프 승마장을 출발하여 프랑크푸르트 시내에 위치한 폭스바겐 자동차 전시장으로 향했다. 최순실이 독일에서 한국으로 출국 전 2015

년 8월 29일 정유라와 신 주임이 타고 다닐 자동차 폭스바겐 투아렉과 코어스포츠에서 업무용으로 타고 다닐 폭스바겐 골프 중고차를 인도받으러 갔다.

자동차 두 대를 가지고 와야 하는 상황이라 마필관리사와 함께 갔다. 하지만 마필관리사가 어떻게 최순실에게 보고했는지 최순실에게 문자가 왔다.

「마필관리사를 절대 승마교육시간에 내보내지 말라고 했는데 왜 차를 찾으러 보냈어요. 앞으로 절대 그러지 말라고 몇 번을 얘기했는데.」

최순실의 짜증내는 문자에 '그럼 그렇지 또 시작이네'라고 생각을 하며 무슨 승마교육? 말 타는 운동도 하지 않는데 무슨 승마교육.

마필관리사를 비블리스 예거호프 승마장으로 보내고 나는 에쉬본에 위치한 세무사를 만나러 이동했다. 세무사와 간단하게 얘기를 하고 비블리스 예거호프 승마장으로 이동하며 생각했다.

비블리스 예거호프 승마장에 도착해 정유라 신 주임 그리고 신 주임의 친구 김 주임 그리고 마필관리사와 마필관리사 숙소 주방에서 식사를 하며 술을 마셨다. 함께 식사를 하고 술을 마시면서 자연스럽게 대화를 할 수 있었다.

"유라야. 박 원장님이 그러시는데 너희 아빠하고 형님동생 한다는데?"

"누가 그래요?"

"박 원장님이."

"웃기지 말라고 하세요. 생물학적인 우리 아빠는 김관진 아저씨하고만 형님 동생해요."

나는 잠시 머뭇거렸다. 김관진 전 국방부장관이라니. 그럼 '아직 군대를 안 간 신 주임과 신 주임의 친구 김 주임은 독일에서 정착하려고 이곳에 왔는데 군대 문제를 최순실이?'라고 생각했다. 그러다보니 무심코 듣고 넘겼던 최순실의 말이 생각났다. 최순실과 자동차로 이동하며 함께 다닐 때 프랑크푸르트 시내를 지나가는 자동차 안에서 최순실이 누군가와 통화를 했다.

"영사님 아이들 문제로 얘기를 할 수 있을까요?"

통화가 끝난 후 최순실은 신 주임과 신 주임의 친구 김 주임의 독일 정착을 위한 비자문제로 고민을 한 적이 있었다. '생물학적인 우리 아빠?' 아빠에 대한 정이 없나? 라는 생각과 지금 아빠와 엄마가 이혼해서 그런가라는 생각을 했다.

나는 정유라에게서 어떤 얘기가 나오기를 기대하면서 내가 궁금해 하던 것을 슬쩍 물어보았다.

"내가 독일 오기 전 회장님 압구정동 건물에서 며칠 있었는데 건물이 좋더라."

"독일 오기 전 그 집에서 살았어요. 엄마가 급매로 팔려고 부동산에 알아봤는데 그때 부동산에서 300억 준다고 했어요."

"와, 300억. 엄청나네. 부자네."

"원래 가난했는데 할아버지가 하남에 엄청 많이 갖고 있던 땅을 팔아서 그 돈으로 청담동에서 살았데요."

정유라가 얘기하는 할아버지는 외할아버지인 최태민을 말하는 것이었다. 그리고 그가 말한 하남에 엄청 많이 갖고 있던 땅은 내가 받아 들였을 때는 하남시 땅의 3분의 2였다. 결국 하남시에 가지고 있던 외할아버지 최태민의 땅이 시간이 흘러 땅 가격이 올라가 땅을 팔고 그 땅을 판 돈이 청담동으로 이동했다는 것이다.

정유라는 친할아버지와 아버지에 대한 얘기를 하며 옛 추억을 떠올리는 듯 했다. 이렇게 이런저런 얘기를 하며 식사와 술자리는 마무리 됐다.

최순실에게 문자가 왔다. 정유라와 신 주임을 걱정하는 문자다. 특히 신 주임의 친구 김 주임에 대한 문자다. 신 주임 친구 김 주임을 처음에는 못 오게 했는데 서로 돕고 의지하고 산다고 해서 비행기 값도 대주고, 생활비도 주고 그런데 너무 게으르고 청소도 안 해서 지난번에 한국으로 보내려고 했다는 내용이다. 그리고 나에게 아이들이 화합해서 잘 지내도록 하라는 내용이다. 정유라의 시합 출전 준비에 대한 지시도 있었다. 시합에 출전해서 사용할 안장과 물품 등과 정유라의 겨울 이불을 사야 한다는 것 그리고 삼성에서 돈이 안 들어오면 계좌로 돈을 보내준다는 것이다. 주로 최순실은 수시로 전화 통화로 업무를 지시했다. 그리고 전화를 받지 않으면 문자를 남겼다. 독일과 한국과는 7시간의 시차가 있다. 하루에도 수십 통의 전화가 낮과 밤을 가리지 않았다. 전화기 벨소리가 듣기 싫어졌다. 진동으로 해놓고 진동소리도 듣기 싫어 무음으로 해 놨다. 마필관리사 숙소의 전화 벨 소리가 울린다.

"여보세요."

"왜 이렇게 전화를 안 받아요?"

"네. 이곳 수신 상태가 좋지 않습니다."

비블리스 예거호프 승마장은 수신이 좋지 않았다. 때로는 수신을 잘 받는 장소로 움직여야했다. 하지만 짜증을 내고 소리지르는 최순실의 전화를 일부러 받지 않은 경우가 더 많았다. 핸드폰 수신 상태가 좋지 않다는 것은 나에게 행운이었다.

"내가 보낸 문자 봤어요?"

"네. 확인 했습니다."

"유라 시합일정 보내 주시고요."

"네 문자로 보내 드렸습니다."

"연락해 봤어요?"

"아니요 연락하지 말라고 해서 연락을 안 했습니다."

"연락도 없어요?"

"네."

"핸드폰도 꺼져 있고 연락이 안 되네. 알았어요. 시합준비 잘하고 필요한 거 사세요."

"네. 알겠습니다."

2015년 9월 12일.

나는 전날 정유라와 신 주임을 걱정했던 최순실에게 문자를 보냈다.

「회장님 걱정하지 마세요. 정유라, 신 주임, 신 주임 친구, 마필관리사와 마음 풀고 화합하기로 했습니다.」라는 내용이었다. 이에 최순실은 노 부장이 잘하리라 믿는다. 잘 가르쳐서 일꾼으로 만들고 신 주임은 잘 다루기가 힘들다. 신 주임에게 앞으로 개 사지 말고 말을 사러 다니라고 했다. 이번 시합에 가면 말보는 법과 코치가 오면 말 경매하는 곳에 시간되면 얘들을 데리고 가라며 윤 대표가 하노바협회 경매하는데 잘 안다고 했다. 그리고 앞으로 말 산업도 괜찮다고 하며 아시아 쪽에서 여러 군데 말 사러 다니기 때문에 네트워크 구축을 해 놓으면 괜찮다고 했다. 그렇다 박 원장은 이곳 비블리스 예거호프 승마장 전체를 임대해 한국 선수들 뿐 아니라 아시아 선수들의 트레이닝 장소와 시합용 말을 중개하려고 했다. 그리고 박 원장님은 한국에 본인의 법인이 있다며 삼성전자와 승마 관련해서 따로 계약을 했다고 했다. 최순실은 삼성전자의 돈으로 원대한 꿈을 펼치려 했던 것이다.

최순실에게 문자가 왔다. 윤 대표에게 한국에 올 때 독일 휴대폰을 개통하고 본인 폰으로는 하지 말라는 것이다. 최순실은 휴대폰을 세 개 가지고 다녔다. 그리고 무슨 일이 생기면 휴대폰을 바꿨다. 이런 최순실은 본인 명의로 휴대폰을 가지고 다닐 리가 없다. 독일 휴대폰을 개통해서 한국으로 갖고 오라는 것을 보면 주로 차명으로 사용했을 것이다. 그리고 나는 최순실에게 문자를 보냈다. 2015년 10월 8일 프랑스 비아르스 10월 23일 프랑스 르몽 11월 3일 벨기에 12월 2일 네덜란드 로젠달 12

월 26일 벨기에 정유라의 시합이 예정되었다. 최순실은 2015년 10월 8일 프랑스 비아르스에 정유라가 시합을 할 수 있게 참가 신청을 하라고 지시했다.

2015년 9월 13일 최순실에게 문자가 왔다.

「14일 월요일에 윤 대표가 비블리스 예거호프 승마장에 도착하면 2015년 10월 8일 프랑스 비아르스 시합 출전 접수와 정유라 운동이 끝나면 박 원장님과 자동차 신청하세요. 그리고 운동 끝난 후 훈련일지를 코치와 선수로 나눠서 받아놓으세요. 나중에 훈련일지 보고해야 해요.」

그렇다 정유라는 대한승마협회에 소속된 국가대표 승마선수다. 국가대표 선수는 협회가 인정을 하면 훈련수당을 받는다.

2016년 10월 국정감사 기간에 정유라의 국가대표 훈련일지가 나왔다. 하지만 국정감사에 정유라의 국가대표 훈련일지가 나오기 전 독일에 있는 최순실에게 전화가 걸려왔다.

"노 부장."

"네."

"독일에 있을 때 자료 가지고 있어?"

"네, 무슨 말인지?"

"아니 독일 승마장에 있을 때…."

"없습니다. 무슨 일 있나요?"

"아니 국정감사에 노 부장이 사인한 승마 훈련일지가 있다고."

"네? 무슨 말인지. 저는 훈련일지를 본 적도 사인 한 적도 없습니다."

"아니. 노 부장 얘기가 나오나 봐."

"제 얘기요?"

"아니 노 부장 독일에 있었잖아?"

"네."

"그걸 갖고 얘기하나 봐."

"저는 독일에서 박 원장님이 자료 다 장 대리에게 넘기라고 해서 다 넘겼는데요."

"혹시 기자나 누가 노 부장에게 물어보면 잘 얘기하라고."

"네 알겠습니다. 그 훈련일지 사진으로 보내 줄 수 있나요?"

"보내줄게요."

잠시 후 문자로 사진을 받았다. 'Noh soong il' 나는 최순실에게 전화를 걸었다.

"네."

"회장님."

"노숭일인데요? 저는 Noh seung il 노승일입니다. 걱정하지마세요."

"그리고 누가 나한테 노 부장이 독일에서 갖고 온 자료가 있다고 그러던데."

"네. 아닙니다. 없습니다."

"그러면서 체육재단에 넣어 줘야 컨트롤 할 수 있다고 했어."

"네 없습니다."

그렇다. 정유라의 훈련일지를 국정감사에서 대한승마협회에

요청을 했고 누군가 급조해서 만들어서 보내 준 것일 수 있다. 하지만 최순실이 다시 생각해 보니 독일 코어스포츠 노 부장 K-스포츠 노 부장 이렇게 생각하니 아차 싶었던 것이다.

그리고 최순실이 나에게 이 전화를 하기 전 K-스포츠 정 이사장과 박 과장 그리고 더블루-K의 류 부장도 나에게 '회장님이 물어보라는데 혹시 독일에서 자료 갖고 온 게 있냐고 물어보던데' 하며 갖고 있냐고 몇 번이고 물어 본적이 있었다. 그 당시 나는 후임자인 담당자에게 다 넘겨주었다고 했다.

그리고 2016년 10월 18일 한겨레신문을 통해 최순실의 심복 노숭일 부장 정유라 독일생활 도와주는 집사 그리고 노숭일 부장은 아직도 독일에서 정유라를 돕고 있다는 내용이다. 나는 이렇게 노승일이 아닌 노숭일로 알려졌다.

2015년 9월 14일 새벽에 최순실에게서 문자가 왔다. 어쩐 일이지 새벽에도 전화하는 사람이, 문자를 확인하니 도메인 등록과 홈페이지를 제작하는 업체의 명함이다. 그리고 명함도 다시 바꾸라는 내용이다. 나는 최순실에게 「네. 알겠습니다.」 하고 문자를 보내며 「회장님 여긴 새벽 4시입니다.」 라고 보냈다. 제발 새벽에는 연락을 하지 말아 달라는 표현을 간접적으로 한 것이다. 그리고 신 주임과 했던 대화 내용을 보냈다.

「신 주임은 정유라가 운동을 잘 할 수 있게 도와주는 역할을 하고 싶다고 했습니다. 그래서 더 배우고 싶으면 말해 달라고 했습니다. 신 주임과 짧은 시간을 보냈지만 심성은 참으로 고운 친구입니다. 많이 도와주고 싶은 친구입니다.」 라고 최순실에게 문자를 보냈다. 최순실은「잘 다스려서 삐뚤어진 마음을 잘 잡아주세요. 그리고 신 주임도 말 좀 타게 하세요.」라고 문자가 왔다. 그리고 삼성에서 돈이 들어 올 때까지 독일에서 한국으로 출국하기 전 내게 주었던 13,000 유로를 계좌에 입금 시키지 말고 갖고 있으라고 했다. 또한 정유라가 윤 대표의 실수로 독일선수로 등록 되어있어 한국선수로 바꿔야 한다는 내용이다.

윤 대표와 정유라의 말 트레이너 크리스티안 캄플라데가 함께 비블리스 예거호프 승마장으로 왔다. 크리스티안 캄플라데는 내게 명함을 주며 인사를 했다. 그는 영어로 인사를 했다. 크리스티안 캄플라데는 훗날 비덱스포츠 대표가 되었다.

나도 크리스티안 캄플라데에게 명함을 주며 반갑다고 인사를 했다. 그리고 크리스티안 캄플라데는 마필관리사와 함께 정유라의 말이 있는 마구간으로 향했다. 그는 말을 한 마리 한 마리 테스트하며 살펴보고 있었다. 박 원장이 마필관리사 숙소로 왔다.

"노 부장."

"네. 원장님. 회장님이 원장님하고 자동차 계약하라고 하던데요."

"언제요?"

"오늘 갔다 오라는데요."

"그럼 지금 출발하죠."

박 원장과 함께 비블리스 예거호프 승마장에서 출발해 2015

년 8월 29일 최순실과 윤 대표와 함께 갔던 프랑크푸르트 시내에 위치한 폭스바겐 자동차 전시장으로 향했다. 박 원장과 나는 폭스바겐 멀티반 두 대와 폭스바겐 티구안 한 대를 계약하려고 전시장으로 갔지만 계약할 때 다양한 서류가 필요한 것을 알고 변호사 박승관에게 부탁하기로 하고 다시 비블리스 예거호프 승마장으로 돌아왔다. 비블리스 예거호프 승마장에 도착해 마필관리사 숙소에서 쉬고 있었다. 잠시 후 박 원장이 왔다.

"노 부장."

"네. 원장님."

"밥은 먹었어?"

"네. 먹었습니다. 원장님 식사 하셨어요?"

"간단하게 먹었어." "네."

"내가 자리에 없을 때 여기에 자료 있으니깐 모를 때 찾아서 처리하고."

"감사합니다. 원장님."

동영상 찍어서 미안해

　　삼성전자 박상진 사장은 대한승마협회 회장이었다. 삼성전자 박상진 사장을 아시아승마협회 회장으로 만들어 주기 위해 박 원장은 박상진　사장과 함께 해외출장을 자주 다녔다. 박 원장의 잦은 해외출장은 최순실에게는 큰 불만이었다. 정유라를 옆에서 도와 달라고 부탁을 하며 박 원장을 독일에 오게 했는데, 정유라는 도와주지는 않고 삼성전자 박상진 사장과 함께 해외출장을 다녔기 때문이다. 그래서 박 원장은 오늘 같은 일이 또 있을 수 있다고 생각하여 나에게 USB를 건네주었다. 이 USB는 내가 지금까지 모아온 자료를 뒷받침할 중요한 자료였으며, 이번 국정농단사건에 삼성전자 이재용 부회장과 최순실 그리고 박근혜 전 대통령의 재판에서 중요한 증거 중 하나로 다뤄지고 있다.

　　2015년 9월 15일 아침 7시쯤 비블리스 예거호프 승마장에서 독일 하겐 카셀만호프 승마학교로 출발하였다. 박 원장, 마필관리사와 나는 삼성전자에서 박 원장에게 렌트해준 BMW X5를 탔고 정유라와 신 주임은 폭스바겐 투아렉을 타고 이동하였다. 독일 하겐 카셀만호프 승마학교는 2015년 9월 2일 최순실의 숙소인 받홈북 마리팀호텔에서 최순실과 함께 만났던 두 명의 남자 바로 그 사람들이 운영하는 곳이다. 독일 하겐 카셀만호프 승마학교로 이동하는 중 최순실에게서 문자가 왔다. 세무사한테 사업자 납세번호가 언제 나오는지 확인하고 정유라 출발했냐는 내용과 독일어를 공부하라는 내용이었다. 나는 「네 출발했습니다.」라고 최순실에게 짧게 문자를 보냈다. 그리고 잠시 후 또 최순실에게서 문자가 왔다. 윤 대표가 한국에 가야한다고. 윤 대표를 오늘 만나서 시합 출전 신청하고 호텔예약과 비행기 좌석을 예약하라고 하며 박승관 변호사에게 법인 체크카드를 받으라는 내용이었다.

오전 11시 쯤 독일 하겐 카셀만호프 승마학교에 도착했다. 비블리스 예거호프 승마장하고는 비교를 할 수 없었다. 또한 빈터뮐 빈터 승마장하고도 비교를 할 수 없었다. 카셀만이 최순실에게 말한 '우리는 최고의 시설을 갖추고 있다'는 그 말이 결코 허언이 아니었다.

카셀만과 그의 아들이 마중을 나왔다. 그리고 그들이 안내하는 곳으로 이동했다. 정유라의 말 트레이너가 그곳에 있었다. 크리스티안 캄플라데는 카셀만이 소개해 준 말 트레이너였던 것이다. 그는 정유라가 탈 말을 잡고 있었다. 정유라에게 손짓을 하며 말을 타라고 했다. 정유라는 말을 타러 이동하였다. 나는 정유라가 말 타는 모습을 처음 보았다. 비블리스 예거호프 승마장에 있는 정유라의 말은 한국에서 온 마필관리사가 주로 운동시켰다. 한국에서 온 마필관리사는 정유라가 단체전 금메달을 획득했던 2014년 인천 아시안게임 때에도 정유라의 말을 관리해 줬다고 했다. 나는 핸드폰을 꺼내 사진을 찍고 동영상을 찍었다. 지난 번 삼성과 계약하는 사진을 찍을 때보다 더 가슴이 떨리고 손에서 땀이 났다. 박 원장이 말씀하신다.

"노 부장."

"네."

"지금 동영상 찍는 거야?"

"네. 회장님께 보내드리려고요. 원장님 말 가격은 얼마나 해요?"

"200만 유로 달라고 하네."

그 후 박 원장은 아무런 말을 안했다. 혹시 박 원장이 최순실과 통화를 하다 '노 부장이 동영상을 찍던데요.'라고 할지 몰라 나는 최순실에게 자연스럽게 동영상을 보냈다. 이날 찍은 동영상은 이후 여러 방송사에서 자료화면으로 사용했다.

이날 정유라는 두 마리의 말을 타고 테스트했다. 테스트가 끝난 후 카셀만이 준비해 놓은 점심을 맛있게 먹고 카셀만이 소개한 카셀만호프 승마학교에서 자동차로 5분 거리에 위치한 승마장으로 이동했다. 박 원장은 이곳저곳을 둘러보았다. 이 승마장은 정유라가 이사 와서 생활하고 승마훈련을 할 수 있는 곳으로 최순실이 부동산 물건을 추천해 달라고 카셀만에게 요청한 듯 보였다. 박 원장과, 마필관리사 그리고 나는 자동차에 올라타 다시 비블리스 예거호프 마장으로 향했다. 정유라는 이후 한 번 더 독일 하겐 카셀만호프 승마학교에 갔다.

2015년 9월 16일 에덴부동산 사장님에게 전화가 걸려왔다.
"에덴부동산이에요. 노 부장님."
"네. 안녕하세요."
"지난번 회장님께서 본 깜장머리 상가건물 건물 주인에게 연락이 왔는데 140만 유로에서 148만 유로로 8만 유로가 올랐습니다. 그리고 깜장머리 헤어숍하고 기존 세입자를 2016년 4월까지 내보내겠다고 하네요."
"네. 알겠습니다."
"회장님께 말씀드려 주세요."
"네. 알겠습니다."
나는 최순실과 통화를 하고 에덴부동산 사장님과 나눈 대화를 얘기했다. 하지만 최순실은 나의 예상과 달리 140만 유로 이상이면 관심 없다고 했다. 그리고 최순실은 어제 찍은 동영상을 다시 보내달라고 했다.
잠시 후 최순실에게 문자가 왔다. 폭스바겐에서 상담을 받았던 담당자의 연락처를 달라고 했다. 그리고 한참 후 또 최순실에게 문자가 왔다. 아우디 자동차는 안 보내도 되고 벤츠 자동차 350디젤과 벤틀리 자동차를 시간 있으면 천천히 알아봐서 사진을 보내 달라는 내용이다. 필요한 물품을 정리해서 문자로 보내달고 하며 일을 빨리 진행하라고 한다. 「비블리스 예거호프 승마장에 있는 정유라, 신 주임, 신 주임의 친구 그리고 마필 관리사에게 아침에 그날 무엇을 할지 얘기해 주세요.」 나는 최순실에게 「네 알겠습니다.」 라고 답장을 보냈다. 잠시 후 또 최순실에게 문자가 왔다. 「비블리스 예거호프 승마장에서 마필관리사가 제일 힘들다. 그러니 신 주임 친구에게 마필관리사를 잘 도와주도록 하고 잡일 시키지 마세요. 말 관리하는 게 힘들어요.」 라고 하며 「프랑스 시합 얼마 남지 않았는데 점검하고 관리 좀 배우세요. 오늘도 말이 자격이 안 되어 그거 고친다고 난리 났다던데 알고 있었나요? 이번 주 비행기 좌석 예약하고 일정 받아서 금액이 얼마인지 뽑아 놓으세요. 박 원장님 내일 동남아 가는데 결산처리 해 달라고 했어야지요.」

　최순실이 보낸 문자를 읽으며 이 여자 뭐하는 여자지? 지금 왜 나한테 짜증을 내는 거지? 지난번에 마필관리사하고 자동차 찾으러 갔다가 최순실이 난리를 쳐서 나는 그 이후 마필관리사에게 일을 시킨 적이 전혀 없었다. 그럼 누군가 나에 대한 얘기를 최순실에게 한다는 것인데 코어스포츠에서 통역과 정유라의 뒤치다꺼리를 하는 윤 대표 아님 본인이 아는 사람이 4개 국어를 하고 최순실에게 그 사람 급여는 500만원에 코어스포츠에서 일하게 해 달라는 박 원장 그리고 단 한 사람이 남았다. 바로 정유라. 최순실이 정유라에게 전화해서 말 안타냐고 물어보고 정유라는 마필관리사가 없어서 오늘 운동을 못했다. 노 부장님이 마필관리사에게 이런 저런 일을 시켜서 운동을 못하고 있다. 라는 정유라의 핑계는 나에게 최순실의 짜증과 폭언으로 돌아왔을 것이다. 독일에서 최순실과 함께 다니며 최순실은 나에게 이런 말을 했었다.

"노 부장."

"네."

"신경 써서 잘 해야 돼."

"네."

"박 원장님이 노 부장 독일어도 영어도 못 하는데 한국으로 보내고 본인 아는 사람이 4개 국어를 한다며 월 500만원이면 올 수 있다고 했어."

"아, 네."

"그러니깐 아이들하고 독일어 과외 선생님 불렀으니깐 독일어 공부하고."

"네 알겠습니다."

"윤 대표도 노 부장을 견제하고 있어. 틈만 나면 본인이 끼어들어서 노 부장이 이렇다 저렇다고 해."

"네. 알겠습니다."

최순실은 직원이 직원을 감시하게 하는 성향이 있다. 하지만 최순실이 나에게 했던 말 중에는 가끔 진실로 받아들여질 때가 있다. 최순실이 촘촘히 설치한 고도의 포석이라 할지라도 지금 최순실이 하는 얘기는 다른 사람들이 나를 시기하고 견제하고 있다는 생각이 정말 들게 했다.

2015년 9월 17일 최순실에게 문자가 왔다.

「금요일 가구 주문하니깐 전체 필요한 거 오늘까지 보내주세요. 시합출전 비용을 거기에서 지불하세요. 그걸 협회에서 내라는데 그러는 게 말이 되냐고요? 그런 걸 미리 해야지 거기 사람이 없냐고요. 제일 먼저 그걸 하라고 몇 번이나 확인했잖아요. 오늘 시합에 대한 거 윤 대표랑 전화해 놨으니 다 처리하세요.」

「송금정보 확인 후 조속히 처리 하겠습니다.」 라고 최순실에게 문자를 보냈다. 그리고 윤 대표에게 전화를 걸었다.

"윤 대표님."

"네."

"회장님이 유라 시합 신청서 접수하라고 하는데요?"

"나보고요? 저는 잘 몰라요. 박 원장님께 물어 보셔야 할 것 같아요."

"네. 박 원장님이요?"

"네."

나는 박 원장에게 전화를 했다.

"원장님 유라 시합 출전 신청을 해야 하는데 어떡하죠?"

"대한승마협회에서 다 알아서 할 거예요. 그리고 방 과장에게 말하면 방 과장이 돈을 승마협회에 가져다 줄 거예요. 걱정하지 마세요."

"네 알겠습니다."

나는 대한승마협회에 전화를 했다. 하지만 답변은 모른다고 했다. 최순실에게 전화가 걸려왔다.

"노 부장 신청했어요?"

"아직 못 하고 있습니다."

"왜요?"

"윤 대표는 모른다고 하고 박 원장님께 전화를 드렸는데 대한승마협회에서 다 알아서 해줄 거라고 걱정하지 말라고 하셨습니다."

"아니 그걸 왜 대한승마협회에서 해요?"

"박 원장님께서 그렇게 말씀하셨는데요."

"그럼 박 원장하고 일을 해야지 왜 나하고 일을 하냐고!"

최순실은 고함을 지르며 전화를 끊었다. 나는 승마에 대해 전혀 모른다. 화가 났다.

그리고 최순실에게 문자가 왔다.

「박 원장님한테 전화해서 협회에 일시키지 말라고 하세요. 이쪽에서 알아서 해야 할 건 알아서하고 송금 보낼지 모르면 코치한테 해달라고 하세요.」

윤 대표에게 다시 상황을 얘기하고 나는 윤 대표와 크리스티안 캄플라데의 도움으로 2015년 10월 8일 프랑스 비아르스 시합 참가 신청을 무사히 마쳤다. 그리고 최순실에게 코치와 상의 후 처리 완료했다는 문자와 함께 송금전표를 사진으로 찍어 보냈다. 최순실에게 문자가 왔다.

「윤 대표한테 얘기 들었어요. 앞으로 뭐든 원칙대로 하세요.」

그리고 1시간 후 독일하나외환은행 이 법인장에게 연락이 왔다. 삼성전자에서 돈이 입금되었다는 것이다. 나는 최순실에게 문자를 보냈다.

「회장님 S에서 입금했습니다. 14일 자로 들어왔습니다.」

최순실에게 문자가 왔다.

「처리할 것 처리하고 유연이 자동차 유리 금 갔으니깐 보험처리해주세요.」

정유라가 조수석에 앉아 자동차 앞 유리를 발로 밀어서 금이 가 있는 상태였다. 나는 윤 대표에게 도움을 요청했고 윤 대표는 독일 마필관리사인 랄프에게 도움을 요청해 보험처리를 했다. 잠시 후 박 원장에게 전화가 왔다.

"노 부장 대회 참가 신청은 했어요?"

"네. 원장님 처리했습니다."

"그리고 노 부장 내가 9월 25일 금요일에 프랑크푸르트공항에 터미널1로 도착하니깐 아침 9시까지 나올 수 있나요?"

"네 그럼요. 모시러 가겠습니다."

"그럼 그날 봐요."

"네. 원장님."

2015년 9월 18일 최순실에게 마장 주소를 보내 달라는 문자와 부동산 물건을 찍은 사진이 왔다.

「그리고 이 집을 확인 좀 해보세요. 위치가 적당한지 그리고 서울에서 물건을 보내는데 어떻게 해야 예산처리가 되는지 알아보세요.」

나는 최순실에게 문자를 보냈다.

「사진으로 보낸 부동산 물건은 비블리스 예거호프 승마장에서 약 1시간 거리로 91km 이곳에서 카셀만까지는 약 320km 2시간 30분이 소요됩니다. 물품구매 시 서울에서 받아야 할 서류를 회계사에게 문의 후 연락드리겠습니다.」

최순실에게 문자가 왔다.

「유라 연습 나왔어요?」

「아직 안 나왔습니다.」

라고 문자를 보냈다. 그리고 최순실에게

「오늘 은행 볼 일이 있어서 은행에 다녀와야 하는데 나갔다 와도 될까요? 전기세 물세 통신료 미납되었다고 독촉장이 나왔습니다.」하고 문자를 보냈다.

나는 비블리스 예거호프에서 출발하여 독일하나외환은행에 도착했다. 독일하나외환은행에 도착하니 이 법인장이 자신의 집무실로 나를 안내했다. 그리고 내가 할 업무를 직원에게 시키고 산더미처럼 쌓아놓은 부동산 물건을 보여주며 설명하기 시작했다. 나는 산더미처럼 쌓아놓은 부동산 물건을 쳐다보기도 싫었다. 이 법인장이 설명하는 이 시간이 나에게는 최순실과 부동산 물건을 보러 다녔던 시간을 다시 상기시키는 고문과도 같았다. 힘들게 은행을 빠져나왔다. 점심을 먹으러 오버우어젤(Oberursel)에 위치한 서울식당을 찾아가는 길에 박승관 변호사에게서 전화가 왔다.

"여보세요."

"네 부장님 박승관 변호사입니다."

"네 안녕하세요."

"회장님께 부동산 물건을 추천해 드렸는데요."

"네."

"슈미텐에 있는…."

"아 네. 받았습니다."

"오늘 한번 그곳에 가셔서 확인하시고 회장님께 연락주세요."

"네 알겠습니다."

최순실이 독일에서 한국으로 출국할 때 '이제는 해방이구나, 당분간 부동산 물건 보러 다니지 않아도 되는구나.' 했다. 하지만 이게 뭔가. 독일하나외환은행 이 법인장과 박승관 변호사의 부동산 물건 추천은 무슨 경쟁이 붙었는지 나를 미치게 만들고 있었다. 그리고 나는 오버우어젤에 위치한 서울식당에 도착했다. 일하시는 아주머니가 나를 알아본다. 이곳은 최순실의 단골 한식당이다. 최순실과 자주 다녔던 나를 알아보는 건 당연한 일이다. 서울식당에서 식사를 하고 슈미텐(Schmitten)에 위치한 박승관 변호사가 추천한 부동산 물건을 확인하러 갔다. 이곳은 서울식당에서 자동차로 20분쯤 걸렸다. 사진을 찍고 최순실에게 문자를 보냈다.

「조용한 산속 마을 서울식당에서 20분 거리 교통편은 자가용만 가능하며 대중교통은 없습니다. 선수들 숙소로 활용하기에는 가격대비 무난해 보입니다. 그리고 주변 주택들과 밀집되어 있습니다. 그리고 이 호텔 매매가격은 550,000 유로입니다.」

훗날 비덱타우누스가 되었다. 또한 최순실은 이 호텔 근처에 정유라가 생활할 집도 구입했다. 2017년 2월 JTBC 이규연의 스포트라이트 제작팀과 독일에 탐문촬영을 갔을 때 당시 독일 비블리스 예거호프 승마장에서 일했던 독일인 마필관리사를 만났다. 그는 당시 이렇게 인터뷰했다.

"2015년 10월 29일 미스터 노를 혼자 비블리스 예거호프 승마장에 남겨 두고 그들은 슈미텐으로 도망을 갔다."

그렇다 정유라, 신 주임 등 비블리스 예거호프 승마장에 있던 최순실의 사람들은 이곳 슈미텐으로 도망을 왔던 것이다. 최순실에게 문자를 보내고 나는 다시 비블리스 예거호프 승마장으로 이동했다. 마필관리사 숙소에 도착해 잠시 눈을 감았다. 나는 최순실이 펜싱도 알아보라고 했던 말이 떠올랐다. 그리고 바로 비블리스를 출발해 프랑크푸르트로 이동했다. 프랑크푸르트에서 체육시설을 찾아다니고 있을 때 최순실에게 전화가 왔다.

"노 부장 어디세요?"

"네 프랑크푸르트에 체육시설을 알아보러 나왔습니다."

"아니 왜 승마장에 아이들만 놓고 어딜 그렇게 다녀?"

"시간 있을 때 체육시설 알아보라고 해서 나왔는데요."

"아니 왜 승마장에 아이들만 놓고 어딜 그렇게 다녀! 노 부장이 택배기사야 지금 당장 들어가세요."

"네 알겠습니다."

이렇게 더러운 기분은 뭘까?

2015년 9월 19일 새벽에 최순실에게 또 문자가 와 있었다. 나는 아예 무음으로 해놓고 잠을 잔다.「어제 집 본거 정리해서 보내주세요.」아니 어제 그 자리에서 문자와 사진 찍어서 보내줬는데 한숨이 나왔다. 그리고「어제 본 게 이거 위에 사진 보낸 것 물건 하나입니다.」라고 최순실에 문자를 보냈다.

한 시간 후 최순실에게 문자가 왔다.

「어제 추천받은 거 건물은 어디 근처에요 이건 어떤가요? 괜찮은 가요? 차는 자차보험처리 윤 대표랑 상의해서 하세요.」

나는 분명 슈미텐에서 사진을 찍고 문자로「조용한 산속 마을 서울식당에서 20분 거리 교통편은 자가용만 가능하며 대중교통은 없습니다. 선수들 숙소로 활용하기에는 가격대비 무난해 보입니다. 그리고 주변 주택들과 밀집되어 있습니다.」라고 보냈다. 이제는 내가 미쳐버릴 것 같았다. 나는 통역을 도와주었던 학생에게 문자를 보냈다.

「오늘 시간 있으면 폭스바겐 자동차 전시장 갔다가 점심 식사 하실래요?」

곧 답장이 왔다.

「문자 지금 읽었어요. 전 12시 15분쯤 까진 약속이 있는데 그 다음에 괜찮으시면 전 시간이 됩니다.」

나는 통역을 도와준 학생에게 다시 문자를 보냈다.

「12시 30분에 도착합니다.」

통역을 도와준 학생을 만나 프랑크푸르트에 위치한 폭스바겐 자동차 전시장에 찾아갔다. 그리고 박 원장과 상담을 했던 그 직원에게로 갔다. 폭스바겐 직원은 친절하게 설명을 해주었고 견적서까지 친절하게 뽑아 주었다. 폭스바겐 멀티반 T5 VAN 가격 60,420.17 유로 부가세 11,479.98 유로 탁송비 755.46 유로 등록비 116.81 유로 합계 72,772.42 유로, T6 VAN 가격 64,625.23 유로 부가세 12,278.79 유로 탁송비 755.46 등록비 116.81 유로 합계 77,776.29 유로, 티구안 SUV 가격 31,522.68 유로 부가세 5,989.30 유로 탁송비 713.45 유로 등록비 116.81 유로 합계 38,342.24 유로 총합계 188,890.95 유로였다.

상담을 하는 도중에 최순실에게 문자가 왔다.

「보험처리하고 밀린 전기료 등은 냈나요?」

나는 최순실에게

「폭스바겐 매장에 왔습니다. 계약에 필요한 사항과 견적서를 받으려고 합니다. 자동차 관련 내용은 메일로 보내드리겠습니다.」

라고 문자를 보냈다. 하지만 최순실은 동문서답의 문자를 보낸다.

「어제 본 건물은 어떤가요?」

나는 다시 정리해서 최순실에게

「자동차보험처리는 제가 보험에 관한 관련 서류가 없어 박승관 변호사가 도착 후 확인하여 처리하겠습니다. 어제 본 건물은 외관상 느낌은 좋았습니다. 조용한 산속마을에 위치하여 경관도 좋았습니다.」 라고 보냈다.

하지만 최순실의 동문서답은 계속됐다.

「이불하고 연습장비 필요한 거 월요일에 사세요. 프랑스 시합 갈 때 말차에 테이블하고 의자 텐트 등 준비해서 보내야 해요.」라고 문자가 왔다.

나는 「이번주에 정유라가 한독마트에 간다고 해서 저는 시간이 없어서 함께 가지 못 해서 500 유로를 정유라에게 전달했습니다.」라고 최순실에게 문자를 보냈다. 최순실에게 또 문자가 왔다.

「커피하고 휴대용 가스레인지는 마필관리사에게 준비하라고 하고 말 이동할 차 보낼 때 보내세요. 한독마트는 노 부장이 굳이 안 가도 신 주임 시키면 되요.」라고 문자가 왔다.

나는 최순실에게 「아웃도어 매장을 알아 났습니다. 필요한 물건 목록 결정해서 구매하러 이번 주에 갈 겁니다. 정유라 마트 장 볼 때마다 500 유로 주겠습니다.」라고 보냈다. 또 최순실에게 문자가 왔다.

「월요일 크리스티안 캄플라데 오면 비행기 좌석 표 예약하고 호텔 내용 받아서 윤 대표가 25일 도착하니 지불하면 되요.」라고 문자가 왔다. 그리고 난 최순실에게

「크리스티안 캄플라데가 계획서와 총 지출내역을 가지고 온다고 했습니다. 이동수단 비용, 숙박비용, 현지 렌터카 비용 등 등 포함한 내용입니다.」라고 문자를 보냈다. 또 최순실에게 문자가 왔다.

「자동차 렌트해야 할 텐데요. 밴으로 알아보세요.」

와 진짜 미칠 것 같았다. 나는 분명히 최순실에게

「이동수단 비용, 숙박비용, 현지 렌터카 비용 등등 포함한 내용입니다.」라고 문자를 보냈다. 그런데 「자동차 렌트해야 할 텐데요. 밴으로 알아보세요.」라고 문자가 오다니 사람을 정말 지치게 한다. 나는 최순실에게

「이번 시합은 프랑스 현지에서 자동차를 렌트해야 할 것 같습니다. 현지에서 밴으로 자동차를 렌트 신청하겠습니다.」라고 문자를 보냈다. 최순실은 「항상 자동차 렌트는 현지에서 해야 되요.」라고 나에게 답장을 보냈다.

'아 정말 이렇게 사람을 죽이는 구나'라는 생각을 하며 나는 기다리고 있는 통역을 도와준 학생과 프랑크푸르트 시내에 위치한 슈바인학세를 전문으로 하는 식당을 찾아갔다. 통역을 도와준 학생과 슈바인학세를 먹으면서 나는 이 자리가 학생과 마지막이 될 줄은 몰랐다. 최순실과 함께 일하는 동안 이후에는 더 이상 이 학생의 도움을 받을 기회는 없었다. 그 후 2017년 2월 JTBC 이규연의 스포트라이트 제작팀과 독일에서 탐문촬영을 하려 독일 프랑크푸르트공항에 도착했다. 하지만 현지 가이드분이 프랑크푸르트공항에 도착하지 않아 JTBC 이규연 스포트라이트 제작팀과 나는 당황했었다. 결국 나는 통역을 도와준 학생에게 연락하여 도움을 받아 호텔로 이동할 수 있었다.

2015년 9월 20일. 나는 새벽에 최순실에게 전날 프랑크푸르트 시내에 위치한 폭스바겐 자동차 전시장에서 받은 견적서를

문서로 정리해 사진을 찍어 문자로 보내주었다. 이후 최순실은 전화도 문자도 없었다. 이상했다. 뭐지 오늘은 쉬는 날인가? 나는 자동차를 타고 비블리스 예거호프 승마장 입구에 있는 큰 사과나무로 향했다. 한국에 전화를 하기 위해서였다. 비블리스 예거호프 승마장에서 통화를 하다 누군가에게 들키면 안 되기에 항상 밖으로 나가 통화를 했다. 그리고 그곳은 핸드폰 수신이 가장 잘되는 장소이기도 했다.

나는 한국의 지인들과 통화하는 것도 의심을 받을 수 있다는 생각에 한국의 지인들과는 항상 승마장 밖에서 통화를 했다.

"여보세요."

"안녕하세요."

"응. 밥은 잘 먹냐?"

"네. 잘 먹고 있습니다."

"일은 잘 되가?"

"그냥 그렇습니다."

"독일에 뭐 하러 간 거야?"

"독일에 지인이 도와 달라고 해서요."

"그래?"

"뭐 필요한 거는 없고"

"전기난로가 필요합니다."

"하나 사지 그래."

"이케아에 갔는데 아직 안 팔아요."

"그래 그럼 문자로 주소 보내."

"아니 전기난로가 필요할 만큼 추워?"

"네. 여기 밤에 엄청 추워요. 숙소 방바닥이 시멘트라 한기가 올라와요."

"주소 보내고 밥 잘 먹고 또 연락해"

"네. 감사합니다."

한국에 있는 지인과 통화가 끝나고 나는 다시 마필관리사 숙소로 돌아왔다.

2015년 9월 21일 최순실에게 문자가 왔다.

「내꺼는 정리해서 내 통장에 넣어 놓으세요.」 나는 최순실에게

「정리해서 보고 드리겠습니다.」 라고 답장을 보냈다. 최순실은

「오늘 안장하고 도구 다 사세요.」 라고 왔다. 그리고 최순실에게

「뒤셀도르프에 사는 지인이 내일 프랑크푸르트에서 저녁 6시에 식사를 하자고 하는데 잠시 외출을 해도 될까요?」 라고 문자를 보냈다. 이에 최순실은

「회사 관련 얘기는 하지 말고 만나세요.」 라는 문자를 보냈다. 나는 최순실에게

「네 알겠습니다. 그럼 내일 잠시 외출하겠습니다.」 라고 답장을 보냈다. 최순실에게 문자가 또 왔다.

「오늘 지난번에 정리해 준 것 회계사하고 처리방법 논의해서 정리하세요. 그리고 이케아 가서 책상 똑같은 거 일단 2개 사오고 오늘 이불 등 준비 좀 하세요.」라는 내용의 문자다.

「회계사와 수요일 낮 3시에 만나기로 했습니다. 네 오늘 이케아 가서 겨울이불 구입하겠습니다.」라고 답장을 보냈다. 최순실은 「인편으로 사무용품하고 전기담요 보낼게요. 세무사한테 영수증 처리하는 거 물어보세요.」라고 문자를 보내왔다. 나는 답장을 안 보냈다. 왜? 답장을 보내면 또 최순실에게 문자가 오고 계속 반복된다. 그리고 난 사진을 찍기 위해 정유라가 말을 타고 연습하는 실내승마장으로 이동했다. 한참 후 최순실에게 「Aachen 시」라고 문자가 왔다. 나는 「잘 모르겠습니다.」라고 답장을 보냈다.

「지금 보내는 주소가 어제 본 슈미텐하고 얼마나 걸리는 지 물어보세요. Oberforstbacher str.434 D-52076 Aachen」이라고 최순실은 문자를 보냈다. 아 미칠 것 같았다. 또 부동산이야. 이번엔 또 누가 추천한 거야 정말 미칠 것 같았다. 나는 최순실에게 사진을 찍어 문자로 보냈다. 이곳은 슈미텐과 거리는 약 232km 이동시간은 약 2시간 32분이 걸리는 곳이었다.

문자와의 전쟁

2015년 9월 22일.

최순실에게 아침 일찍 문자가 왔다.

"유라가 허리를 다쳤다는데 한의원 좀 데리고 가보세요. 물리치료 받는 것도 있던데 예약하고 어느 정도 다쳤는지 말을 안 하니 좀 알아보고 문자주세요.」

「유라와 연락을 취해 보겠습니다.」라고 문자를 보낸 직후 정유라에게서 문자가 왔다.

「지난번 개 때문에 동네 주민이 동물보호청에 신고를 해서 난리가 났어요. 그리고 또 신고를 당했어요. 노 부장님 신 주임의 친구는 오늘 동물보호청에서 사람이 온다고 해서 동물보호청 사람 왔다 돌아가면 출근 한다고 합니다.」 나는 정유라에게

「신 주임 친구 검사 잘 받고. 유연아 허리 많이 아파? 회장님이 한의원 가서 치료받으라는데.」하고 문자를 보냈다.

「네 서서 걷질 못 해요. 병원 응급실 가려고요.」라는 답장을

받았다.

「지금 한의원 가자.」라고 정유라에게 문자를 보냈다. 정유라
는「병원 가는 게 나을 것 같아요. 영식이 오빠가 병원 알려줘
서 가려고요. 여기 동물보호청 왔다 가면 가야 되요.」라고 답
장이 왔다. 영식이는 윤 대표를 말하는 것이었다. 나는 정유라
에게

「아픈데 동물보호청은 신 주임 친구에게 맡기고 빨리 갔다 오
자.」고 문자를 보냈다. 정유라는「전 한의원 못 가서요. 침도 못
맞고 뜸도 못 떠요. 병원 다녀올게요. 엄마가 아무것도 모르고
물리치료 받으라고 하는데 병원 가서 엑스레이 찍어봐야 될 분
위기라서요. 누워 있어도 아파요.」라고 답장이 왔다. 나는

「같이 갔다 올까? 유라야. 회장님이 얼마나 아픈지 보고해 달
라고 하시는데 말씀드려?」라고 문자를 보냈다.

「똑 바로 못 걷고 허리가 나간 것 같은 정도요. 앉아서 밥 먹
다가 숟가락 세 번 던졌어요.」라고 답장이 왔다. 그래서 나는

「유라야 지금 내가 좀 볼 수 있을까?」하고 정유라에게 문자
를 보냈다. 정유라는

「저 집인데요 거기까지 못 갈듯한데.」라고 답장이 왔다.

「그럼 어떻게 하지 방법이 없네.」라고 문자를 다시 보냈다.
정유라는

「병원 다녀와야죠..」하고 답장을 보냈다. 나는

「병원 갈 때 나한테 얘기해줘.」라고 정유라에게 문자를 보냈
다.

끝내 정유라는 한의원에 가지 않았다. 정유라는 동물보호청 사람들이 검사를 하고 가길 기다렸던 것이다. 두 번째 신고를 당했을 때 정유라가 기르던 개들은 최순실의 지시로 한 마리당 아주 비싼 개 호텔로 이동해 있었다. 동물보호청에서 검사가 끝나고 정유라의 개들은 다시 비블리스 예거호프 승마장으로 왔다.

잠시 후 크리스티안 캄플라데가 마필관리사 숙소로 찾아왔다. 정유라의 몸 상태를 물어봤다. 나는 많이 아프다고 말했다. 그러나 크리스티안 캄플라데는 고개를 절레절레 저었다. 그는 정유라가 게으르고 승마장에 왔다 몸이 안 좋다며 훈련을 안 했다고 했다. 시합을 왜 나가느냐며 또 고개를 절레절레 저었다. 난 정유라가 참으로 한심했다. 그리고 아주머니의 말씀에 공감했다. 회장님은 절대 정유라를 이 길 수 없다. 회장님 머리꼭대기에 정유라가 있다는 아주머니의 그 말씀을.

2015년 9월 23일.

오전에 정유라에게 문자를 보냈다.

「유라야 일어났니? 병원 가자.」

「네.」라고 정유라에게서 답장이 왔다.

나는 정유라에게 자동차에서 기다리고 있겠다고 문자를 보냈다. 잠시 후 자동차에서 기다리는데 정유라와 신 주임이 출입문을 열고 나타났다. 나는 혼자 그리고 정유라와 신 주임은 함께 비블리스 예거호프 승마장에서 출발했다. 나는 에쉬본에 위치한 최순실과 함께 갔던 그 한의원으로 이동했다. 한의원에 도착하니 오늘은 12시 30분에 진료가 끝나서 진료를 받을 수가 없다고 한다. 나는 최순실에게 문자를 보냈다.

「오늘은 진료가 12시 30분에 끝나서 유라 물리치료를 내일 오전 10시 30분으로 예약했습니다.」 라고 문자를 보냈다. 정유라와 신 주임은 한독마트에 들려 부식을 사고 비블리스 예거호프 승마장으로 간다고 했다. 나는 정유라에게 500 유로를 건네주었다. 나는 에쉬본 한의원에서 프랑크푸르트 독일하나외환은행으로 이동했다. 독일에서 한국으로 출국 전 최순실은 나에게 돈 봉투를 건네주며 나에게 삼성에서 돈이 들어오면 정산해서 본인의 독일하나외환은행 계좌에 넣어 놓으라고 했다. 은행 업무를 보고 최순실에게 문자를 보냈다. 「회장님 연락이 안돼서 제 통장에 4,800 유로와 현재 가지고 있는 현금 5,200 유로 합계 총 10,000 유로를 회장님 계좌로 입금처리 부탁드렸습니다. 현재 은행 전산점검 중이어서 업무처리는 전산이 정상화되면 바로 처리해 주신다고 했습니다.」 라고 보냈다. 한참 후 최순에게 「네 알았어요.」 라고 답장이 왔다.

나는 독일하나외환은행에서 은행 업무를 마치고 다시 비블리스 예거호프 승마장으로 출발했다. 승마장에 도착해 마필관리사 숙소 주방에서 잠시 쉬고 있을 때 쯤 마필관리사는 내게

"이번 비블리스 예거호프 승마장에서 열리는 대회에 한국 장애물 선수가 출전한다고 하네요. 서 코치도 같이 온다고 하니 회장님에게 보고해야 하는 것 아니에요." 라고 말했다. 마필관

리사에게 얘기를 듣고 최순실에게

「이번 비블리스 예거호프 승마장에서 열리는 대회에 한국 장애물 선수가 출전 한다고 합니다. 마필관리사와 마주쳤다고 합니다. 서 코치란 사람도 관중으로 올 예정이라고 하는데요..」라고 문자를 보냈다. 한참 후 최순실에게

「언제 온데요?」라고 문자가 왔다.

「금요일로 알고 있습니다.」라고 나는 문자를 보냈다. 최순실은

「박 원장님에게 얘기하고 정유라 말을 내놓지 말라고 하세요..」라며 내게 답장을 보냈다. 그렇다 최순실은 모든 걸 숨기고 싶었다. 딸 정유라의 출산, 정유라의 남편, 삼성전자와의 스포츠 매니지먼트 계약 등 엘리트 운동선수들은 같은 브랜드의 운동용품이라도 누구의 것인지 보면 바로 안다. 그래서 말을 내놓지 말라는 것이다.

「그리고 내일 프랑크푸르트 백화점에 가 단체복을 사세요. 아웃도어 의자, 코펠 등 그건 샀나요?」라고 최순실에게 문자가 왔다.

「구입 물품 목록에 넣어 놨습니다. 이번 주에 구입하려고 합니다.」라고 답장을 보냈다.

「금요일 아줌마 프랑크푸르트공항에 데려다 줄 때 신 주임의 자동차도 갖고 가세요. 마필관리사를 데리고 가세요. 짐이 많데요..」라고 최순실에게 문자가 왔다.

나는 최순실에게

「네 알겠습니다. 독일하나외환은행 이 법인장이 부동산관련 자료를 준다고 내일 12시에 은행에서 만나자고 했습니다. 다녀와서 보고 드리겠습니다. 오늘 신 주임 하고 얘기를 나눴습니다. 신 주임이 이제 정시에 출근해서 도와주고 싶다고 합니다. 신 주임에게 정말 고맙다고 말하고 앞으로 박 원장 숙소에서 업무처리를 하니 그때부터 도와달라고 했습니다.」라고 문자를 보냈다. 최순실에게서

「잘 됐네요. 뭐든 집중해야지요.」라고 답장이 왔다.

2015년 9월 24일 새벽 최순실에게서 「Oberforstbacher str.434 D-52076 Aachen 마장 주소인데 거리가 얼마인지 본(Boon)에서 얼마 걸리는지 알아보세요. 은행에도 주소 알려 주세요. 0170-213-0000 영철 전화번호예요. 윤 대표 동생이니까 오전에 전화해서 병원 예약 좀 해달라고 하세요.」라고 문자가 와 있었다. 아침에 일어나 핸드폰을 보니 또 부동산 얘기에 머리가 터질 것 같았다.

그리고 다시 문자를 읽었다. 영철 이 사람은 독일 프랑크푸르트공항에서 스포츠 매니지먼트 법인에서 함께 일할 직원이라며 내게 인사를 했던 그 사람이었다. 그럼 뭐지. 왜 나에게 본인 소개를 그렇게 한 거지. 윤 대표는 나에게 사촌동생으로 소개시켜줬다. 이날 최순실이 내게 보낸 문자에는 윤 대표의 동생이라고 했다. 그리고 정유라는 영식이 오빠 영철이 오빠라고 표현했다. 그럼 이들은 친형제이며 영식이 오빠 영철이 오빠라고 부르는

정유라하고는 매우 오래전부터 알았던 가까운 관계라는 생각을 했다.

나는 최순실에게 「크리스티안 캄플라데 코치는 오늘 훈련을 마무리하고 하겐으로 간다고 합니다. 다음 주 월요일부터 훈련인데 화요일 네덜란드 코치 스케줄이 있어서 수요일부터 훈련한다고 마필관리사에게 전해 달라고 했습니다.」라고 문자를 보냈다. 훗날 박근혜 정부의 최순실 등 민간인에 의한 국정 농단 의혹사건 규명을 위한 특별검사에서 조사를 받을 당시 나는 시사IN 김은지 기자에게 문자로 사진을 3장을 받았다. 그 사진은 '헬그스트란드 드레사지'란 말을 사고파는 업체에서 삼성전자가 2016년 1월 27일에 'VITA V FEI ID 103CD42'로 1,500,000 유로 'RAUSING 1233 FEI ID 104BL71'로 500,000 유로로 두 마리를 사고 2016년 8월 22일 삼성전자는 헬그스트란드 드레사지에 'VITA V FEI ID 103CD42'를 1,601,250 유로 'RAUSING 1233 FEI ID 104BL71'을 533,750 유로 'SALVATOR 31 FEI ID'는 555,100 유로에 파는 문서였다. 나는 이 문서를 보며 웃음이 나왔다. 헬그스트란드 드레사지를 보며 2015년 9월 24일 최순실에게 보낸 문자 중 「크리스티안 캄플라데 코치는 오늘 훈련을 마무리하고 하겐으로 간다고 합니다. 다음 주 월요일부터 훈련인데 화요일 네덜란드 코치 스케줄이 있어서 수요일부터 훈련한다고 마필관리사에게 전해 달라고 했습니다.」그렇다 네덜란드 코치가 바로 안드레아스 헬그스트란드였다. 안드레아스 헬그스트란드는 정유라가 승마훈련을 하지 않아 최순실은 정유라에게 이유를 묻자 '크리스티안 캄플라데가 나에게 이상한 행동을 한다며 승마훈련을 못 한다'고 핑계를 댔고 최순실은 윤 대표에게 크리스티안 캄플라데를 해고하고 정유라의 승마훈련 코치를 안드레아스 헬그스트란드로 정유라의 새로운 코치로 선임하기 위해 2015년 9월 29일 윤 대표가 비블리스 예거호프 승마장으로 데리고 온 사람이다. 안드레아스 헬그스트란드는 나에게 배우고 싶다면 본인이 운영하는 승마장으로 오라고 했다. 그런데 삼성전자는 어떻게 안드레아스 헬그스트란드를 알았으며 그가 갖고 있는 업체에서 말을 사고팔았을까? 삼성전자와 최순실의 가교 역할을 했던 박 원장이 최순실에게 지시를 받고 삼성전자에 다시 전달했을 가능성은 충분히 있다고 생각한다.

　최순실에게 문자를 보내고 아침 일찍 정유라에게 「오전에 한의원에 가서 치료받고 양방으로 가서 다시 치료받으라고 회장님께 연락이 왔는데」라고 문자를 보냈다. 신 주임에게서

　「그렇게 오래 서 있으면 허리가 너무 아파서 일반병원에 예약하고 다녀오는 게 나을 것 같은데.」라고 답장이 왔다. 나는 신 주임에게

　「그럼 일반병원에 예약이 언제야 예약됐어?」라고 문자를 보냈다. 신 주임에게서

　「안 된 거 같아요.」라는 답장이 왔다. 나는 그리고

　「허리는 어때? 어제보다 좋아졌어?」라고 신 주임에게 문자를 보냈다. 신 주임은

「아니요. 오래 서 있거나 앉으면 아파서.」라고 답장이 왔다.

「예약이 안 됐으면 일단 한의원으로 출발하고 이동하다 일반병원 예약 확인되면 일반병원으로 가는 게 어떨까? 일반병원을 오전에 예약을 한다고 했으니 우리가 일단 출발은 해야 할 것 같은데 주평아 일단 9시에 출발하는 것으로 할까?」라고 신 주임에게 문자를 보냈다.

각자의 자동차를 타고 비블리스 예거호프 승마장에서 출발하여 에쉬본에 위치한 한의원으로 향했다. 도착해 정유라를 치료받게 하고 나는 신 주임에게 독일하나외환은행에 업무 처리할게 있어 은행으로 가겠다고 말하며 치료 끝나고 비블리스 예거호프 승마장으로 가라고 했다. 그리고 나는 바로 독일하나외환은행 이 법인장이 만나자고 해 독일하나외환은행으로 이동했다. 이 법인장은 내게 회장님에게 보고해 달라며 프린트한 부동산 물건을 자료를 주었다. 와 정말 화가 머리끝까지 올라왔다. 하지만 참았다. 독일하나외환은행 이 법인장이 건네준 부동산 자료를 들고 비블리스 예거호프 승마장으로 이동하기 위해 자동차로 아우토반에 달리고 있었다. 최순실에게 전화가 걸려왔다.

"노 부장."

"네."

"유라는 어때요?"

"네 한의원에서 치료받고 비블리스 예거호프 승마장으로 이동하고 있습니다."

"노 부장은 어디에요?"

2015년 9월 18일 내가 프랑크푸르트에 위치한 체육시설을 알아보고 다녔다고 했을 때 택배기사냐며 소리쳤던 그 분위기다.

"네 독일하나외한은행 이 법인장이 만나자고해서 은행에 들렸습니다."

"지금 뭐하고 돌아다니는 거야. 애가 아파서 병원에 데려다줬으면 같이 있어야지. 노 부장이 은행을 왜 가냐고!"하며 소리를 지른다.

"이 법인장이 급히 보자고해서 왔는데 부동산 물건 자료를 줬습니다."

"아니 노 부장이 왜 은행을 왔다 갔다 하냐고."

나는 또 아랫입술을 꽉 깨물고 아무런 말을 하지 않았다. 이제 정말 소리치고 싶었다. 하지만 또 참았다.

2015년 9월 23일 최순실에게

「독일하나외환은행 이 법인장이 부동산관련 자료를 준다고 내일 12시에 은행에서 만나자고 했습니다.」 라고 문자를 보냈다. 그리고 최순실은 소리를 질렀다.

「빨리 승마장으로 가세요..」 그리고 전화를 끊었다.

비블리스 예거호프 승마장에 도착할 때 쯤 최순실에게 전화가 걸려왔다. 나는 비블리스 예거호프 승마장 입구에 있는 커다란 사과나무에 자동차를 세웠다.

"네."

"노 부장 통화해 봤어?"

"아니요 연락하지 말라고 해서 연락 안 하고 있습니다."

최순실은 나에게 소리를 지르며

"아니 지금 한국의 법인을 없앴다고"

"네?"

"법인 이사들에게 개망신을 줘도 이렇게 주냐고?"

"네?"

"사무실 보증금도 받아서 도망갔어."

"연락해 볼까요?"

"누굴 병신으로 알아? 무슨 연락을 해?"

최순실은 소리를 지르며 전화를 끊었다. 아 느낌이 좋지 않았다. 왜 나에게 소리를 지르는 것일까? 나와 한국 법인이 무슨 관계가 있다고 나는 이해를 할 수 없었다.

한참 후 박승관 변호사에게 연락이 왔다. 폭스바겐 자동차를 계약해도 되는지 물어 보기 위해였다.

최순실에게 「박승관 변호사가 폭스바겐 자동차계약을 해도 되는지 여쭤보시는데요.」라고 문자를 보냈다. 최순실은

「아직 하지 마세요. 폭스바겐에 문제가 많아서. 윤 대표 독일에 도착하면 상의해 보고 하세요.」라는 싸늘한 문자를 받았다. 이게 독일에서 지내며 최순실과 주고받은 마지막 문자가 되었다.

웃으며 들어라

2015년 9월 24일.

최순실이 한국에서 보낸 직원과 윤 대표를 만나기 위해 비블리스 예거호프 승마에서 프랑크푸르트공항 터미널2로 향했다. 프랑크푸르트공항 터미널2에서 윤 대표와 한국에서 오는 직원을 기다리며 많은 생각을 했다. 분명 윤 대표는 내게 회장님의 지시라고 하며 한국으로 돌아갈 것을 얘기할 거다. 왜? 나를 대신해 한국에서 직원을 보냈기 때문이다. 만약 내 생각대로 윤 대표가 내게 그런 말을 한다면 나는 뭐라고 얘기하지. 경우의 수를 수없이 생각해야만 했다. 비블리스 예거호프 승마장에 있으며 이런 생각을 했다. 독일어를 공부하고 다른 곳의 일자리를 알아보고 모아온 자료를 정리하며 나는 나에게 이렇게 질문해 보았다.

"그럼 누구에게 주려고"

"문재인"

당시 야당이었던 민주당에게 보내는 게 내 계획이었다.

아직 청와대는 언론을 장악하고 있다. 이 자료를 언론에 제보한다면 청와대는 언론을 충분히 누를 수 있을 것이다. 지금 당장 민주당에 보낸다고 해도 안심할 수가 없다. 좀 더 시간을 기다려야 한다고 생각했다. 정권의 힘이 좀 더 빠질 때가 적기라고 생각했다. 그 적기는 바로 2017년 12월로 예정되어 있는 대선 직전이라고 생각했다.

박근혜 정권이 2013년 2월 25일 출범 후 2년 6개월 앞으로 2년 6개월이나 더 남은 상황이었다. 박근혜 정권 하의 언론을 전혀 믿을 수가 없었고, 야당인 민주당도 아직 믿음이 가지 않았다. 하지만 나는 좀 더 자료가 모아지면 민주당에 제보하기로 결심했다.

최순실은 어떻게든 나를 한국으로 불러들이려고 하고 있었다. 하지만 여기에서 쫓겨나면 독일어를 공부하며 삼성전자에서 들어온 돈의 사용처와 자료를 모을 수 없었다. 최순실과 삼성과의 수상한 거래의 증거를 더 수집하기 위해서는 버텨야 한다는 생각밖에 없었다.

윤 대표가 한국에서 온 직원을 데리고 나에게 다가왔다.

"노 부장님."

"네, 잘 다녀왔어요?"

"여기 한국에서 온 직원입니다."

"네. 안녕하세요. 노승일입니다."

"네. 안녕하세요. 장ㅇㅇ입니다.

"네 가시죠."

윤 대표, 한국에서 온 직원과 짧은 인사를 나눈 후 함께 프랑크푸르트공항에서 출발하여 비블리스 예거호프 승마장으로 향했다. 가는 내내 윤 대표와 나는 아무 말도 하지 않았다.

비블리스 예거호프 승마장에 도착 후 나는 마필관리사 사무실에서 쉬고 있었다. 윤 대표가 찾아왔다. 드디어 올 것이 왔다는 생각이 들었다. 이미 예상하고 있는 얘기를 윤 대표가 할 것이지만 뻔한 얘기를 듣게 될 것임을 알면서도 마음 한 구석에서는 내게 시간이 좀만 더 있게 되기를 바랐다. 최순실은 과연 윤 대표를 통해 나에게 뭐라고 마지막 지시를 내릴까. 당시 비블리스 예거호프 승마장에서는 장애물 승마대회를 준비하느라 대회 시설물을 설치하는 사람들, 장애물 시합을 준비하는 승마선수들과 경쾌한 음악소리가 나를 더 우울하게 만들고 있었다.

"노 부장님."

"네."

"저하고 얘기 좀 해요."

"네."

나는 자리에서 일어나 윤 대표와 야외에 조금한 승마장에 있는 의자에 앉았다.

"노 부장님."

"네."

"회장님께 한국법인 얘기 들으셨죠?"

"네."

"지금 상황이 안 좋습니다."

"왜요?"

"한국에서 회장님 법인을 없애고 사무실 보증금을 갖고 도망 갔습니다."

"네, 들었습니다."

"회장님은 노 부장님이 한국에 들어오길 원합니다."

"네 그게 무슨 말씀이세요?"

"회장님은 노 부장님이 한국에 들어오길 원합니다."

"아니, 연락도 하지 말라고 해서 연락도 안 하고 지내는데 제 가 한국에서 뭐를 어떻게 하라고요."

"아니 생각을 해봐요."

"아니 뭘 생각해요. 제가 지금 한국으로 돌아가서 또 뭘 하라 고요?"

"지금 상황은 내일 노 부장님이 한국으로 가야해요."

"왜요?"

"아니, 회장님이 한국으로 들어오라고 하는데 어떻게 하겠어 요."

"제가 한국에 간다고 해서 무슨 방법이 있겠어요?"

"회장님이 말씀하시잖아요. 노 부장님이 한국에 와서"

"아니 그럼 한국에 들어가서 일하고 또다시 독일로 오라는 거 예요?"

"그건 회장님이 결정하실 거예요."

"저는 싫습니다."

"노 부장님이 내일 한국에 가시면 회장님이 한국에서 일자리를 주실 거예요."

"저는 한국에 안 가겠습니다."

"그럼, 노 부장님 월급은 어떻게 하려고요?"

"네 월급이요?"

"회장님이 노 부장님 한국에 안 들어오면 월급은 못 주신다고 합니다."

"저는 그냥 독일에 있겠습니다."

"노 부장님, 이렇게 버티다가 한국에 돌아가면 회장님이 일자리 안 주실 거예요. 내일 한국으로 가야 회장님이 한국에서 일자리 주실 거예요."

"저는 독일에 있겠습니다."

"그럼 그렇게 회장님께 보고하겠습니다."

윤 대표와 대화를 끝내고 윤 대표와 나는 마필관리사 숙소로 돌아왔다. 한국에서 온 직원에게 "이름이 뭐에요?"라고 나는 말을 걸었다. "장ㅇㅇ 대리입니다." 윤 대표는 장 대리에게 "가시죠."라고 말하며 장 대리를 데리고 비블리스에 있는 호텔로 이동했다.

최순실은 나에게 한국에서 영어를 잘하는 직원을 독일로 보낼 거라며 직급은 대리로 하고 숙소는 지금의 내가 쓰고 있는 마필관리사 숙소로, 나는 박 원장이 사용하고 있는 곳으로 옮기라고 했다. 그리고 장 대리에게 은행 업무를 시키라고 했다.

박근혜 정부의 최순실 등 민간인에 의한 국정농단 의혹사건

규명을 위한 특별검사 조사를 받을 당시 장 대리의 존재를 알았다. 장 대리의 부친은 최순실의 언니 최순득의 집에서 20년 이상 일을 했다는 것이다. 그리고 국정농단사태가 불거지며 조 대표를 더블루-K의 대표로 소개시켜줬고 재단법인 '미르'의 머리 역할을 했던 플레이그라운드에서 재무 일을 맡았다는 것을 알게 되었다. 나는 장 대리와 독일 비블리스 예거호프 승마장에 있으며 많은 대화를 하지 못 했다. 어느 날 장 대리에게 회장님을 아냐고 물어봤다. 그는 내게 한국에서 1년 쯤 같이 일했고 테스타로싸에서 일을 했다고 했다. 장 대리와 대화를 했을 당시에는 몰랐으나 국정농단사태가 불거지며 테스타로싸는 최순실이 오스트리아에서 커피를 수입해 서울시 강남구 논현동에 위치한 커피와 파스타 등을 팔았던 곳이다. 또 내가 2016년 1월 7일 체육재단의 이름도 모른 채 최순실의 추천으로 면접을 봤던 장소가 테스타로싸였다.

윤 대표와 장 대리가 마필관리사 숙소를 나가고 나는 잠시 의자에 앉아 맥주를 마시고 눈을 감았다. 이제 어떻게 해야 할지 괴로웠다. 비블리스 예거호프 승마장은 축제 분위기였다. 괴로운 나의 처지와는 달리 대회 전날이라 음악도 크게 틀어놓고 맥주를 마시며 춤을 추고 노래를 한다. 이런 축제에 또 해고통보를 받았다. 물론 그 축제에 나는 끼지 못한 채 혼자 버려져 있어야 했다.

2015년 9월 25일 아침 일찍 나는 박 원장을 모시러 비블리스 예거호프 승마장에서 출발하여 프랑크푸르트공항 터미널1로 향했다. 내가 도착했을 때는 이미 박 원장은 나를 기다리고 있었다.

"원장님."

"어, 노 부장."

"안녕히 잘 다녀오셨어요?"

"응, 별일 없지?"

"네 없습니다."

박 원장과 나는 주차장으로 이동해 비블리스 예거호프 승마장으로 향했다. 아우토반을 달리며 박 원장에게 어제 윤 대표와 나눈 얘기를 했다. 얘기를 들은 박 원장이 말씀하신다.

"무슨 일 있었어?"

"회장님이 저한테 전화를 해서 한국 법인이 없어졌다고 하더라고요."

"그걸 왜 노 부장에게 그래?"

"그러게요."

"그리고 어제 윤 대표가 회장님이 노 부장 한국으로 들어오라고 했다고 저에게 당장 한국으로 가야한다고 하더라고요. 그래서 못 간다고 했죠."

"윤 대표가 중간에서 이간질한 거 아니야?"

"잘 모르겠습니다."

"사람을 그렇게 내보내면 큰일 나지? 혹시 딴 마음 갖고 있으면 어떻게 하려고."

나는 아무런 말을 하지 않고 운전했다. 혹시 딴 마음 갖고 있으면 어떻게 하려고 하는 말에 마치 내 계획을 들킨 거 같은 생각이 들었다.

"내가 최 회장하고 통화를 해 볼게 너무 걱정하지 마."

"네 감사합니다. 원장님. 그리고 숙소를 바꿔야 할 것 같습니다."

"어떻게?"

"한국에서 온 장 대리가 마필관리사 숙소에서 저는 원장님 숙소로 짐을 옮기라고 하던데요."

"그렇게 하지 뭐."

비블리스 예거호프 승마장에 도착해 박 원장은 숙소로 향했고, 나는 마필관리사 숙소로 이동했다. 지치고 힘들고 괴로워 잠시 침대에 누웠다. 추워서 잠도 안 오고 배도 고프고 라면을 먹으려고 냄비에 물을 끓이고 있을 때 박 원장이 찾아왔다.

"노 부장."

"네 원장님."

"먹을 것은 있어?"

"네 지금 라면 끓여 먹으려고요."

"아니 부식은 충분하냐고?"

"네 지금은 있습니다."

"최 회장하고 통화했는데 나보고 노 부장 설득해서 한국으로 보내래."

"네."

"제발 좀 내보내 달라고 부탁을 하네."

"네."

"또 내가 모르는 뭐가 있어?"

"아니요. 없습니다."

"전에는 노 부장 칭찬도 많이 했는데 지금은 아니야."

"네."

"최 회장하고 통화하면서 지금 이 상황에서 노 부장을 이렇게 보내면 큰일 난다. 사람을 이렇게 내보내면 문제가 될 수 있다고. 내가 다시 잘 얘기해본다고 했어."

"네 감사합니다."

"젊은 사람이 이 멀리까지 와서 고생하는데 도움을 줘야지."

"네 감사합니다."

"최 회장이 돈 줬다며?"

"네."

"정리해서 다 받아 놓고 서류도 정리해서 다 받아 놓으래."

"네 알겠습니다. 아직 정리 못 한 게 있어서 정리해서 원장님께 갖다 드리겠습니다."

"그래, 그럼."

"그리고 혹시 모르니깐 부식하고 핸드폰 요금 충전 충분히 하고 정리해서 갖다 주고."

박 원장이 마필관리사 숙소를 나가고 나는 라면을 끓이려던 물을 버렸다. 그리고 서류를 챙기고 최순실이 준 돈을 정리했다. 혹시 빠진 서류가 있을지 몰라서 내가 갖고 있는 서류를 다시 한 번 스캔하기 시작했다. 낮이었고 들락날락하는 사람들이 많아 마음이 조마조마했다. 대회를 시작한 오늘 밤은 고요하고 조용했다. 마필관리사도 무슨 말을 듣고 지시를 받았는지 나에게 아무런 말을 하지 않고 조용히 잠을 자고 있었다. 사람들이 들락날락하는 낮에는 스캔을 하다 멈추고 또 스캔을 하다 멈추고를 반복했다. 낮에 다하지 못한 스캔을 다시 시작했다. 스캔을 다한 후 외장형 하드, 마이크로 SD 메모리카드, USB 메모리로 나눠 다시 저장을 했다.

나는 의자에서 잠시 눈을 감았다. 잊고 있었던 이곳에서의 지난 일들이 문득 떠올랐다. 최순실은 지금 내 앞에 놓여있는 컴퓨터를 사용했고 정유라는 태블릿 PC로 게임을 하고 있었다. 지나가는 나에게 최순실은 소리를 지르며 내게 뭘 훔쳐보냐며 화를 냈었다. 어쩌면 컴퓨터에는 최순실이 사용하던 흔적이 남아 있을 거라고 생각했다. 나는 기도하는 심정으로 내가 쓰던 컴퓨터 바탕화면에 있는 휴지통을 클릭했다. 마치 휴지통을 뒤엎어서 중요한 물건을 찾는 심정으로 휴지통에 들어 있는 내용물을 탐색했다. 순간 숨이 멎는 줄 알았다. 휴지통에는 바로 눈에 띄는 폴더가 있었다. '참 대한민국 페스티벌' 폴더를 클릭했다. 폴더 안에는 한글문서로 된 제목 '대통령 방미기념 한국문화 페스티벌 '15.9.08(화) 문서요약'을 클릭했다. 방미일정에 맞춰 미국에서 열리는 참 대한민국 페스티벌 지은이 김재화 2015년 9월 8일 화요일 오전 9:14:29로 나온다. 데스크 탑 컴퓨터의 휴지통에서 의외에 수확을 거둔 나는 내친김에 독일로 출국 전 한국에서 받아온 노트북의 바탕화면 휴지통을 다시 클릭했다. 맙소사. 이번에도 나의 기대를 벗어나지 않았다. 한글문서로 된 '포항'이라는 파일을 클릭했다. 제목 '포항 창조경제혁신센터 격려사(프롬프터) 문서요약'을 클릭했다. 포항 지은이 iccho 수정된 날짜는 2014년 12월 16 화요일 11:05:46로 되어 있었다.

혹시 놓친 게 있을 수 있다고 생각해 나는 우편물을 살피기 시작했다. 하지만 놓친 건 없었다. 이제 이걸 어디에다 숨길까를 고민했다. 마이크로 SD 메모리카드는 종이에 싸서 지갑에 넣어 놓고 USB 메모리는 휴대용 가방 안쪽에 넣어 놓고 외장형 하드는 옷 가방에 넣어 놓았다. 그리고 서류를 분류했다. 박 원장에게 넘길 것과 소각할 것 등을. 박 원장에게 넘길 것은 종이봉투에, 소각할 것은 침대 밑에 숨겨 두었다. 그리고 나는 2015년 9월 25일부터 베개 밑에 부엌칼을 숨겨 놓고 잠을 자기 시작했다. 내가 모아온 증거들이 많아질수록 신상에 대한 안전이 걱정되었다.

아름다운 거지

2015년 9월 26일. 박 원장이 마필관리사 숙소에 왔다.

"노 부장."

"네."

"지금 최 회장한테 연락이 왔는데 서류하고 돈 받았냐고?"

"네 원장님. 제가 지금 바로 가져다 드리겠습니다."

"그래 그럼. 내 방으로 와."

"네 알겠습니다."

나는 박 원장에게 넘기기 전 다시 한 번 서류를 확인했다. 그리고 서류와 돈을 들고 박 원장의 숙소로 갔다.

"원장님."

"어 들어와 여기 앉아."

"네 원장님. 여기 회장님이 준 사용 내역서와 영수증 그리고 나머지 돈입니다."

"이것밖에 안 돼?"

"네 그리고 이건 서류입니다. 그리고 이건 저번에 원장님이 제게 주신 말 여권이고요."

"응. 서류가 이게 전부지?"

"네 전부입니다."

"노 부장."

"네."

"최 회장한테 방금 또 전화가 왔어. 원장님 부탁한다고 제발 좀 노 부장 내보내래."

"네."

"내가 그러지 마시라고, 노 부장한테 얘기 들었는데 젊은 사람이 딱하다고. 그러지 마시라고. 그랬어."

"네 감사합니다. 원장님."

"원장님 제발 좀 노 부장 내보내 달고 울더라고. 노 부장 독일에 지인 있다며?"

"네."

"어디에 있어?"

"뒤셀도르프에 있습니다."

"그럼 당분간만 있는 것으로 하고 노 부장 하는 일은 장 대리가 다 할 거니깐 인수인계 해주고."

"네 원장님."

"정유라나 신 주임이나 마필관리사에게 최 회장이 물어볼지 모르니 가만히 있지 말고 마필관리사 도와주고."

"네 원장님. 알겠습니다."

"내가 잘 얘기 해 줄 테니깐 기다려봐 사람 마음이 또 변할 수 있잖아."

"네 원장님."

"숙소에 부식은 있어?"

"네 지금은 있습니다."

"없으면 내 자동차 갖고 마트에 갔다 와."

"아닙니다. 괜찮습니다."

"휴대폰 충전은 해 놨어?"

"네 충전은…. 이제 전화할 때도 없는데요. 괜찮습니다. 원장님 감사합니다. 쉬세요."

박 원장 숙소를 나와 마필관리사 숙소로 향했다. 카메라를 꺼내들고 한국 승마선수의 승마 장애물 경기하는 모습을 찍었다.

비블리스 예거호프 승마대회가 끝나고 나는 독일인 마필관리사와 함께 말똥을 치우고 마구간 청소를 하며 하루하루를 버텼다.

마구간 청소를 하고 있는 나에게 박 원장 다가오셨다.

"노 부장."

"네 원장님."

"나하고 얘기 좀 해."

실내마장 옆에 놓여 있는 테이블에 앉았다. 낮에 햇볕은 따가웠다.

"노 부장."

"네."

"최 회장한테 전화가 왔어 노 부장 뭐하고 있냐고. 그래서 마구간 청소하고 있다고 말했어."

"네."

"나도 최 회장이 왜 그렇게 노 부장을 내보내 달라고 하는지 모르겠어. 노 부장을 빨리 내보내 달래."

"네."

"노 부장이 이제 결정을 해 줬으면 좋겠어. 월급은 받았어?"

"아니요 아직 못 받았습니다."

"마필관리사가 뭐라고 얘기했나봐. 이제 마구간 청소 그만하고."

"네 알겠습니다."

나는 자리에서 일어나 마필관리사 숙소로 갔다. 그리고 입었던 옷과 벗어놓은 옷을 손에 집어 들고 세탁기로 향했다. 세탁기 뚜껑을 열고 손에 집어 들고 온 옷을 넣고 시작 버튼을 눌렀다. 그리고 원장과 얘기했던 테이블에 앉아 눈을 감고 따가운 햇볕에 얼굴을 들이댔다. 나는 다시 마필관리사 숙소로 향했다. 라면을 끓이고 주머니에 손을 넣어 핸드폰을 찾았다. 이 주머니 저 주머니 그리고 나는 침대로 향했다. 이곳저곳을 뒤져보고 또 이곳저곳을 또 뒤져보고 나는 세탁기로 발걸음 옮겼다. 주위를 살펴봐도 핸드폰을 떨어트린 곳은 없었다. 다시 마필관리사 숙소로 터벅터벅 천천히 걸어갔다. 나는 실업자이고 또 속았다. 핸드폰이 없어진 내 얼굴엔 미소가 가득하다. 왜 일까?

마필관리사 숙소와 또 이곳저곳을 뒤졌다. 하지만 없었다. 또 웃으며 터벅터벅 천천히 걸어가는 발걸음. 세탁기 앞에 쪼그리고 앉아 돌아가는 세탁기를 보고 있었다. 핸드폰이 빨래와 같이 돌아가고 있었다. 웃음이 나왔다. 세탁기를 중지시키고 뚜껑을 열어 핸드폰을 꺼냈다. 꺼져있는 핸드폰을 손에 들고 마필관리사 숙소로 이동해 인터넷에 검색을 했다.

침수 핸드폰 대처방법. "먼저 전원을 절대 켜지 말고 배터리를 분리하고 헤어 드라이기는 사용하지 말고 자연건조 시켜라. 그리고 집에 방부제가 있으면 플라스틱 통이나 비닐 팩에 방부제를 넣고 기다려라. 만약 핸드폰이 켜지지 않을 때에는 바로 서비스센터를 방문하고 중요한 파일과 사진이 복구가 안 된다면 나에게 보내라."

나는 배터리를 분리하고 핸드폰을 들고 박 원장과 얘기를 나눴던 테이블로 이동해 테이블 위에서 핸드폰을 햇빛에 부탁했다. 시간이 얼마 지나지 않아 햇빛은 내 마음도 모른 채 저 너머로 넘어갔다. 야속한 햇빛과 인사하고 핸드폰을 들고 마필관리사 숙소로 이동했다. 부엌 이곳저곳을 뒤지며 방부제가 들어있을 만한 제품을 찾았다. 하지만 찾을 수 없었다. 밖에 내 놓은 쓰레기통을 뒤졌다. 김 봉투 속에 들어있는 방부제를 만날 수 있었다. 반가웠고 고마웠다. 방부제 봉투를 찢어 방부제와 핸드폰을 플라스틱 통에 넣었다. 핸드폰이 켜질까? 아님 안 켜질까? 궁금했다.

하루가 지나고 다음날 다시 햇빛을 만나러 갔다. 햇빛은 야속했던 내 마음을 알았는지 오늘도 찾아왔다. 햇빛에 핸드폰을 부탁했다. 3일이 지났다. 이제 제발 핸드폰이 켜져야 한다. 왜? 핸드폰에는 많은 자료가 있었다. 꼭 켜져야 한다. 핸드폰 액정에 있는 카메라 렌즈에 아직 습기가 보인다. 하지만 두근거리는 가슴으로 전원버튼을 눌렀다. 핸드폰이 켜졌다. 오 켜졌다. 문자를 확인하려 액정을 터치했다. 헉 핸드폰이 꺼졌다. 얼굴이 붉어지고 이마에는 땀에 맺혔다. 침수 핸드폰 대처방법에서 완전히 건조가 안 된 상태에서 전원을 켜지 말라고 했다. 다시 햇빛에 부탁했다. 그리고 다음날 나는 핸드폰 속 자료들과 만날 수 있었다.

어느 날부터 무슨 일인지 말도하지 않던 신 주임, 신 주임의 친구 김 주임, 마필관리사, 장 대리가 마필관리사 숙소에서 자주 식사를 했다.

장 대리는 나에게

"죄송합니다. 부장님."이라고 한다. "부장님하고 일했으면 제가 재미있게 일을 했을 텐데." 라고 했다.

"잘 되겠지. 장 대리 지금 잘 하고 있는데 힘내."

"매일 회장님한테 혼나고 재미없습니다."

"그래도 힘내 그러면서 배우는 거지 뭐. 장 대리 한독마트에 언제가?"

"왜요? 뭐 필요하세요?"

"부식이 다 떨어졌어. 마트에서 부식 좀 사다줘."

"네 알겠습니다. 부장님."

장 대리는 최순실의 지시에 업무를 처리했지만 매번 혼났다고 했다. 장 대리가 업무를 잘 못 처리해서 혼나는 게 아니라 내가 비블리스 예거호프 마장에 있는 게 싫어서 그 화풀이를 장 대리에게 하는 것이다. 그래서 나는 장 대리에게 항상 미안했다. 하지만 부식을 부탁한 장 대리를 만날 수 없었다. 냉장고를 뒤져보니 냉장고는 텅 비워 있었다. 하지만 나는 하루에도 몇 번이고 텅 빈 냉장고인줄 알면서도 열고 닫고를 반복했다. 결국에는 장 대리가 마필관리사 숙소에 왔다.

"야, 장 대리 부식은?"

"부장님 죄송합니다."

"왜 깜빡했어?"

"아니요. 회장님이. 죄송합니다. 부장님."

"네가 왜 죄송해. 그런데 왜 왔어?"

"부장님께 죄송해서 말씀드리려고."

"알았어. 마음 쓰지 마."

"네, 부장님. 죄송합니다."

"장 대리. 나 전기난로 하나만 사줘라."

"네 부장님. 회장님께 말씀드려보겠습니다."

"장 대리는 나에게 미안한 마음을 감추지 못하고 마필관리사 숙소에서 나갔다. 장 대리가 비블리스 예거호프 승마장에 오고 난 후 인수인계 과정에서 자동차 열쇠도 넘겨주었다. 나는 어디에도 갈 수 없는 고립된 상태였다. 박 원장은 출장을 갔고, 장 대리는 박 원장의 숙소에서 지내기 시작했다. 함께 식사를 했던 마필관리사는 어느 날부터인가 나와 같이 식사를 하지 않았다.

마필관리사와 함께 숙소에 있는데 신 주임이 마필관리사를 부른다.

"형. 빨리 오세요."

"부장님 죄송합니다." 하며 마필관리사는 장 대리의 숙소로 향했다. 마필관리사는 그곳에서 식사를 하고 술을 마셨다.

나는 기분이 묘했다. 그리고 먹을 것을 찾아 이곳저곳을 뒤졌다. 싱크대 구석에서 봉투 하나를 발견했다. 나는 궁금해 꺼내보았다. 곰팡이가 잔뜩 피어있는 빵이었다. 버려야 했다. 버려야 하는 빵을 냉동실에 넣었다. 버려야 하는 걸 알면서도. 그리고 또 싱크대를 뒤졌다. 더 이상 찾을 수 없었다. 의자를 싱크대 앞에 놓고 싱크대 위를 뒤졌다. 비닐봉투가 찢겨있는 국수를 발견했다. 반가웠다. 그리고 또 싱크대 위를 뒤졌다. 3분 짜장이 있었다. 정말 신이 났다. 국수와 3분 짜장을 놓고 고민했다. 어떻게 해 먹을까? 정말 행복한 고민이었다. 짜장면을 해 먹기로 했다. 먼저 국수를 삶고 다 삶아진 국수를 프라이팬에 넣고 3분 짜장을 붓고 열을 가열하면서 비볐다. 반쯤 먹었을까 느끼하고 맛이 없었다.

마필관리사 숙소에는 최순실이 사놓은 냉장고와 마필관리사에 원래 있었던 냉장고 이렇게 두 대가 있었다. 원래 있었던 냉장고를 열어봤다. 냉장고는 고장이 났는지 가동이 안 되고 있었다. 그리고 곰팡이 냄새와 썩은 냄새가 너무 역겨웠다. 플라스틱 통이 몇 개가 보였다. 하나는 마늘장아찌 또 하나는 마늘종 장아찌가 그리고 나머지 통은 다 먹고 설거지를 해야 하는 아니 곰팡이가 가득한 통들이다. 마늘장아찌는 기름이 둥둥 떠 있고 고춧가루와 곰팡이가 피어 있었다. 버려야하지만 버리기에는 반찬으로 먹을 것이 없었다. 싱크대로 가져가 물을 틀고 흐르는 물에 씻어내고 건조를 시키고 통은 깨끗이 씻었다. 다 건조된 마늘을 통에 넣고 간장과 식초를 넣어 놨다. 그리고 냉장고에 넣어 두었다. 그리고 마늘종 장아찌도 다를 바 없었다. 곰팡이가 아름답게 피어있었다. 싱크대로 가져가 물을 틀고 흐르는 물에 씻어내고 건조를 시켰다. 그리고 통도 깨끗하게 씻었다. 건조된 마늘종 장아찌를 통에 넣고 국수 옆에 갔다 놨다. 하나를 집어 맛을 봤다. 아 이렇게 맛있을 수가 없었다. 국수 두 입에 마늘종 장아찌 하나 내가 독일에 와서 가장 행복한 순간이었다. 행복한 순간도 잠시 부엌 창문으로 보이는 야외 승마장은 오늘 따라 더 적막하고 외롭게 보인다. 아니 무섭게 보인다.

장 대리와 마필관리사 그리고 신 주임은 2015년 10월 8일 프랑스 비아르스 승마대회를 준비하고 있었다. 출장 중이던 박 원장에게서 연락이 왔다.

"노 부장."

"네 원장님."

"잘 지내지?"

"네 잘 지내고 있습니다."

"먹을 건 있고?"

"장 대리에게 부식이 떨어졌다고 했는데 무소식이네요."

"언제?"

"며칠 됐습니다."

"또 필요한 건 없고?"

"숙소에 보일러가 없어서 전기난로 부탁했습니다."

"내가 장 대리에게 전화해 볼게."

"네 원장님. 출장 잘 다녀오세요."

비블리스 예거호프 승마장 마필관리사 숙소는 이렇다 할 난방 장치가 없었다. 낮에 해가 뜨지만 실내마장 바로 옆에 붙어 있어 9월 중순부터 낮에는 항상 그늘이 져 있어 나는 한국에서 갖고 온 겨울파카를 입고 하루하루를 생활하고 잠을 잤다. 벽난로가 있었지만 무용지물이었다. 장 대리에게 전기난로를 사달라고 말하며 장작을 부탁했다. 부식도 안 사주는데 전기난로와 장작을 사달라고 부탁하는 내 모습이 장 대리에게 어떻게 보였을까?

박 원장과 통화가 끝나고 며칠 후 장 대리가 마필관리사 숙소에 찾아왔다.

"죄송합니다. 부장님."

"어 뭐야?"

"장 대리는 쌀 10kg 한 포대와 김치 그리고 라면 한 박스를 사가지고 왔다."

"고맙다. 장 대리. 그런데 전기난로는?"

"그건 아직 말씀 못 드렸습니다."

"그래 고맙다."

장 대리는 더 말하고 싶었지만 최순실의 지시를 받아서 그런지 더 이상 말을 하지 않고 마필관리사 숙소를 나갔다.

　쌀을 씻어 밥을 하고 라면도 하나 끓였다. 라면을 한 젓가락 들어 올리며 눈물을 흘렸다. 깎지도 못 한 긴 머리카락 덥수룩하게 난 수염 그리고 10월에 겨울파카를 입고 있는 내 모습이 처량했다. 몇 번씩 눈물을 훔치며 나는 이렇게 저녁을 먹었다. 저녁 식사를 끝내고 침대로 향했다. 부엌보다 추운 한기에 다시 부엌으로 나왔다. 라면을 끓이느라 온기가 남아있었다. 전기오븐을 켜봤다. 작동이 된다. 전기오븐 뚜껑을 열어보았다. 그래도 작동이 된다. 뜨거운 열기가 나온다. 야 이거야. 바로 이거야. 이제 혼자 있을 때 춥게 있지 않아도 된다. 야호. 하지만 문제는 화재위험과 마필관리사 그리고 병에 걸릴 것 같았다. "만약 화재가 난다면 나는 어떻게 될까? 마필관리사가 이걸 보면 최순실에게 뭐라고 할까? 전기오븐인데 병에 걸리지 않을까?"란 고민을 하며 뭐 화재가 나면 나는 거고, 최순실 귀에 들어가면 들어가는 거고, 병에 걸리면 걸리는 거지. 인생 뭐 있어. 나는 전기오븐을 켜고 뚜껑을 열어 놓고 추웠던 몸을 온기에 맡겼다. 한참 후 발걸음 소리가 들린다. 나는 전기오븐을 끄고 부엌에 앉아 있었다. 마필관리사가 들어왔다. 그리고 아무 말 없이 마필관리사는 방으로 들어갔다. 전기오븐을 보니 뚜껑이 열려 있었다. '못 봤겠지.'라고 생각하며 침대로 향했다.

　장 대리가 사다 준 쌀과 김치 그리고 라면은 오래가지 못했다. 장 대리, 신 주임, 신 주임의 친구 김 주임, 마필관리사 이제는 그들의 간식이 되었다.

정유라, 신 주임, 장 대리, 마필관리사는 정유라의 2015년 10월 8일 프랑스 비아르스에서 개최되는 승마대회 출전을 위해 프랑스로 출발했고 나는 산책을 나가기로 했다. 산책을 하며 넓은 숲이 우거진 길을 따라 걸었다. '이 아름다운 숲을'이라고 생각하며 감탄을 해야 하는데 나는 땔감을 찾고 있었다. 땔감이 있었다. 하지만 이 땔감을 가져가도 되는지 혹시 이 숲의 주인이 있는지 땔감을 가져가려다 경찰서 가는 건 아닌지 고민을 했다. 그리고 몇 개의 경고를 하는 문구가 보인다. 진드기 조심, 야생동물 조심, 폭발 조심 그리고 결정적으로 톱이 없었다.

숲을 지나 드넓은 밭이 보였다. 밭을 따라 걸어 가다보니 감자가 하나 둘, 어 이게 뭐지. 감자를 주머니에 넣고 또 넣고 두 손에 들고 마필관리사 숙소로 향했다. 야, 굶어 죽으라는 법은 없구나. 냄비에 물을 넣고 된장을 풀고 고추장을 약간 넣어 감자를 썰어 넣고 된장지개를 끓이며 조금 남아있는 쌀을 씻어 밥통에 밥을 하고 식사할 준비를 했다. 남은 국수를 삶아 간장에 찍어 먹고 반찬이 없어 씻어 놓은 마늘종 장아찌를 꺼내 먹고 밥에 물과 간장을 넣고 말아 먹었다. 물과 간장을 넣어 말아 먹는 것은 곤욕이었다. 이제 헛구역질이 난다. 이렇게 난 최순실의 괴롭힘에서 버틸 수 있었다.

오늘도 어김없이 밤이 찾아왔다. 전기오븐을 틀고 적막한 비블리스 예거호프 승마장 마필관리사 숙소에서 혼자 지내는 첫

날이다. 이런 저런 생각을 하며 노래도 불러보며 나는 주위를
살폈다. 누군가 나를 죽이러 마필관리사 숙소로 온다면 나는 속
수무책으로 당할 것이다. 배가 고프고 추운 것보다 '누군가가
나를 죽이러 이곳에 오지 않을까?'라는 생각이 가득했다.

비블리스 예거호프 승마장 다른 건물에는 외국인 주민이 살
고 있었다. 바로 그 주민 중에서 정유라의 큰개와 작은개의 싸
움을 보고 동물보호청에 신고를 한 것이다. 그런데 며칠 후 외
국인 주민 중 여자 한명이 정유라의 숙소 옆 나무에 목을 매고
자살을 했다.

나는 침대로 향해 침대 밑에 있는 서류를 꺼냈다. 그리고 밖
으로 나가 철로 만들어진 쓰레기통에 불을 피우고 서류를 소각
하기 시작했다. 비블리스 예거호프 승마장 전체가 조용했고 칠
흑같이 어두웠다. 오직 밝은 곳은 마필관리사 숙소였다. 서류는
활활 타다 못 해 승마장에 불을 낼 것 같았다. 울창한 숲을 넘어
도로에서 아앙아앙 소리가 들린다. 누가 신고했나? 물을 가져
와 끄고 싶었다. 하지만 타다만 서류는 어떻게 할 수가 없어 빨
리 타기를 기다렸다. 드디어 서류가 다 탔다. 쓰레기통 서류가
다 타고 남은 재가 문제였다. 나는 화장실 변기에 버리기로 했
다. 쓰레기통을 무심코 잡은 순간 앗 뜨거 내가 서류를 소각한
쓰레기통이 철로 만들어 졌다는 것을 너무 긴장한 탓에 깜빡했
다. 손가락에 작은 화상을 입었지만 나는 무사히 서류가 다 타
고 남은 재를 화장실 변기에 버릴 수 있었다. 나는 부엌으로 향
해 잠시 눈을 감고 떨리는 가슴을 가라앉혔다. 나는 이날부터

마필관리사 숙소에서 혼자 잠을 잘 때 항상 문을 잠그고 문을 소파와 책상으로 막고 전기오븐과 모든 불을 켜고 베개 밑에 부 엌칼을 확인하고 잠을 잤다.

　며칠이 지나 정유라와 신 주임 장대리 마필관리사가 돌아왔다. 물건을 하나 둘 내리고 분주해 보였다. 나는 빨래를 하러 세탁기로 향했다. 나뒹구는 과자와 커피, 라면, 쌀, 김, 국수 등 없는 것이 없었다. 반면 나는 아무 것도 없었다. 아껴먹은 쌀도 이제 다 떨어져 간다. 웃음이 나왔다.

　장 대리와 마필관리사는 정유라의 2015년 10월 23일 프랑스 르몽에서 개최되는 승마시합 출전을 위해 준비를 하고 있었다. 나는 장 대리에게 부식을 사달라고 부탁하기 위해 장 대리의 숙소로 갔다. '장 대리' 하고 방문을 여는 순간 아이를 안고 있는 아주머니와 눈이 마주쳤다. 아주머니는 조카가 놀러 왔다고 하며, 정유라의 숙소의 보일러 수리 때문에 이곳에 있는 것이라고 했다. 나는 '네' 하고 장 대리 숙소에서 나왔다. 정유라의 아들이었다. 비블리스 예거호프 승마장에서 생활하며 나는 처음 그 아이와 눈을 마주쳤다. 아빠와 똑같이 생겼다. 장 대리를 만나지 못한 나는 다시 마필관리사 사무실로 발걸음을 옮겨 샤워를 했다. 몸이 간지러웠다. 몸에 좁쌀만 한 작은 것들이 붉게 나 있었다. 두드러기다. 나는 약국에 갈 돈도 없고, 한국에서 가져온 거라곤 피부연고와 감기약이 전부였다. 독일에 오기 전 동네 병원에 들려 감기약을 지어왔다. 감기약에는 항생제 성분이 있을 거라고 생각했다. 나는 피부연고를 바르고 감기약을 먹기 시작했다. 며칠이 지나 조금은 가라앉았지만 효과는 없었다. 매일 끼니를 걱정해야 했던 나로서는 어쩔 수 없는 선택의 결과라고 생각했다. 잠시 후 마필관리사가 전기난로를 들고 들어왔다. 아 진짜 왕따를 시키는 것도 부족해서 이제 약을 올리기까지 했다.

며칠 후 정유라, 신 주임, 장 대리, 마필관리사는 정유라의 2015년 10월 23일 프랑스 르몽에서 개최되는 승마대회 출전을 위해 프랑스로 출발했고 나는 또 혼자가 되었다. 지난번과 같이 나는 또 산책을 하며 감자 밭으로 향했다. 그 사이 감자밭은 깨끗해졌다. 감자는 더 이상 없었다. 그때 좀 더 챙겨 놓을 걸 하는 아쉬움이 밀려왔다.

이번에는 더 멀리 산책을 가기로 했다. 오다가다 본 사과나무가 생각이 났기 때문이다. 그곳은 여러 그루의 사과나무가 있는 작은 과수원과 같았다. 예전에 사과 두 개를 따서 박 원장에게 가져다 준 기억이 있는 곳이다. 그런데 사과가 아직도 있었다. 하지만 팔을 펴도 딸 수가 없었다. 풀숲에 떨어져있는 사과를 발견했다. 웃음이 나왔다. 그중 그래도 괜찮은 사과 한 개를 집어 들어 한입 깨물었다. 설탕과 같이 달고 맛있었다. 한입 더 깨물었다. 저 멀리에서 개가 소리를 친다. 느낌상 '너 빨리 안 나와 동물이 먹을 걸 네가 왜 먹어?' 창피했다. 나는 중얼거리며 '왜 먹긴 왜 먹냐? 배가 고프니깐 먹지. 야, 나도 동물이다.' 작은 과수원에서 쫓겨나 산책을 계속했다. 왜 일까?

내가 항상 자동차를 주차했던 그곳에서 신기한 걸 발견했다. 호두였다. 키가 엄청 큰 호두나무였다. 나는 땅에 떨어진 호두를 찾아 바닥을 두리번두리번 거렸다. 호두를 20개 정도 주웠다. 땅에 떨어진 사과를 주워 먹고, 땅에 떨어진 호두를 주워 먹고, 그래 난 땅거지다. 호두를 주머니에 넣고 마필관리사 숙소에 도착했다. 어제 먹었던 빵 두 개를 냉장고에서 꺼냈다. 그래 맞다. 곰팡이가 가득 피어있던 그 빵이다. 냉동실에 넣어놨더니 곰팡이는 볼만했다. 칼로 곰팡이를 긁어내고 흐르는 물에 씻고 전기오븐에 구우면 다시 빵이 된다. 빵을 먹고 있는데 누군가 노크를 한다. 나는 놀랐다. 노크 할 사람이 이곳에 없었다.

"누구세요?"

"노 부장님."

아주머니에 목소리였다.

"네. 안녕하세요."

"노 부장님 먹을 것 없죠?"

"네, 그걸?"

"이거 몰래 감추고 먹어요. 얘들은 사놓고 먹지도 않고 다 버려요."

"감사합니다. 잘 먹겠습니다. 혹시 죄송하지만 라면 좀 부탁드려도 될까요?"

"잠시만요. 신 주임 친구 눈치 보느라."

아주머니가 주신 것은 돼지고기와 김치였다. 그리고 잠시 후

"노 부장님."

"네."

"이거 꼭 잘 숨겨 놓고 먹어야 해요. 회장님 아시면 난리 나요."

"네. 감사합니다."

아주머니에게 미안했다. 그리고 감사했다.

라면 다섯 봉지는 책상 서랍에 숨겨놓고 돼지고기를 약간 냄비에 덜어내어 고추장과 약간의 된장을 넣어 조몰락조몰락 그리고 김치를 넣었다. 제육볶음이 만들어 졌다. 빵과 제육볶음 맛이 기가 막혔다.

나는 또 혼자가 됐다. 지난번처럼 문을 잠그고 문을 소파와 책상으로 막아놓고 베개 밑에 부엌칼을 확인하고 마필관리사 숙소에 불과 전기오븐을 켜놓고 잠을 자고 있었다. 끼익하며 책상이 밀리는 소리가 들렸다. 나는 베개 밑에 부엌칼을 들고 '누구야!' 소리치며 부엌으로 뛰쳐나갔다. 후다닥하는 도망가는 소리. 나는 책상과 소파를 치우고 문을 열었다. 보이지도 않는 캄캄한 비블리스 예거호프 승마장에 어디로 갔는지 확인할 수 없었다. 다시 문을 닫고 책상과 소파를 원래의 위치에 놓고 소파에 앉아 기다렸다. 느낌이 싸늘했다. 문을 열었다. 박 원장, 장 대리, 신 주임 그리고 나 이렇게 마스터키를 가지고 있었다. 느낌이 싸늘했던 건 창문 쪽이었다. 부엌창문과 내가 자는 곳의 창문 그리고 마필관리사의 창문은 벽의 3분의 2로 크고 얇은 유리로 되어있었다. 누군가 창문으로 들어올 가능성은 컸다. 나는 내가 쓰는 책상으로 자리를 옮겼다. 의자에 앉아 뜬눈으로 밤을 새웠다. 위협에 대비하기 위해 한 손엔 부엌칼이 쥐어져 있었다. 독일에서 내가 아무리 정당방위라고 주장을 해도 독일어도 못 하고, 영어도 못 하는데 내가 취할 수 있는 최선의 방법이 없었다.

노동자내 정조준

안전한 이별

며칠 후 정유라와 신 주임, 장 대리, 마필관리사가 돌아왔다. 느낌이 이상했다. 뭔가를 준비한 듯한 느낌인데 다음 시합 2015년 11월 3일 벨기에 리어에서 개최하는 승마대회를 준비하는 모습은 아니었다.

2015년 10월 28일 마필관리사 숙소에서 침대에 누워있는 내게 장 대리가 찾아왔다.

"부장님."

"응?"

장 대리가 문을 열었다.

"부장님 제가 도와 드리지 못해 죄송합니다."

"아니야 괜찮아."

"부장님. 제가 도와 드릴 수는 없고 아무도 믿지 마세요. 아무도 믿지 마세요. 제가 해 드릴 수 있는 건 이 말 뿐입니다. 아무도 절대 믿으면 안 됩니다."

"장 대리!"

하고 불렀지만 장 대리는 가고 말았다.

왜 나에게 아무도 믿지 말라는 거지? 왜일까? 침대에 누워 멍하니 천장만 뚫어져라 쳐다보며 한참을 생각했지만 그 생각이 그 생각이었다. 고작 아무도 믿지 말라는 그 얘기를 나에게 해주기 위해 왔단 말인가. 아무도 믿지 말라는 말은 어느 누구도 믿지 말라는 뜻인데 장 대리가 알고 있는 아무도는….

며칠 전 박 원장이 지금 그쪽 사정은 어떠냐고 문자를 보냈다. 그래서 나는 「아직 변한 건 없습니다. 다음 시합도 참가하는지 물어봤더니 모르겠다고 합니다. 박 감독님께서는 언제 독일에 오시나요? 장 대리가 며칠 전 마장 계약서를 찾았습니다.」라고 답장을 보냈다.

「박 감독도 여기 명령이 안 나서 곧 갈 거예요. 연락을 못해 보았어요.」

「코어는 손을 뗐다는데 아직도 관리하는 건가요? 승마장도 넘긴 것 같던데 일절 관리자가 다른 회사로 넘어간 것으로 압니다.」라고 내게 다시 문자가 왔다. 나는 박 원장에게

「어제 윤 대표가 다녀갔습니다. 코어도 손 떼고 승마장도 넘겼으면 그럼 저는 어떻게 할까요?」라고 답장을 보냈다.

이런저런 생각을 하다 잠이 들었다. 잠들기 어려운 밤이었다.

2015년 10월 29일. 아직 자고 있는 나를 깨우는 장 대리의 목소리가 들린다.

"부장님! 부장님!"

"응. 장 대리."

"부장님 혹시 컴퓨터에 중요한 자료 있으세요?"

"아니 없어. 왜?"

"저희 지금 이사 가는데요."

"그럼 나도 짐을 싸야겠네."

"아니요 저희만 갑니다."

"장 대리. 그럼 나는?"

"그건 잘 모르겠습니다."

부엌에 나가보니 벌써 짐을 다 가져갔고 최순실이 산 냉장고를 옮기고 있었다. 다들 짐을 싸고 이사 준비를 마쳤는데 나만 모르고 있었던 것이다. 나에게 밥만 안 준 게 아니라 이사 가는 순간까지도 짐 쌀 기회마저 주지 않았던 것이다. 나는 한국에 계신 박 원장에게 전화를 했다.

"원장님 노 부장입니다."

"응. 그래 잘 있고?"

"원장님. 지금 이사 간다는 데요."

"어디로?"

"잘 모르겠습니다."

"잠시만 내가 윤 대표하고 통화를 해볼게."

"네 알겠습니다."

잠시 후 박 원장에게서 전화가 왔다.

"네 원장님."

"윤 대표하고 통화를 했는데 정확하게 말을 안 하고 오늘 이사를 간다네."

"그럼 저는 어떻게 하죠?"

"내가 일주일 있다가 갈 거니깐 승마장에서 기다리고 있어."

"원장님 있으려고 해도 먹을 게 없습니다."

"하나도 없어?"

"부식 끊긴지 오래 됐습니다."

"그럼 내가 윤 대표에게 부식을 사주고 가라고 할께."

"네 알겠습니다."

그리고 잠시 후 마필관리사가 라면 다섯 봉지를 들고 왔다. 박 원장이 윤 대표에게 부탁해서 갖고 온 것이다. 최순실과 정유라가 나에게 주는 마지막 자비 또는 호의가 아니었다.

나는 마필관리사에게 말을 건넸다.

"너는 어떻게 하냐?"

"저도 짐 싸라는 데요."

"그래. 그럼 나는 어떻게 하냐?"

"그건 저도 잘 모르겠습니다."

"그럼 나 한국에 갈 건데 프랑크푸르트공항으로 갈 차비가 없어서 300 유로만 빌려줘라 한국에 도착하면 계좌로 붙여줄게."

"저도 돈이 없어서 죄송합니다."

"그럼 장 대리한테 300 유로만 빌려 달라고 부탁 좀 해 줄래."

"잠시만 기다려 주세요. 장 대리에게 전하겠습니다."

잠시 후 마필관리사가 왔다.

"얘들도 없다는 데요."

장 대리는 없다고 표현하지 않고 얘들도 없다고 했다. 이 말
은 정유라를 포함해 장 대리까지 없다는 것이다. 정유라가 없다
는 것이 말이 안 된다. 그냥 주기 싫다는 말이다. 그럼에도 불구
하고 나는 장 대리에게 문자를 보냈다. 자존심이 많이 상했지만
참아야 했다.

「장 대리. 형 좀 보고 가」

장 대리가 마필관리사 숙소로 왔다.

"장 대리. 내가 지금 한국으로 갈 건데 프랑크푸르트공항으로
갈 차비가 없어서 그러는데 300 유로만 빌려줘라. 한국에 도착
하면 계좌로 붙여줄게."

"부장님 죄송합니다. 저도 따로 유로를 갖고 있지 않고 회장
님 돈이라."

"그래 알았어. 우리 나중에 한국에서 보자."

마필관리사가 다시 왔다. 나는 다시 마필관리사에게 말을 건
넸다.

"형. 프랑크푸르트공항까지 좀 태워줘라."

"지금 이삿짐을 싸고 있어서⋯.」

"부탁한다. 오늘 한국으로 돌아갈 거야. 마지막으로 부탁할
게."

"짐은 다 싸셨어요?"

"어. 부탁한다."

"그럼 짐을 어떻게 하죠? 지금 애들이 보고 있는데."

"자동차를 저 문쪽으로 가지고 와. 내가 짐을 그쪽으로 옮겨 놓을게."

"그럼 지금 자동차를 갖고 이동할게요."

"그 순간 신 주임이 마필관리사 숙소로 들어왔다. 형 폭스바 겐 골프 자동차 열쇠 가지고 있죠?"하며 마필관리사에게서 자 동차 열쇠를 빼앗아 갔다.

　나는 하는 수 없이 독일인 마필관리사에게 부탁을 했다. 독일 인 마필관리사는 미안하다고 하며 이삿짐을 옮겼다.

　야외 승마장 스탠드로 이동해 스탠드에 앉아 지인에게 전화 를 걸었다. 상황을 설명하고 도움을 청했다. 지인은 근무를 끝 마치고 비블리스 예거호프 승마장으로 나를 데리러 오겠다고 했다. 다행이었다. 부식도 없이 더 이상 버틸 수도 없는 상황이 었다. 그리고 아직 최순실에게 월급도 못 받은 상태였다. 스탠 드에 앉아 마필관리사 숙소를 보고 있었다. 정유라와 신 주임, 마필관리사가 사무실로 들어갔다. 그리고 정유라가 손에 뭔가 를 들고 나온다. 기가 막혔다. 마늘장아찌는 기름이 둥둥 떠 있 고 고춧가루와 곰팡이가 피어 있어서 버려야하지만 버리기에는 반찬으로 먹을 것이 없어 싱크대에서 물에 씻어내고 다 건조된 마늘을 통에 넣고 간장과 식초를 넣어 놨던 그 마늘장아찌. 정 유라는 최순실보다 더 사악해 보였다. 나는 스탠드에서 일어나 다시 마필관리사 숙소로 이동했다. 그리고 마필관리사 숙소에 왔다 갔다 하는 정유라, 신 주임, 신 주임의 친구 그리고 마필관리사에게 건강하게 잘 있어라. 우리 또 보자고 인사를 했다. 마필관리사는 나에게 물어본다.

"부장님은요?"

"나? 프랑크푸르트공항에 갈 택시비가 없어서 여기에서 있어야지."라고 대답을 하고 소파에 앉아 있었다. 핸드폰을 보니 와이파이가 연결이 안 된다. 윤 대표가 이미 와이파이도 다 차단해 놓았다. 웃음이 나왔다.

뒤셀도르프에 거주하는 지인에게서 지금 출발하는데 3시간 30분 후에 도착한다고 연락이 왔다. 나는 마이크로 SD 메모리 카드를 종이에 싸 신발 밑창에 넣어 놨다. USB 메모리와 외장형 하드는 손가방에 넣었다. 기다리는 3시간 30분 동안 최순실의 지시에 내가 가지고 있는 짐을 뒤지고 자료와 증거를 모아둔 마이크로 SD 메모리 카드와 USB 메모리와 외장형 하드를 빼앗길까 두려웠다. 그래서 나는 USB 메모리와 외장형 하드를 빼앗기더라도 신발 밑창에 넣어둔 마이크로 SD 메모리 카드만은 꼭 가지고 나가야 한다는 생각에 지인을 기다리는 이 시간이 독일에 도착해 생활하며 가장 길고 긴장되는 시간이었다. 마필관리사와 신 주임의 친구가 없는 틈을 타 짐 두 개를 비블리스 예거호프 승마장 정문에 숨겨 두었다.

마필관리사와 신 주임의 친구는 아직 정리할게 남아 있어 저녁까지 있었다. 그리고 그들은 점심에 라면 두 봉지, 저녁에 라면 세 봉지, 박 원장이 윤 대표에게 연락해 내게 부식을 사주고 가라고 해서 받은 라면 다섯 봉지 그 라면을 다처먹었다. 최순실이 시킨 건지 정유라가 시킨 건지 두 모녀가 아주 대단했다.

지인으로부터 곧 도착한다고 연락이 왔다. 나도 이제 비블리스 예거호프 승마장을 떠날 시간이 되었다. 의식주 뭐 하나 제대로 된 거 없는 곳이었지만 살다보니 그런대로 정도 들었다.

나는 마지막 남은 짐을 끌며 짧게 인사를 했다.

"간다. 건강해라."

마필관리사 숙소에서 비블리스 예거호프 승마장 정문은 이날따라 끝도 없이 멀어보였다. 도착했다는 지인이 보이지 않았다. 나는 짐을 숨겨두었던 장소에서 내 몸도 숨겼다. 저 멀리서 자동차 불빛이 보이기 시작했다. 하지만 지인이 아닐 수 있다는 생각에 긴장은 더해갔다. 자동차가 정문에 멈춰 섰다. 그리고 지인의 모습이 보였다. 자동차에 짐을 싣고 나는 조수석에 앉았다. 2015년 10월 29일 저녁 8시쯤 비블리스 예거호프 승마장에서 뒤셀도르프로 향했다.

뒤셀도르프에서 마음을 달래며

2015년 10월 29일 비블리스 예거호프 승마장에서 출발해 프랑크푸르트로 가기 위해 지겹게 지나다녔던 길. 달리는 자동차 안에서 최순실이 나에게 소리 지르며 했던 말들 중 "노 부장, 머리는 뭐 하러 들고 다녀. 무거운데."가 떠오른다.

"내 머리가 무거운지 안 무거운지는 먼 훗날 알려줄게 최순실."

아우토반에 진입해 1시간을 달렸다. 긴장이 풀리면서 배가 고프다는 것이 느껴진다. 지인이 휴게소에 자동차를 멈춰 세웠다. 휴게소에 들어가니 맛있는 음식향기에 춤을 추고 싶었다. 이것저것 접시에 담고 테이블에 앉았다. 그리고 허겁지겁 아무 말 없이 음식을 먹는 내 모습이 처량해 보였는지 쳐다보는 지인의 눈에서 금방이라도 눈물이 흘러내릴 것 같았다. 나는 나를 쳐다보는 지인에게 "이것 좀 드실래요?"라고 물어봤다. 지인과 다시 뒤셀도르프로 가는 아우토반을 달렸다. 긴장이 풀리고 배가 부르니 이제 잠이 오기 시작했다. 하지만 꾹꾹 참았다. 옆에서 운전을 하는 지인은 잠이 오는지 계속 하품을 한다. 불안했다. 어떻게 빠져나온 목숨인데. 뒤셀도르프 표지판이 보이고 10분 후 지인의 집에 도착했다. 지인은 나와 함께 짐을 옮기고 내게 방 하나를 내주며 이곳에서 지내라고 했다.

나는 짐을 정리할 힘도 없어 간단히 씻고 피부병 약이 없어 오늘도 감기약을 먹고 골아 떨어져 바로 잠을 잤다. 정신없이 자고 있는 나에게 지인은 출근을 한다며 50 유로를 주며 배가 고프면 알아서 먹으라고 했다. 정신없이 자고 일어나 베란다로 향했다. 뒤셀도르프의 풍경은 비블리스와는 또 다른 풍경이었다. 자동차와 트램(tram)이 지나다니고 길 건너에는 마트가 두 군데나 있었다. 나는 먼저 허기를 달래기 시작했다. 밥통 뚜껑을 열었다. 그러나 밥통에 밥이 없었다. 이건 또 뭐지? 아니 그럼 출근 할 때 쌀이 있는 위치를 말해주고 가야지. 혼자 중얼 거리며 쌀을 찾기 시작했다. 쌀이 보였다. 이렇게 반가울 수가 없었다. 쌀을 씻고 밥을 하고 냉장고를 열어 보니 환상적이었다. 하지만 눈치를 볼 수밖에 없는 처지였다. 밥을 조금 뜨고 반찬 하나를 꺼내고 그리고 밥을 조금 뜨고 반찬 하나를 꺼내고를 반복하다 보니 이제 배가 부른 게 아니라 밥통에 밥이 다 내 뱃속으로 들어갔고 환상적이었던 냉장고 문을 열어보니 지인의 얼굴이 아른거렸다. 나는 미안한 마음에 쌀을 씻어 밥을 해 놓고 빈 반찬통을 정성을 가득 담아 깨끗이 설거지를 해 놓고 샤워를 했다. 오늘은 뭐하지. 카메라가 든 가방을 등에 메고 지인이 출근

하며 주고 간 50 유로를 지갑에 넣고 뒤셀도르프를 걸어 다니기 시작했다. 지나가는 사람들 마주 오는 사람들을 보며 갇혀 지냈던 비블리스 예거호프 승마장에서의 외로움을 달래고 있었다. 지인의 집으로 돌아와 방바닥에 누워 눈을 감았다. 최순실에게 밀린 월급을 어떻게 받아야 할지를 고민했다.

나는 지인의 집에서 반복되는 생활을 하며 비블리스 예거호프 승마장에서 알아보았던 취직자리를 알아보았다. 주로 한국인이 운영하는 음식점이었다. 한국에서 매달 통장에서 빠져나가는 대출금을 해결해야했다. 어느 날 박 원장에게서 연락이 왔다.

"여보세요."

"노 부장."

"네 원장님 안녕하세요."

"아니 여기에서 기다리라고 했는데 어디로 갔어?"

"지인의 도움으로 간신히 지인의 집으로 왔습니다."

"어디인데?"

"뒤셀도르프에 있습니다."

"여기에 와 보니 아무것도 없네."

"네 다 이사 갔습니다."

"내가 그쪽으로 갈 거니깐 나 좀 보자고."

"뒤셀도르프로요?"

"어. 오늘 갈게."

"비블리스에서 꽤 먼 거리인데요?"

"나한테 문자로 주소를 보내줘."

"네 알겠습니다."

지인이 퇴근 후 집으로 돌아왔다.

"오늘 저녁식사는 밖에서 먹어요."

뒤셀도르프에 있는 지인의 가족들이 나에게 식사를 대접하겠다고 해 만들어진 자리였다. 나는 지인에게 식당의 주소를 알 수 있냐고 물어보았다. 잠시 후 식당의 주소를 받아 박 원장에게 문자로 보내고 나는 박 원장이 이 먼 곳까지 왜 찾아오려 하는지 생각했다. 몇 시간 후 식당으로 이동을 했다. 라인강이 보였고 위로 놓여있는 다리를 건넜다. 식당에 도착해 테이블 자리에 앉아 지인의 가족과 인사를 나누고 음식을 주문하려는 순간 박 원장에게 전화가 걸려왔다.

"노 부장."

"네 원장님 도착하셨어요?"

"응 도착했어."

"네 지금 나가겠습니다."

나는 지인의 가족에게 양해를 구하고 자리에서 일어나 박 원장이 기다리는 곳으로 발걸음을 옮겼다. 그리고 박 원장의 모습이 보였다.

"원장님 안녕하세요. 힘들게 여기까지 오셨어요?"

"힘들기는 자동차로 왔는데."

"그래도 장거리 운전인데요."

"노 부장 식사 안했지?"

"네 식사하러 가시죠."

박 원장과 나는 바로 옆에 있는 식당으로 자리를 옮겨 테이블에 앉았다. 그리고 음식을 주문했다. 그리고 박 원장이 말을 꺼냈다.

"노 부장."

"네."

"여기에서 얼마나 있을 거야?"

"독일어 배우면서 취직하려고요."

"한국은 안 가고?"

"지금 한국으로 돌아가 봤자 집도 알아볼 돈도 없고 취직자리도 알아봐야하고 복잡합니다."

"독일에서는 어디에서 지내려고?"

"당분간 취직자리 알아볼 때까지 눈치는 보이지만 지인의 집에서 있어야죠."

"월급은 받았어?"

"아니요 못 받았지요."

"그럼 어떻게 하려고?"

"회장님한테 고소장 넣으려고요."

"어떻게?"

"임금체불에 관해서 서울지방법원에 고소장 접수하고 고용노동부에 신고해야죠."

"그게 쉬울까?"

"그래도 해봐야죠. 받을 방법이 없는 데요."

"얼마를 받으려고?"

"한국에서 약속한 밀린 월급하고 또 해고하는 일 없다고 약속해서 한국에서 직장도 정리하고 왔는데 일방적인 부당해고를 당한 저로서는 한국이든 독일이든 다시 새로운 직장을 구하는 기간이 필요한 상황이라 6개월 월급을 더 받아야지요."

"그건 힘들고 내가 밀린 월급 주라고 말을 해 볼게."

"아닙니다. 원장님. 제가 알아서 하겠습니다."

"내가 최 회장한테 말해 볼게."

"네 알겠습니다."

나는 박 원장과 얘기를 하며 박 원장에게 200 유로를 빌리려고 했지만 입에서 맴돌 뿐 하지 못했다. 음식을 다 먹고 비블리스 예거호프 승마장으로 출발하는 박 원장에게 독일에서의 작별인사를 마쳤다. 다시 지인의 가족들이 식사를 하고 있는 식당으로 발걸음을 옮겼다. 지인의 가족들은 음식을 다 먹고 나를 기다리고 있었다. 미안했다. 내게 식사를 대접하고자 만들어진 자리였는데 나는 그 자리에 없었다. 지인의 가족들에게 죄송하다며 인사를 하고 지인의 집으로 돌아왔다. 뒤셀도르프 지인의 집에 머물며 취직자리를 알아보며 생각을 정리하고 있는 나에게 한국에서 어이없는 소식을 들었다.

최순실이 뒤로 넘어가는 행동을 하며 핸드폰 문자를 보여주면서 이것보라고 노 부장이 칼 들고 얘들 다 죽인다고 지금 난리치고 있다고 독일에서 문자가 왔다고 하며 정유라가 보낸 문자를 보여줬다고 한다. 문자를 확인하니 정유라가 최순실에게

「엄마 살려줘」 그러면서 문자를 보냈다고 했다.

나는 이 소식을 듣고 이제 모녀가 미쳤구나? 나는 정유라와 비블리스 예거호프 승마장에 있던 사람들이 어디로 이사를 갔는지도 모르는 상황이었다. 참 한심하고 어이없는 상황이었다. 정유라는 무슨 의도로 최순실에게 문자를 그렇게 보냈을까? 최순실은 내가 독일에 있는 게 그렇게 싫었나 보다. 아 정말 입만 열면 거짓말만하고 정말 짜증이 났다.

이뿐이 아니었다. 최순실이 윤 대표에게 전화를 걸어 노 부장 체류비자를 취소하라고 해서 윤 대표가 내 체류비자를 취소시켰다고 한다. 최순실 수준에 딱 맞는 발상이었다. 그래 최순실 너 마음대로 해라. 그렇다고 내가 죽는 것도 아니고. 끝까지 가보자. 내가 죽어도 좋다.

한국에서 약속한 월급하고 또 해고하는 일 없다고 약속해서 직장도 정리하고 왔는데 일방적인 부당해고를 당한 나로서는 한국이든 독일이든 다시 새로운 직장을 구하는 기간이 필요했다. 무엇보다 당장 돈이 필요한 나는 한국에 있는 지인들에게 전화를 걸어 돈을 빌려야 했다. 그리고 최순실에게 밀린 임금을 받을 방법은 소송밖에 없다는 생각을 하며 임금체불에 관한 소장을 준비하고 있었다. 하지만 소장을 송달하기 위해 주소가 필요했다. 독일로 출국하기 전 며칠 일했던 미승빌딩으로 보내기로 했다.

지인의 집에서 지내면서 지인은 복잡한 나의 마음을 달래준다며 지인의 가족들과 함께 독일 쾰른과 네덜란드 암스테르담을 다녀왔다. 그리고 암스테르담에서 한국으로 돌아가기로 결정했다. 지인의 집으로 돌아와 한 달 동안 생활한 짐을 정리하고 며칠 후 독일 뒤셀도르프역에서 기차를 타고 프랑크푸르트 공항 2터미널로 이동해 한국으로 돌아가는 비행기를 탔다. 허무하지도 미련이 남지도 않았다. 집과 직장은 다시 구하면 된다. 맞다 간단했다. 다시 시작하면 되는 것이다.

제3장

진실에 서다

마음을 비우고

2015년 11월 30일 한국에 도착했다. 짐이 나오길 기다리며 비행기를 타고 오면서 머릿속에 정리한 것들을 다시 생각했다. 오늘은 짐을 집에 내려놓고 독일에서 출국하기 전 한국의 지인들과 통화를 했다. 한국으로 돌아가는데 취직할 때까지 주식을 하며 독일에서 가져온 자료를 어떤 방법으로 전달할지 알아보기로 했다. 주식을 할 공간과 컴퓨터가 필요했기에 나는 지인들에게 부탁을 할 수 밖에 없었다. 짐을 갖고 공항을 빠져나와 집으로 가는 공항버스를 탔다. 집에 도착해 짐을 내려놓고 피부과를 찾아갔다. 주사를 맞고 처방전을 받아 약국에 들려 약을 받아왔다. 오랫동안 치료를 안 받아서 그런지 쉽게 낫지 않았다. 다음 날 아침 일찍 지인의 사무실에 도착해 인사를 나눴다. 지인은 컴퓨터가 설치되어 있는 빈자리의 책상을 사용하라고 했다. 책상을 정리하고 컴퓨터를 켰다. 이날부터 점심을 거르거나 라면을 먹으며 주식을 사고팔며 취직자리를 고민하고 있었다.

그러던 어느 날 박 원장에게 전화가 걸려왔다.

"네 원장님 안녕하세요."

"노 부장, 한국에 왔어?"

"네 11월 30일 한국에 도착했습니다."

"건강은 괜찮고?"

"네 건강합니다."

"잘 왔어. 월급은 받았어?"

"아니요. 아직 못 받았습니다."

"내일 시간 있어?"

"네 시간 있습니다."

"그럼 내일 올림픽공원 커피숍에서 만나."

"네 알겠습니다."

다음날 박 원장을 만나기 위해 버스를 타고 올림픽공원으로 갔다. 그리고 커피숍에서 박 원장을 만날 수 있었다.

"안녕하세요. 원장님."

"그래 어서와."

"언제 한국에 오셨어요?"

"나는 그때 노 부장 보고 박 감독하고 잠시 있다가 같이 한국으로 왔어. 코어스포츠 다 정리했다고 하더라고."

"아 그래요?"

"최 회장한테 전화를 했는데 전화를 안 받더라고 몇 번을 해도 안 받아. 그래서 최 회장한테 이메일 보내났어. 코어스포츠 지분하고 주기로 한 것 정리해 달라고. 그리고 노 부장 월급 정산해 달라고 했으니 기다려 보자고."

"네 감사합니다. 원장님께서 제 월급까지 말씀해 주시고."

"아니 사람을 일을 시켰으면 줘야지 돈도 많이 벌었잖아. 사람이 그렇게 살면 안 되는 거야. 아주 고약한 년이야."

박 원장에게서 최순실을 이렇게 고약한 년이라고 표현하는 것을 처음 들었다. 아무리 실망시키는 일이 있어도 박 원장은 회장님이라고 했다. 이번 일로 생긴 실망이 참고 넘기기에는 너무 컸던 거 같다.

"독일에서 밥은 잘 먹었고?"

"아니요. 원장님이 장 대리한테 부식 사주라고해서 그때 쌀하고 라면, 김치를 사줬는데 걔네들이 다 먹었어요. 그리고 원장님이 기다리라고 하시며 윤 대표에게 부식 사주고 가라고 했잖아요. 라면 다섯 봉지 놓고 갔는데 그것도 걔네들이 그날로 다 먹었어요."

"아주 고약하고 숭악한 년이야. 그 년이."

이번에는 고약한 년에서 한발 더 나아갔다. 고약한 년에 숭악한 년이 하나 더 보태졌다. 내가 하고 싶은 욕을 박 원장이 해준 것만 같았다. 박 원장의 욕을 들으면서 나는 박 원장에게 묘한 일체감을 느끼게 되었다.

"어떻게 하겠어요. 제가 결정을 해서 독일로 간 건데요. 좋은 날이 오겠죠."

"그래 그럼 내가 손님이 오셔서… 최 회장한테 연락이 오면 전화해 줄게.”

“네 감사합니다. 원장님.”

그래도 박 원장의 표현은 고약하고 숭악한 년에서 회장으로
복귀했다. 박 원장과 헤어지고 나는 다시 버스를 타고 사무실로
돌아왔다. 참 고마운 분이었다. 독일 비블리스 예거호프 마장에
서 고생하며 생활하는 나에게 늘 진심으로 걱정하고 위로의 말
씀을 많이 해주신 분이다.

그리고 박 원장을 만나고 난 며칠 후 엘루이호텔에서 최순실
과 만나기로 했다. 나는 엘루이호텔을 향해 택시를 타고 이동했
다. 최순실은 보이지 않았고 나는 커피숍에서 기다리기로 했다.
드디어 최순실의 모습이 보였다. 나는 자리에서 일어나 인사를
했다.

“안녕하세요. 건강하셨어요?”

“노 부장. 자리를 저쪽으로 옮기자고.”

“네.”

“노 부장.”

“네.”

“남자가 서로 대화를 하면서 말로 해야지 그렇게 협박하면 안
돼.”

“저 협박 한 적 없는데요.”

“아니 나 무서운 사람이야. 그러다 노 부장 죽어.”

“전 협박을 한 적이 없습니다.”

“나는 독일에서도 말했지만 노 부장은 다른 사람과 다르다고

생각 했어. 협박을 하면 안 되잖아."

"저는 독일에서 회장님과 마지막 통화한 후 오늘 처음 만났습니다. 저는 협박한 적이 없습니다."

"이거 받고 독일에서 있었던 일 다 잊고 다신 그러지마. 그리고 독일 법인 다 정리해서 아이들도 다시 한국으로 들어올 거야. 그리고 사람이 살다보면 좋은 기회도 다시 올 수 있고 독일 일은 다 잊어주고."

최순실은 자리에서 일어났다. 나는 밀린 월급과 6개월 월급을 더 달라고 이 자리에 나왔다. 하지만 싸우기 싫어 봉투에 얼마가 있는지 확인도 하지 않았다. 그리고 자리에서 일어나 최순실에게 인사를 하고 다시 사무실로 이동을 했다.

어느 날 류 부장과 만날 수 있었다. 반가웠다. 류 부장은 독일에 있는 나에게 포니의 가격을 물어봤었다. 당시 독일에서 포니의 가격은 800 유로 선이었다. 류 부장은 나에게 포니를 사서 보내 줄 수 있냐고 물어봤다. 나는 보내는 건 문제가 없는데 운송비가 몇 천 만원인데 감당이 되겠냐고 했었다. 그러는 류 부장에게 나는 "야 너 스포츠 마케팅 회사 하고 있잖아?"라고 물어봤다. 류 부장은 사업이 잘 안 돼서 정리했다고 했다.

내게 사람이 살다보면 좋은 기회도 다시 올 수 있다고 여운을 남긴 최순실과 차움빌딩 1층 일식 식당에서 다시 마주했다.

"안녕하세요."

"노 부장."

"네."

"내가 어렵게 추천한 자리야."

"네 감사합니다."

"재단에는 아무나 못 들어가."

"네."

"내가 잘 부탁한다고 추천해 놨으니깐 가서 잘 해야 돼."

"네 알겠습니다."

"내가 스포츠 매니지먼트 회사를 만들 거야. 당분간 사람 뽑을 때까지 와서 일 좀 도와주고."

"네 알겠습니다."

"그리고 다음부터 협박하지 않겠다고 서약서 써오고." 라고 하며 최순실은 자리에서 일어났다.

처음 제안을 받았을 때 체육재단 입사를 거절했다. 나는 두 번을 당하면 당했지 세 번은 싫었다. 첫 번째는 한 달, 두 번째는 15일 만에 해고 통보. 독일에서 최순실은 나에게 얼마나 지독하게 굴었던가? 생각하면 이번에도 또 몇 개월이나 갈지 모르는 불확실함에 나는 거절을 했다. 전경련 회원사가 뜻을 모아 재단을 만들었다고 들었다. 최순실의 영향력은 단순히 취직을 시켜주는 정도라 생각했기에 나는 체육재단에 입사하기로 결정했다.

식사가 끝나고 최순실은 연락을 주겠다며 자리에서 일어났다. 기분이 이상했다. 엘루이호텔에서 최순실은 나에게 협박이라는 단어를 사용했다. 협박을 했다는 나를 왜 체육재단에 입사를 시켜 줄려고 했는지 도무지 이해를 하려고 해도 이해가 안됐다.

다음날 나의 체육재단 입사 소식을 들은 류 부장은 나에게 이렇게 말했다.

"승일아 회장님하고 얘기 잘 됐다며 잘 부탁한다."

나는 "뭘 잘 부탁해."라고 했다. 류 부장은 체육재단이니깐 장애인스키에 관심을 가지면 좋겠다고 말하며 자신이 장애인스키에 아는 사람이 있다고 했다. 그리고 가이드 러너와 평창 동계올림픽 시설을 말하며 뉴슬리를 언급했던 것으로 기억한다. 류 부장은 본인의 아내 명의로 스포츠 마케팅 회사를 만든다고 했으며 며칠 후 법인등록 서류를 보여주며 회사명은 '예상'이라고 했다. 나는 이런 류 부장이 나보다 더 체육재단에 적합한 사람이라고 생각했다.

2016년 1월 7일 이름도 모르는 체육재단에 면접을 보러가는 날이다. 최순실의 여비서가 내게 전화를 할 것이라고 했다. 여비서에게 전화가 걸려왔다.

"안녕하세요. 회장님 비서 엄 비서입니다."

"네 안녕하세요."

"오늘 면접 보러 가시는 것 맞죠?"

"네."

"그럼 강남구청역 사거리 맥도날드 앞에서 뵐게요."

"네 알겠습니다."

나는 버스를 타고 강남구청역 사거리를 지나 하차했다.

"네 안녕하세요. 노승일입니다."

"도착하셨어요?"

"도착했습니다."

잠시 후 엄 비서는 낮은 언덕에서 뛰어 내려왔다. 그리고 택시를 세웠다. 나는 엄 비서와 함께 택시를 타고 장소도 모르는 면접장소로 이동했다. 몇 분 후 택시는 선정릉역에서 우회전해서 100m쯤 가다 우회전을 하고 골목 사거리를 지나자 엄 비서는 택시를 세웠다. 택시에서 내려 엄 비서와 커피숍에 들어가 2층으로 이동했다. 커피숍 2층에는 최순실이 기다리고 있었고, 여자 한 명과 남자 한 명이 있었다. 먼저 여자가 문을 열고 들어갔다.

최순실은 내게 다가와 절대 본인을 아는 척 하지 말라고 하며 엄 비서에게 먹을 것을 가져다주라고 했다. '독일에서 나 먹을 것 좀 주지.' 갑자기 독일에서의 끔찍했던 생활이 생각났다. 엄 비서는 스파게티를 가져다주었다. 스파게티를 먹고 있는데 최순실이 가지고 왔냐며 내게 말을 걸었다. 최순실이 내게 가지고 왔냐고 말 한 것은 서약서였다. 나는 최순실에게 건네주었다. 최순실은 엄 비서에게 종이와 펜을 가져오게 했다. 그리고 나에게 다시 쓰라고 해서 나는 최순실이 보는 앞에서 다시 써서 건네주었다. 내용은 앞으로 협박을 하지 않을 것이며 기밀을 누설하지 않겠다는 내용이다.

서약서를 건네받은 최순실은 자리에서 일어나 면접실의 문을 연 후 내게 손짓하며 오라고 했다. 나는 자리에서 일어나 면접관이 있는 곳으로 발걸음을 옮겼다. 그리고 면접관 앞에 앉았다. 그리고 내 옆에는 2층으로 들어오며 본 그 남성이 앉아 있었다. 학교와 전공을 물어보고 전 직장 등을 물어보았다. 면접은 부드럽게 끝났다.

　나는 다시 택시를 타고 주식을 하기 위해 사무실로 이동을 했다. 국정농단 사건이 불거지고 난 기사를 통해서 내가 면접을 보러간 곳이 테스테로싸로 오스트리아에서 커피를 수입해 최순실이 운영한 커피전문점이었다는 걸 알았고, 사건이 불거지지면서 테스테로싸 커피전문점은 상호가 바뀌었다.

잃을게 없잖아?

    나와 같이 K-스포츠재단에 입사한 박 과장은 류 부장의 추천으로 입사를 했다.

    2016년 1월 11일 나는 박 과장과 함께 체육재단이 위치한 서울시 강남구 언주로 114길 15-5 2층으로 찾아갔다. 나는 이날에서야 체육재단 명칭이 'K-스포츠재단'이라는 것을 알게 되었다. 인테리어 공사가 한창이었고 아직 준비가 안 된 상태였다. 2016년 1월 7일 테스테로싸에서 면접을 진행한 면접관은 K-스포츠 재단의 정상임 재무이사와 김필승 상임이사였다. 그리고 나와 같이 면접을 본 남자는 부사무총장 또 다른 여자는 홍보부장이었다. K-스포츠재단 초대 이사장은 내가 나온 모교 한국체육대학교의 총장 출신으로 덕망이 있는 분이셨다. 나는 한국체육대학교에 1995년 입학하여 1997년 한국체육대학교 총학생회장을 맡은 적이 있기 때문에 K-스포츠재단의 초대 이사장에 대해 누구보다 잘 알고 있었다. 그래서 나는 아무런 의심을 하지 않았고 인재양성 부장으로 근무하다, 2016년 2월 4일 최순실의 지시로 사업기획부장으로 근무했다. 2016년 1월 18일에 있을 현판제막식을 준비하며 다시 의심을 하기 시작했다. K-스포츠재단의 조 부사무총장이 최순실이 만든 더 블루-K의 대표였다. 느낌이 이상했다. 조 부사무총장은 K-스포츠재단에서 월급이 아닌 활동비를 받는 구조였다. 조 부사무총장은 더 블루-K와 K-스포츠를 왔다 갔다 하며 근무를 했고 결국 2016년 2월에 K-스포츠재단 근무를 그만두고 더 블루-K 대표직만 맡았다. 더 블루-K의 조 대표를 최순실에게 소개시켜준 사람이 내가 독일 비블리스 예거호프 승마장에서 나의 후임으로 왔던 장 대리의 부친이었다. 장 대리의 부친 함자는 '박근혜 정부의 최순실 등 민간인에 의한 국정농단 의혹사건 규명을 위한 특별검사 참고인 조사'를 받으며 알게 되었다.

2016년 1월 18일 오전 10시 K-스포츠재단의 현판제막식이 있었다. 현판제막식에서 내 역할은 사진을 찍는 것이었다. 전경련 회원사 중 K-스포츠재단에 기금을 출연한 기업의 관계자가 엘리베이터를 타고 3층으로 올라오고 있었다. K-스포츠재단에 기금을 출연한 기업의 관계자 중 반가운 사람이 있었다. 바로 삼성전자 박상진 사장이었다. 삼성전자 박상진 사장과 눈이 마주쳤지만 나를 알아보지 못했다. 삼성전자 박상진 사장은 기금을 출연한 기업을 대표하여 축사를 낭독했다. 3층에서 현판제막식 1부 행사가 끝나고 2부는 1층에 위치한 K-스포츠재단의 현판을 제막하는 행사다. 3부는 3층에서 K-스포츠재단에 기금을 출연한 기업의 관계자와 다과를 즐기는 행사이다. 삼성전자 박상진 사장은 3부 행사를 위해 1층에 엘리베이터로 이동했다. 나는 삼성전자 박상진 사장과 엘리베이터를 같이 타기로 마음먹었다. 1층 엘리베이터의 문이 열리고 삼성전자 박상진 사장이 먼저 타고 나는 뒤따라 탔다. 나는 엘리베이터 3층 버튼을 누르고 삼성전자 박상진 사장에게 인사를 했다.

"안녕하세요."

"누구?"

"건강하셨어요. 독일 프랑크푸르트에서 본 코어스포츠 노승일입니다."

삼성전자 박상진의 얼굴은 사색이 되었다.

"여기에서 근무하세요?"

"네."

3층에 도착해 엘리베이터 문이 열렸고 삼성전자 박상진 사장은 다과가 준비된 회의실로 이동했다.

K-스포츠재단의 현판제막식이 끝나고 K-스포츠재단 정상임 재무이사에게 전화가 걸려왔다. 연락처를 가르쳐주며 현판제막식에서 찍은 사진을 보내달라는 것이었다. 나는 정상임 재무이사가 알려준 연락처현판제막식에서 찍은 사진을 문자로 보냈다. 그 후 2016년 3월 13일 내가 보낸 K-스포츠재단 현판제막식에서 찍은 사진을 문자로 받은 사람이 미르재단 김 부사무총장이란 것을 알게 되었다. 미르재단 김 부사무총장은 K-스포츠재단 인테리어 공사를 하며 여러 번 본적이 있었고 그가 인테리

어 공사에 관여를 했던 모습도 생각난다.

이날 K-스포츠재단의 현판제막식이 끝나고 최순실은 박 과장과 함께 청담사거리에 위치한 더 블루-K 사무실로 오라고 했다. 최순실은 나에게 말을 건넸다.

"현판식은 잘 했어요?"

"네."

"거긴 좀 어때요?"

"아직 인테리어 공사가 마무리가 안됐습니다."

"당분간 여기 직원이 채용될 때까지 노 부장하고 박 과장은 일을 좀 도와주세요."

"네."

최순실은 자리에서 일어나며

"노 부장 잠시만…. 오늘 현판식에 삼성전자 사람들 만났어요?"

"누가 누군지 잘 모르겠습니다."

"그 사람들이 독일에 있던 사람이 일하고 있는 거 같다며 연락이 왔어."

"저는 잘 모르겠습니다."

"그 사람들이 노 부장 일하는 거 알면 노 부장 일 그만 둬야 해."

"네 알겠습니다."

"노 부장 조심하게 행동해야 한다고"

"네 알겠습니다."

2016년 1월 20일 K-스포츠재단에서 초대 이사장님과 첫 회의가 있었다. 부서별 소개와 향후 방향에 대해 회의가 있었다. 더 블루-K의 조 대표도 K-스포츠재단 부사무총장 자격으로 회의에 참석했다.

2016년 2월 3일. 최순실은 더 블루-K에서 본격적으로 회의와 업무를 시작했다. 종합형 스포츠클럽의 운영실태에 대해 불만을 얘기하며 K-스포츠재단에서 종합형 스포츠클럽에 참여하고 운영해야 한다고 했다. 서울, 경기도 하남. 전북 무주. 광주광역시, 인천광역시, 대전광역시, 제주특별자치도 등에서 체육시설을 알아보라고 지시했다. 대한체육회가 소유한 경기도 하남시의 토지에 대한 이용실태를 조사해 보고하고 개선방안을 마련해 제안서를 작성하도록 지시를 했다. 특히 전북 무주태권도원을 종합형 스포츠클럽의 전진기지로 활용해야 한다며 무주태권도원의 답사와 활용방안에 대한 제안서를 작성하라고 했다.

그 후 나는 소재지 경기도 하남시 신장동 518번지에 면적 5,375,3㎡ 약 1,628평 공시지가 3,080,000원인 대한체육회 소유의 부지를 답사하고 최순실에게 보고서를 만들어 보고를 하며 현재시세가 평당 12,000,000원으로 총 매입비용이 19,536,000,000원으로 보고했다. 만약 대한체육회가 토지를 매각한다면 K-스포츠재단은 장기분할 상환 방식으로 매입해야 한다고 했다. 이에 최순실은 장기무상임대로 사용할 것이라고 했다. 그리고 박 과장이 만든 자료에 5대 거점 체육인재 육성사업을 보면 대한체육회가 소유한 경기도 하남부지에 스위스 뉴슬리(Nussli)사가 시공을 하고 시설비가 약 62억 원으로 되어 있었다.

최순실은 대한체육회가 소유한 경기도 하남의 토지를 장기무상임대로 사용하고 시공비 62억 원은 부영그룹과 롯데그룹을 알아본다. 부영그룹은 여의치가 않아 K-스포츠재단이 롯데그룹에서 70억 원을 받았다. 하지만 롯데그룹에서 K-스포츠재단으로 70억 원을 출연할 당시 대한체육회와 국민생활체육회가 통합과정을 통해 통합을 하며 대한체육회가 소유한 경기도 하남시 토지의 장기무상사용이 어려워진 상황이었다. 만약 대한체육회가 경기도 하남 토지를 K-스포재단에 장기무상임대를 주었다면 최순실은 롯데그룹에서 받은 70억 원으로 스위스 뉴슬리사에 시공을 맡기고 5대 거점 하남체육시설은 더 블루-K가 운영을 했을 것이다.

대한체육회가 소유한 경기도 하남 토지 장기무상임대가 어렵게 되자 최순실은 매입 가능한 스포츠센터를 알아보라고 지시하며 롯데에서 받은 70억 원과 K-스포츠재단의 기금을 합쳐 스포츠센터를 매입하라고 지시했다. 롯데에서 받은 70억 원은 K-스포츠재단 주간회의에서 정상임 재무이사가 이철용 경영지원부장에게 빨리 롯데로 다시 보내라고 지시했으며 나는 그걸 왜 다시 돌려주느냐며 정상임 재무이사에게 물어봤다. 정 이사장은 위에서 결정해서 지시가 내려왔다고 했다. 그리고 정 이사장과 정상임 재무이사는 롯데그룹에 문제가 있어 안종범 수석이 빨리 롯데그룹에 돈을 돌려주라고 한다고 했다. 그리고 이철용 경영지원부장에게 신속하게 처리하라고 지시했다.

나는 상황을 알아보기로 했다. 최순실도 롯데에 문제가 있어 돌려줘야 한다는 상황을 알고 있다고 한다. 최순실의 지시로 박 과장이 제안서를 만들었고 박 과장과 정상임 재무이사가 동행해 롯데그룹을 방문했으며 그 후 2016년 5월 25일 롯데제과 5억 원, 5월 27일 롯데카드 5억 원, 5월 27일 롯데건설 5억 원, 5월 31일 롯데케미칼 45억 원, 5월 31일 롯데캐피탈 5억 원, 5월 31일 롯데칠성음료 5억 원 등 롯데그룹 계열사 6곳에서 총 70억 원이 K-스포츠재단으로 들어왔다. 그리고 얼마 지나지 않아 2016년 6월 9일 롯데칠성음료 5억 원, 6월 9일 롯데캐피탈 5억 원, 6월 10일 롯데제과 5억 원, 6월 10일 롯데카드 5억 원, 6월 13일 롯데건설 5억 원, 6월 13일 롯데케미칼 45억 원을 롯데그룹 계열사 6곳에 돌려줬다. 롯데그룹 계열사에 돈을 돌려주는 과정에 검찰은 롯데그룹을 압수수색을 했다.

2016년 2월 4일 최순실은 더 블루-K에서 회의를 하며 K-스포츠재단은 정관 목적에 맞는 사업을 진행할 것을 지시하며 VIP 해외순방에 에티오피아, 우간다, 케냐 순방이 4월 28로 예정되어 있다며 문화 보급차원으로 소년, 소녀 대상 체조를 개발하라고 지시했다. 아프리카 문화를 이해하고 음악은 아리랑 편곡을 사용하라고 했다. 그후 K-스포츠재단에서 아프리카 체조를 전문가에게 의뢰해 샘플영상을 만들어 최순실에게 보여줬지만 최순실이 마음에 안 든다며 없던 일로 돼 K-스포츠재단은 전문가에게 난처해졌다.

최순실은 종합형 스포츠클럽 중 5개 지역을 거점지역으로 특성화해서 제안서를 작성하도록 지시했다. 그리고 K-스포츠재단에서 봉사개념으로 도서산간지역 스포츠 활성화 사업을 지시했다. 이 사업은 내가 최순실에게 제안을 했다. 최순실은 K-스포츠재단에서 출연 기업을 대상으로 2개월에 한번은 재단설명회를 개최하고 연구용역 제안서를 만들라고 지시했다. 그 후 최순실이 말한 연구용역서는 박 과장이 제안서를 만들었으며 제목은 연구용역 제안서 '시각장애인 스포츠의 수준향상과 저변확대를 위한 가이드 러너 육성 방안에 대한 연구'였다. 총 연구비용 406,200,000원이었다. 또 다른 연구용역 제안서는 연구용역 제안서 '전국 5대 거점 지역별 각 종목 인재양성 및 지역별 스포츠클럽 지원 사업 개선방안 연구'였다. 총 연구비용 307,200,000원이었다. 이 제안서 또한 박 과장이 제안서를 만들었으며 더 블루-K가 K-스포츠재단에 연구용역을 제안하는 형식이다. 또한 K-스포츠재단은 문화체육관광부 장애인체육과에 가이드 러너 육성을 위한 교육 연수 프로그램으로 총 사업비 5억 원을 신청하였고, 문화체육관광부에서 K-스프츠재단에서 신청한 5억 원 중 2억 원을 승인하였으며, 문화체육관광부는 K-스포츠재단에 보조금 출연금 교부신청서를 제출하라고 했다. 최종적으로 K-스포츠재단은 문화체육관광부에서 승인한 가이드 러너 육성을 위한 교육 연수 프로그램에 대한 보조금 출연금을 받지 않았다.

나는 재단에서 근무하며 김필승 상임이사와 이철용 경영지원부장과 가깝게 지냈으며 더 블루-K에서 회의하는 내용을 공유하며 많은 의논을 했다. 김필승 상임이사와 이철용 경영지원부장은 K-스포츠재단이 정상적으로 운영되기를 원했다. 그래서 나는 김필승 상임이사와 이철용 경영지원부장에게 "더 블루-K에서 연구용역서가 K-스포츠재단에 올 것이다. 시각장애인 스포츠의 수준향상과 저변확대를 위한 가이드 러너 육성 방에 대한 연구이며 총 연구비용 406,200,000원과 전국 5대 거점 지역별 각 종목 인재양성 및 지역별 스포츠클럽 지원 사업 개선방안 연구로 총 연구비용 307,200,000원이다. 그리고 더 블루-K는 연구위원으로 K-스포츠재단의 김필승 상임이사, 주 비상임이사, 이 비상임이사를 연구위원으로 위촉해 연구를 수행할 것이며 만약 K-스포츠재단의 이사님들이 더 블루-K에서 의뢰한 연구용역서에 찬성하고 그 연구용역을 수행할 위원으로 위촉된다면 이건 범죄이며 지금 것 쌓아온 대학 교수로서의 덕망은 한순간에 무너질 것이며 K-스포츠재단은 없어질 것이다." 라고 설명해 주었다.

문제는 최순실이 더 블루-K에서 보낸 이 연구용역서를 자연스럽게 거절할 방법이 필요했다. 먼저 이철용 경영지원부장은 계약에 따른 상대방의 기준을 만들었고, 김필승 상임이사는 주 비상임이사와 이 비상임이사에게 만나자고해 의논을 했다. 시간이 흘러 K-스포츠재단 이사회가 열렸고 이사회에서 이철용 경영지원부장이 만든 계약에 따른 상대방의 기준이 통과됐다. 더 블루-K의 연구용역 제안서는 더 블루-K의 자격요건에 따라 자연스럽게 어렵게 됐다. 그리고 문화체육관광부에서 승인한 가이드 러너 육성을 위한 교육 연수 프로그램 사업비 2억 원도 받지 않는 것으로 결정했다.

　나는 독일에서 가져온 자료와 증거를 세상에 알리기로 결정한 상태에서 한국으로 돌아왔고 K-스포츠재단에 입사했다. K-스포츠재단과 임직원들을 범죄 집단과 범죄인이 되는 것을 막아야 했다. 김필승 상임이사와 이철용 경영지원부장의 노력은 K-스포츠재단과 임직원들을 범죄 집단과 범죄인이 되는 것을 막았다.

멍청하게 살되 기억하라

2016년 2월 10일. 최순실은 더 블루-K에서 회의를 하며 종합형 스포츠클럽을 지역과 종목으로 나눠 정리해 놓으라고 했다. 5대 거점지역이 종합형 스포츠클럽을 관리하는 모형을 제시하며 K-스포츠재단의 역할은 5대 거점지역을 선정하고 17개 종합형 스포츠클럽을 선정하고, 종목과 인재를 선정하는 역할을 해야 한다고 했다. 도서지역 유소년 스포츠단을 만들고 K-스포츠재단에서 직접 사업으로 하고, K-스포츠재단의 소개 자료를 만들고 홈페이지를 만들 것을 지시했다. 그 후 최순실은 홈페이지가 마음에 들지 않는다며 본인이 홈페이지 제작을 직접 업체에 의뢰했다.

이후 K-스포츠재단 주간회의는 더 블루-K에서 최순실이 회의를 하며 지시한 내용을 토대로 회의가 진행됐고, K-스포츠재단은 탈북자 체육대회와 남·북 마라톤, 중국 단둥 한·중 체육대회를 준비하는 회의를 진행했다. 중국 단둥 한·중 체육대회는

K-스포츠재단 김필승 상임이사의 제안으로 북한의 신의주와 연결된 중국 랴오닝성 단둥시에서의 평화적 체육행사를 통하여 한국의 위상을 강화시키고 북한에 대한 한국의 우호적인 이미지를 부각시켜 추후 한국, 중국, 북한 간의 체육행사를 통한 평화의 분위기를 조성하기 위하여 추진했다.

2016년 2월 12일. 최순실은 더 블루-K 회의에 K-스포츠재단 정상임 재무이사를 오라고 했다. 그리고 재단직접사업과 외부협력사업을 구분하고 종합형 스포츠클럽이 K-스포츠클럽으로 명칭이 변경되었으며 도서산간지역 스포츠 재능기부와 개발도상국 지원 등을 기획하라고 지시했다. 그리고 K-스포츠재단 소개 자료를 정관에 맞게 간단하고 보기 좋게 만들고 한글과 영문으로 만들 것을 지시했다. 또한 스포츠센터 건립 추진과 5대 거점 사업의 운영의 묘를 살리고 '가이드 러너 학교' 설립을 추진하라고 했다. 아시안게임과 올림픽, 유니버시아드 대회 장소를 활용하는 방안을 모색하라고 했다. K-스포츠재단 출연기업의 스포츠팀 분석도 지시했다. 그리고 리틀 야구단 창단 기획안을 빨리 작성하라고 지시해 밤을 새워가며 기획안을 만들어 2016년 2월 13일 오전에 최순실에게 건네주었다.

2016년 2월 15일. 최순실은 더 블루-K에서 회의를 하며 올림픽시설 사후 활용 방안을 모색하라고 지시했다. 특히 평창 동계올림픽과 관련된 문서를 나에게 주며 연구해서 최대한 빨리 사후 활용 계획서를 작성하라고 지시했다. 최순실에게 건네받은 문서에는 정선 알파인경기장은 관리주체 미정으로 사후 활용 방안은 복원, 레저시설 활용, 알펜시아슬라이딩센터는 한국체육대학교 경기장, 훈련장 체험시설 2015년 5월 18일 협약 강원도 한국체육대학교 비용 협의 필요, 강릉스피드스케이팅경기장 협의 예정, 강릉빙상메카 조성, K-TOTO 실업 빙상팀 창단, 강릉아이스하키센터 대명 협의중, 강릉빙상메카 조성, 실업 유소년팀 대명 창단예정 대학팀 관동대학교 창단 강릉아이스아레나 강릉시 시민종합체육시설 지하 수영장 지상 다목적 보조경기장 쇼트트랙 영동대학교 14'5.14 협약, 관동하키센터 관동대학교 학생·시민종합체육시설 13'2.21 협약, 평창올림픽스타디움 강원도 지역문화 인프라 고원전지훈련장 스포츠 4계절 공연장 문화관광으로 되어 있었다. 남은 건 올림픽플라자 개·폐회식장이었다. 나는 이곳에 관리주체 K-스포츠재단 사후활용방안으로 부지를 활용한 동계 하계 복합형 스포츠시설과 가족형 스포츠 레저시설을 건립하는 평창 동계올림픽 시설 사후활용 방안 제안서를 만들어 2017년 2월 17일 최순실에게 건네주었다.

2016년 2월 19일. 최순실은 더 블루-K에서 회의를 하며 5대 거점과 K-스포츠클럽(종합형 스포츠클럽) 공모에 지원을 하고 경영지원 부서에 전달해 문화체육관광부 예산을 확보하고 K-스포츠재단의 직원복무규정과 여자배드민턴팀 창단 제안서를 만들고 세부계획서를 작성하라고 지시했다. 그리고 K-스포츠재단에서 '가이드 러너 사업'을 유럽 특히 영국과 업무협약서를 체결하고 연구용역 제안서를 문화체육관광부에 보내라고 지시하며 '가이드 러너 학교' 설립 절차와 운영계획 운영내용 학교 설립 규정을 알아보고 1년에 3회 이상 검증절차를 밟고 한국직업능력개발원을 통해 국가공인민간자격증으로 만들라고 지시했다. 그리고 5대 거점지역 부지 선정에 따른 현장답사 무상임대 사례를 조사하고 K-스포츠재단 기금을 2년 안에 1000억 원을 목표로 K-스포츠재단 기금마련방안 계획서를 만들라고 지시했다. 최순실은 메모지에 직접 각 체육단체 산하기관, 각 산하기관 예산표, 각 산하기관 공모사항을 적어주며 국민체육진흥공단 산하기관을 조사하고 예산을 분석해서 예산을 활용할 수 있는 부분을 찾으라고 지시했다. 아프리카 체조개발 비용은 K-스포츠재단 출연기업을 대상으로 마련하고 한국을 알리는 것으로 목적을 두고 개발하라고 지시를 했다. 특히 VIP 아프리카 순방이 2016년 5월 28일 에티오피아 29일 우간다 31일 케냐로 확정됐으며 태권도 도복과 아프리카 개발도상국 지원으로 계획한 축구공은 KOICA에서 검열을 받아야 하며 의상기준과 머리스타일 기준을 확인하라고 지시했고, VIP 문화행사는 20분에서 30분으로 하고 태권도 도복에 들어갈 대한민국 CI와 영문 CI 브랜드마크를 확인하라고 지시했다. 대한체육회와 국민생활체육회가 통합을 하며 대한체육회 산하기관 청소년연맹과 실버연맹의 설립기획안을 만들라고 지시했다. 2016년 2월 19일 회의는 평소보다 최순실의 지시 사항이 많아 늦어졌다.

그 후 박 과장은 장애인 스포츠의 활성화 및 질적 수준향상을 위한 가이드 러너 전문학교 설립 기획안을 작성하고 총 사업비용이 2,198,700,000원으로 작성했고, 2018년 아시안게임 및 2020년 올림픽 메달 입상을 위한 체육인재 해외 전지훈련 예산안 지원종목 펜싱, 배드민턴, 테니스로 총 사업비용 5,100,300,000원의 예산안을 만들어 SK그룹을 방문했다. 그리고 박 과장은 가칭 대한시니어체육회 설립기획안과 가칭 대한유소년체육연맹 설립기획안을 작성했다. 나는 국민체육진흥공단 산하기관을 조사하고 예산을 분석해서 예산을 활용할 수 있는 부분을 찾아 KSF 자립 및 기금조성 방안 기획서를 작성하고 여자배드민턴팀 창단 제안서와 세부계획서를 만들어 박 과장이 최종적으로 검토하고 수정해 최순실에게 보고되었다.

나는 K-스포츠재단 홍보마케팅부장에게 태권도 도복 디자인을 부탁했고, 홍보마케팅부장은 외주업체에 부탁해 디자인 시안을 받아 나에게 전달해 주었으며 나는 최순실에게 보고해 최종적으로 최순실이 결정을 했다. 그리고 아프리카 스포츠용품 후원 기획서를 만들어 아프리카 개발도상국 에티오피아 우간다 케냐의 각 나라별 10,000개의 축구공 지원 사업은 총 사업비용 390,000,000원으로 내가 최순실에게 건의하고 최종적으로 최순실이 결정해 진행했지만 지원을 하지 못했다.

2016년 2월 24일. 최순실은 더 블루-K에서 회의를 하며 지금까지 지시한 사항을 확인했으며 더 블루-K와 K-스포츠재단의 업무협약을 위한 계약서를 만들라고 지시했다.

2016년 2월 25일. 최순실은 더 블루-K에서 회의를 하며 POSCO 여자배드민턴팀 창단에 관한 미팅에 대해 보고를 하라고 했다. 최순실은 POSCO와 미팅을 할 때 배드민턴을 전공한 노 부장이 함께 미팅을 하라고 해서 더 블루-K 조 대표와 함께 2016년 2월 25일 오전 10시 서울시 강남구 테헤란로 440 포스코센터 본사 28층을 방문했다. 여직원의 안내에 따라 응접실에서 대기하고 있었다. 한참 후 POSCO측에서 사장과 그룹장이 응접실로 들어와 앉았다. POSCO측과의 미팅시간은 약 35분 정도 걸렸다. 이날의 결론은 "세아창원특수강 여자배드민턴팀의 문제를 해결하고 문제 해결 후 여자배드민턴팀 창단을 고려하겠다. 그룹의 스포츠 종목을 전부 정리하고 POSCO배 바둑대회를 하는 것이 효과적이다. 세아창원특수강 여자배드민턴팀의 문제를 해결 후 담당자와 다시 미팅을 진행한다."

이를 보고 받은 최순실은 광분을 했고 나에게 오늘 POSCO와 미팅 내용을 정리해 보고서로 작성하라고 지시하며 K-스포츠재단 정상임 재무이사에게 BH 라인을 통해 위에 보고하라고 지시했다. 그리고 최순실은 메모지에 직접 포스코 스포츠단 창설안. 여자배드민턴팀. 포스코의 스포츠 종목 현황 및 문제점. 포스코 스포츠단 창설 필요성에 대한 기획안을 만들라고 지시했다. 나는 먼저 POSCO와 미팅 내용을 정리해 보고서를 작성하고 최순실에게 건네주었다. 그리고 K-스포츠재단 정상임 재무이사에게 POSCO 미팅 보고서를 건네주며 "회장님이 BH 라인을 통해 위에 보고하라고 지시했습니다." 라고 했다.

나는 포스코 스포츠사업 개편안을 작성해 최순실에게 건네주었다. 이날 저녁 정상임 재무이사는 내게 전화를 걸어 "청와대 안종범 경제수석에게 전달했으며 안 수석이 위에는 보고가 안 되게 해 달라고 부탁을 했다."며 나에게 최순실에게 전해 줄 것을 부탁했다. 2016년 10월 27일 POSCO측 그룹장에게 전화가 걸려왔고 그룹장은 내게 사과를 하며 다시 논의하자고 했다. 같은 날 더 블루-K 조 대표에게는 POSCO측 사장이 사과 전화를 했으며 며칠 후 POSCO측은 더 블루-K 사무실을 방문해 사과하며 펜싱팀 창단을 제안을 했다.

2016년 3월 1일 최순실은 더 블루-K에서 회의를 하며 K-스포츠재단 태권도시범단의 명칭과 마크를 결정해 보고하라며 아프리카 스포츠용품 후원 축구공 후원 사업은 결재대기 상태이고, K-스포츠재단 중국단둥체육대회 사전답사 출장을 허락한다고 했다.

2016년 3월 3일 최순실은 더 블루-K에서 회의를 하며 오후 4시 청와대 회의 참석 시 태권도 시범단의 창단 목적 등을 기재한 문서로 작성해서 K-스포츠재단 태권도 시범단을 설명하라고 했다. 그리고 스위스 뉴슬리사에 다음 주에 월요일과 화요일 중에 미팅 가능여부를 확인하라고 지시했다. 다음 주에 스위스 뉴슬리사와 더 블루-K 양측의 업무협약을 할 것이라며 내일까지 업무협약서 초안을 작성하라고 지시했다. 그리고 가이드 러너 연구용역 계약과 5대 거점 사업 시설확보를 지시했고, 대한체육회 소유인 경기도 하남 토지 사용을 위해 K-스포츠재단은 대한체육회와 부지 임대계약을 하라고 지시했다. 또한 국민체육진흥공단이 보유한 체육시설을 알아보라고 했다. 태권도 시범단은 12명에서 13명으로 구성하고 상근직원 5명의 급여를 월 200만원으로 하라고 지시하며, 상근직원 중 2명을 더 블루-K에서 근무시키고 3명을 K-스포츠재단에서 근무시키라고 지시했다.

이날 KSF 태권도 시범단 창단 필요성 및 목적 기획서를 들고 김필승 상임이사, 정상임 재무이사와 함께 청와대 연풍문에서 교문수석실 비서관과 행정관을 만나 회의를 했다.

2016년 2월 19일 최순실은 더 블루-K에서 회의를 하며 나에게 대통령 멕시코순방 문화행사 추진계획 안, 태권도 시범공연을 통해 현지인들에게 태권도의 정수를 보여주고 양국 간 문화교류 강화 및 한류 확산을 지원하고자 함. 일시 2016년 4월 3일. 장소 메트로폴리탄극장. 프로그램은 총 76분으로 국기원 정통 태권도 시범공연과 K-타이거즈 태권도 퍼포먼스 공연으로 구성돼 있는 대외주의 문건을 주며 K-스포츠재단에서 정통 태권도를 공연할 수 있는 시범단을 창단할 수 있냐고 물어보며 창단할 수 있으면 K-타이거즈 자리에 K-스포츠재단 태권도 시범단을 넣겠다고 했다. 이 문서는 청와대 문건이었다. 나는 할 수 있다고 했다. 당시 K-스포츠재단에는 용인대학교 태권도학과를 졸업한 대외협력부장이 있었으며 나는 한국체육대학교 체육학과를 졸업했다. 그래서 자신 있다고 했다.

나는 대외협력부장에게 도움을 청했으며 대외협력부장은 용인대학교 태권도학과를 졸업한 동기인 남승현 단장을 소개시켜 줬다. 소개받을 당시 남승현 단장은 미국에서 태권도 시범을 하고 있었으며 며칠 후 한국에 돌아왔다. 나와 대외협력부장은 대전으로 이동해 남승현 단장과 첫 만남을 가졌다. 대한민국 정통 태권도를 위해 남승현 단장은 흔쾌히 수락해 줬고 남승현 단장은 단원을 구성하기 시작했다.

단원을 구성하는 사이에 '멕시코 문화행사 안 검토보고'에는 K-타이거즈 태권도 퍼포먼스 공연에서 K-스포츠재단 품새 및 대련으로 돼 있었다. 2016년 3월 3일 청와대 연풍문에서의 회의는 대통령 멕시코 순방 문화행사에 참가할 K-스포츠재단 태권도 시범단을 소개하는 자리였다.

청와대 교육문화수석실 비서관과 행정관은 K-스포츠재단 태권도 시범단의 샘플 동영상을 보내달라고 하며 회의는 그렇게 끝났다. 나는 K-스포츠재단에 돌아와 청와대 행정관에게 남승현 단장의 시범단 동영상을 메일로 보냈고 청와대 행정관은 내게 이번 대통령 멕시코 순방 문화행사에서 보여 줄 동영상을 보내 달라고 해서 나는 2016년 3월 14일에 보내 주기로 약속했다.

K-스포츠재단 태권도 시범단이 구성되고 훈련은 경기도 남양주시 청소년수련관을 대관했다. 2016년 3월 11일 청와대

교육문화수석실 행정관에게서 문화체육관광부 해외홍보문화원 사무관과 플레이그라운드의 연락처가 문자로 왔다. 그리고 2016년 3월 12일 K-스포츠재단 태권도 시범단의 샘플 동영상이 만들어졌다.

나는 최순실로부터 2016년 3월 11과 12일 5대 거점 시설확보를 위한 답사를 다녀오라는 지시를 받고 대구실내육상경기장과 무주태권도원을 다녀오느라 K-스포츠재단 태권도 시범단의 샘플 동영상을 확인할 시간이 없었다.

2016년 3월 13일 K-스포츠재단 정상임 재무이사가 회장님이 K-스포츠재단 태권도 시범단의 동영상을 보내달라고 한다며 전화가 왔다고 했다. 그리고 잠시 후 미르재단 김 부사무총장이라며 내게 K-스포츠재단 태권도 시범단의 동영상을 이메일로 요청을 했다. 최순실 역시 K-스포츠재단 태권도 시범단의 샘플 동영상을 요구해 나는 USB 메모리에 넣어 더 블루-K 사무실에 전달해 주었다.

그런데 그날 오후 느닷없이 K-스포츠재단 태권도 시범단을 해체시키라는 최순실의 지시가 내려졌다. 나는 아무런 말을 하지 못했다. 그리고 미르재단 김 부사무총장이 내게 전화를 걸어 이렇게 말했다.

"엎어졌죠?" 남승현 단장에게 힘들게 부탁을 해 K-스포츠재단 태권도 시범단을 만들었는데 며칠 만에 해체통보를 받은 것이다. 그리고 생각했다. 이쑤시개처럼 사람을 다루는 최순실이 어디 가겠어?

이날 나는 깊은 고민에 빠졌다. 이제 모든 일을 그만두고 독일에서 갖고 온 자료와 증거 그리고 K-스포츠재단에서 일을 하며 모은 자료와 더 블루-K에서 모은 자료를 갖고 대검찰청이나 민주당으로 가야 할 때가 온 것인가. 그러나 이날의 고민도 고민으로만 끝나고 말았다. 아직 박근혜 정권의 힘이 살아있다는 것에 굴복하고 말았다. 좀 더 기다리기로 했다. 최소 연말까지는 기다려야만 한다. 나는 이제 더 블루-K에서는 더 이상 일을 하지 않기로 결심했다. K-스포츠재단에서만 일하기로 결심했다.

관심을 버려라

2016년 3월 9일. 최순실이 점심을 먹자고 했다. 나는 K-스포츠재단에서 택시를 타고 더 블루-K로 이동했다. 박 과장의 모습이 보이질 않았다. 박 과장은 K-스포츠재단에서 근무하는 날보다, 더 블루-K에서 근무하는 날이 더 많았다. 더 블루-K에는 직원이 없는 상황이라 제안서와 기획서를 만드는 일을 박 과장에게 시켰다. 하지만 K-스포츠재단에서는 어느 누구도 박 과장에게 뭐라고 하는 사람이 없었다. 나는 당연히 박 과장이 있을 줄 알았다. 하지만 없었다.

전날인 3월 8일은 더 블루-K와 뉴슬리사 양측 간의 GERNERAL AGREEMENT 국내 독점 지위확보를 체결한 날이다. 더 블루-K 조 대표와 Nussli사 대표 Martin Messner와 K-스포츠재단 박 과장, 청와대 교육문화수석 김상률과 청와대 경제수석 안종범이 1차 미팅에 참여하여 계약이 체결되었고, 더 블루-K 조 대표와 Nussli사 대표 Martin Messner와 K-스포츠재단 박 과장, 문화체육관광부 제2차관 김종과 2차 미팅이 이루어졌다.

여직원이 안내해주는 대로 나는 음식점으로 이동했다. 잠시 후 최순실이 도착했다. 음식점 직원이 안내해 주는 자리에 앉아 음식을 먹는데 최순실이 "박 과장은?"이라고 물어봤다. 나는 연락이 안 된다고 했다. 이에 최순실은 "그럼 그렇지. 그렇게 정신력이 없는 직원을…."이라고 말했다. 음식을 다 먹고 더 블루-K 사무실로 이동을 했다.

나는 박 과장에게 전화를 했지만 전화기가 꺼져 있었다.

이날 최순실은 더 블루-K에서 회의를 하며 5대 거점에 대한 시설확보와 거점지역의 확정에 대한 지시 그리고 20개 K-스포츠클럽에 대한 선정기준을 K-스포츠재단에서 만들라고 지시했다.

나는 다시 K-스포츠재단으로 이동을 하며 박 과장을 소개 시켜준 류 부장에게 전화를 걸었다. 류 부장은 연락이 되지 않는다며 내게 이렇게 말했다. 박 과장과 같이 대화를 하는 게 좋겠다고 조언을 했다. 나는 다시 K-스포츠재단에 도착했다. 정상임 재무이사가 나에게 면담을 요청했다.

"노 부장. 앉아봐."

"네."

"박 과장 연락해봤어?"

"네, 연락을 안 받습니다."

"박 과장하고 무슨 일 있었어?"

"아니요."

"박 과장은 노 부장에 대해 안 좋게 얘기하던데."

"저는 잘 모르겠습니다."

그리고 정상임 재무이사는 강 차장에게 박 과장의 집을 찾아 가 보라고 지시를 했다. 2016년 10월 미르와 K-스포츠재단이 언론에 오르내릴 때 최순실이 나에게 했던 말이 있었다. "류 부 장과 박 과장이 노 부장을 K-스포츠재단에서 내보내 달라고 두 번이나 말을 했다."고 했다.

2016년 3월 10일 최순실은 더 블루-K에서 회의를 하며 대통 령 멕시코 순방 문화행사에서 선보일 K-스포츠재단 태권도 시 범 동영상을 만들라고 했고, 가이드 러너 육성을 위한 경기도 이천에 위치한 장애인 선수촌을 답사하고 보고하라고 지시했 다. 5대 거점지역의 도시 선정과 시설을 확보하고 20개 K-스포 츠클럽에 필수 종목으로 펜싱과 태권도를 넣으라고 지시하며 20개 K-스포츠클럽에 K-스포츠재단이 프로그램을 지원하라고 했다. 또한 K-스포츠재단 태권도 시범단의 활용방안을 기획하 라고 했다. 그리고 국민체육진흥공단의 체육시설 건설자금 저 금리 대출을 추진하라고 지시했다.

2016년 3월 14일. 최순실은 더 블루-K에서 회의를 하며 2016년 4월 3일 VIP 멕시코순방이 아닌 2016년 5월 2일 VIP

이란순방 문화행사를 위해 3월 16일 무주태권도원에서 K-스포츠재단 태권도 시범단의 동영상 샘플을 다시 촬영하라고 지시했다. 그리고 단원의 체구가 일관성이 없고 구성력이 떨어지고 기합소리가 커서 음향으로 대체하고 한 박자 템포가 느리다. 또한 창작 품새를 빼라고 지시했다. 또한 연출감독과 음악감독을 최순실이 직접 알아봐서 소개시켜주겠다고 했다. 그리고 5대 거점 도시를 무주태권도원, 대구, 경기 하남, 인천, 서울로 하라고 지시했다. 그 후 최순실은 K-스포츠재단 태권도 시범단원의 이력서를 요청하며 청와대에서 검증을 해야 한다고 말했다. 전북 무주태권도원에서 K-스포츠재단 태권도 시범단의 훈련을 참관하는 나에게 최순실은 단원 두 명의 이름을 말하며 단원에서 제외시키라고 했다. 그 이유는 K-스포츠재단 태권도 시범단원에 포함된 두 명 중 한명이 과거 병력에 문제가 있다고 했다.

　태권도 시범단을 해체하라고 지시를 내린지 불과 이틀 만에 다시 동영상을 다시 만들라고 하니 시범단을 해체시켰다는 것조차 모르는 것 같았다.

　2016년 3월 15일. 최순실의 지시에 5대 거점 시설확보를 위해 정상임 재무이사와 함께 문화체육관광부 서기관을 만나러 서울역에 위치한 회의장소로 이동했다. 문화체육관광부 서기관은 지차체에 활용도가 떨어지는 센터와 대학교를 알아봐 준다고 하며 공모문 안을 작성해서 보내주기로 했다.

2016년 3월 16일. 최순실은 서울올림픽공원 시설을 확보하라고 지시했다. 나는 문화체육관광부 서기관과 올림픽공원에서 만났다. 그리고 문화체육관광부 서기관과 국민생활체육회 차장은 나에게 시설을 보여주며 이곳의 활용도를 물어보며 회의를 하자고 했다. 당시 국민생활체육회는 종합형 스포츠클럽을 주관하고 있었다. 문화체육관광부 서기관은 국민생활체육회 차장에게 작년도 종합형 스포츠클럽 신청지역 중 탈락한 지역을 우선적으로 방문하고 또한 국민생활체육회에 참가를 희망하는 지역을 방문하자고 했다.

2016년 4월 12일. K-스포츠재단 정상임 재무이사와 이철용 경영지원부장과 함께 청와대 연풍문을 통과해 교문수석실 맞은편에 위치한 회의실에서 2016년 5월 2일 대통령 이란순방 문화공연 행사에 참여하는 여러 팀과 전체회의를 했다. K-스포츠재단은 이번 행사에 태권도 시범단으로 행사에 참여하기로 했다. 잠시 후 교문수석실 비서관이 총연출감독님이 안 계셔서 회의를 총연출감독님이 오시면 하겠다고 말했다. 약 40분 후 2016년 5월 2일 대통령 이란순방 문화공연 행사의 총연출감독이 도착했다. 그리고 K-스포츠재단의 태권도 시범을 1층과 2층으로 각각 칸으로 나눠서 태권도 시범단원이 그 칸 안에서 붉은 조명에 맞춰 섹시함을 강조하라고 했다. K-스포츠재단 태권도 시범단의 남승현 단장은 국기원 대표 시범단 감독을 역임한 대한민국 정통태권도를 고집하는 분이셨다. 그런 남승현 단장이 이끄는 태권도 시범단 단원에게 섹시함을 강조하며 춤을 추라고 지시하는 것은 있을 수 없는 일이었다.

나는 정상임 재무이사에게 K-스포츠재단은 "대한민국 태권도의 정통성인데 섹시함을 연출하라고 하면 힘들다."라고 말씀드렸고 정상임 재무이사는 총연출감독에게 K-스포츠재단 태권도 시범단의 성격과 맞지 않다고 말했다. 그리고 나는 총연출감독에게 그럼 이번 2016년 5월 2일 대통령 이란순방 문화공연 행사에 K-스포츠재단 태권도 시범단은 참여하지 않겠다고 말했다. 총연출감독은 그럼 본인이 구상한 연출을 하지 못 한다면 본인도 연출이 어렵다고 했다. 회의를 끝내고 나는 총연출감독에게 명함을 건네주었다. 총연출 감독은 명함이 없다며 "총연출감독 차은택입니다."라고 본인을 소개했다. 그 후 총연출 감독은 차은택에서 MBC 방송작가 출신 박 감독으로 바뀌었다.

2016년 4월 12일 청와대에서 회의를 하며 차은택을 처음 봤다. 그는 최순실을 소개받으며 창조경제추진단장 겸 문화창조융합 본부장이 됐고 최순실과 함께 미르재단과 플레이그라운드를 쥐락펴락하며 영향력을 과시했던 사람이다. 차은택의 외삼촌은 교육문화수석 김상률이었다.

2016년 3월 11일. 청와대 교육문화수석실 행정관에게서 문화체육관광부 해외홍보문화원 사무관과 플레이그라운드의 연락처가 문자로 왔다. 플레이그라운드는 2016년 4월 3일 대통령 멕시코 순방 문화행사에 총연출을 맡았다. 또한 2016년 5월 28

일 대통령 아프리카 순방 에티오피아 문화공연, 2016년 5월 29일 대통령 아프리카 순방 우간다 문화공연, 2016년 5월 31일 대통령 아프리카 순방 케냐 문화공연에서 총연출을 맡았다.

나는 K-스포츠재단 태권도 시범단을 담당하며 플레이그라운드와 차은택의 관계를 자연스럽게 알게 되었다. 그리고 최순실은 K-스포츠재단 정상임 재무이사와 김필승 상임이사를 K-스포츠재단 근처에 있는 음식점으로 불러 회의를 했을 당시 플레이그라운드 전 이사와 미르재단 김 부사무총장을 함께 불러 회의를 했다.

2016년 5월 나는 박 과장과 함께 더 블루-K 사무실 근처 커피숍에서 미르재단의 사무총장을 만났다. 미르재단 사무총장은 미르재단을 위해 최선을 다해 일을 했으며 당시 주위 사람들에게 모함을 받고 있는 상황이라고 했다. 주위 사람들의 모함으로 인해 미르재단 사무총장은 해임될 위기에 처해 있다고 말하며 이런저런 얘기를 했다. 미르재단 사무총장은 현재 미르재단 조직도에 부사무총장직은 없다고 했다. 그리고 얘기가 끝나고 커피숍을 나갔다. 미르재단 법인자동차에 올라타는 미르재단 사무총장에게 다가가 나는 이렇게 말했다.

"뱃심 있으면 까는 겁니다. 뱃심이 없으면 할 수 없습니다." 라고 말했다.

그날 이후 미르재단 사무총장을 다시 봤을 때 그는 내게 미르재단은 차은택의 사람들로 구성돼 있다고 말했다. 미르재단 부

사무총장도 차은택의 지인이었다. 이렇게 미르재단과 플레이그라운드는 차은택의 지인들과 최순실의 지인으로 구성되어 갔다. 최순실은 플레이그라운드와 미르재단을 통해 청와대 문화행사 K-Culture에 참여시켰고 청와대 문화행사 K-Culture에 K-스포츠재단 태권도 시범단도 참여시켰다.

2016년 4월 13일 정상임 재무이사는 인천시청 담당자의 연락처를 주며 연락하고 방문해 도움을 부탁하라고 했다. 나는 담당자에게 연락을 했다.

2016년 4월 14일 인천시청에 방문했다. 방문결과를 정상임 재무이사에게 보고를 하며 청와대 정책조정수석 안종범의 도움을 받았다는 것을 알게 되었다. 그리고 K-스포츠재단 태권도 시범단의 훈련을 참관하기 위해 전북 무주태권도원으로 향했다.

2016년 4월 20일. 서울 서초구에 위치한 국립국악원에서 2016년 5월 2일 대통령 이란순방 문화공연에 참여할 K-스포츠재단 태권도 시범단의 최종 리허설 준비를 도와줬다. K-스포츠재단 태권도 시범단의 국립국악원에서의 최종 리허설을 끝마치고 나는 격파에 사용할 송판과 대리석을 외교행낭으로 보냈다. 최순실에게 온갖 수모를 당하며 만든 K-스포츠재단 태권도 시범단은 2016년 4월 28일 인천국제공항을 통해 이란으로 떠났다. 출국 전 남승현 단장이 이끄는 K-스포츠재단 태권도 시범단 단원들과 함께 애국가를 부르고 출국장으로 들여보냈다. 나는 흐르는 눈물을 애써 감췄다. 왜일까?

마음을 비울수록 머리는 가벼워진다.

2016년 4월 26일. 최순실은 더 블루-K에서 회의를 하며 5대 거점 사업에 서울 올림픽공원, 경기 남양주, 충남 당진, 전북 고창, 전북 무주태권도원을 지정하며 전북 무주태권도원을 여름캠프와 겨울캠프 그리고 태권도 훈련 캠프로 활용하라고 지시했다. 또한 20개 K-스포츠클럽에 필수종목으로 펜싱과 태권도를 지정하고 태권도와 펜싱 평가위원회를 구성하라고 지시하며 5대 거점 사업에 개소별 프로그램 운영계획서를 만들라고 지시했다.

2016년 5월 3일. 최순실은 2016년 5월 2일 K-스포츠재단 태권도 시범단이 대통령 이란 순방 문화공연에서 대한민국 정통 태권도 시범을 성공적으로 보여줬다고 했다. 그리고 식사를 하자고 했다. 최순실, 박 과장 그리고 나는 청담동에 위치한 새벽집으로 이동했다. 최순실은 식사를 하며 앞으로 스포츠센터를 만들 계획이며 우리에게 지분을 나눠주겠다고 말하며 같이 운영하자고 했다.

2016년 5월 5일 나는 K-스포츠재단 정상임 재무이사와 태권도 시범단의 남승현 단장과 함께 용산역 2번 회의실에서 교육문화수석 김상률과 비서관을 만나 회의를 했다. 회의내용은 K-스포츠재단 태권도 시범단이 이번 대통령 아프리카 3개국 순방에서 보여줄 태권도 시범에서 품새, 겨루기, 격파를 합해 태권무를 만들어 줄 것을 제안했다. 그리고 아프리카 음악과 타악기를 활용한 음악과 마지막 장면에 신나고 경쾌한 음악을 활용해 주길 부탁했다. 그리고 3개국에서 보여줄 태권도 시범을 각 나라별로 다르게 구성해 달라고 했다. 또한 2016년 5월 16일 인도네시아 대통령 방한 문화공연에 K-스포츠재단 태권도 시범단이 5분 동안 시범할 내용을 동영상 샘플을 만들어 5월 11일까지 보내달라고 했다. 2016년 5월 16일 K-스포츠재단 태권도 시범단은 청와대 영빈관에서 인도네시아 대통령 방한 문화공연에서 태권도 시범을 보였다.

2016년 5월 9일 나는 K-스포츠재단 태권도 시범단이 참여할 2016년 5월 28일 대통령 아프리카순방 에티오피아 2016년 5월 29일 대통령 아프리카순방 우간다. 2016년 5월 31일 대통령 아프리카순방 케냐 문화공연 참여를 위한 K-스포츠재단 태권도 시범단의 훈련을 도와주기 위해 전북 무주태권도원으로 향했다.

2016년 5월 12일 청와대 연풍문에서 대통령 아프리카 3개국 순방 문화공연에 참여할 팀들의 전체회의가 있었다. 교육문화 수석 김상률과 비서관은 K-스포츠재단 태권도 시범단에게 아프리카 각 나라별 현지 태권도 사범에게 연락을 해 어린이들의 출연을 요청했으며 음악은 아리랑연곡을 최대한 활용해 달라고 요청했다. 각 나라별로 프로그램의 변화와 태권도 동작을 빠르게 연출하고 대중적인 동작을 구성해주고 현지 음악과 악기를 최대한 활용해 줄 것을 요청했다.

청와대 연풍문에서 회의를 마치고 다시 K-스포츠재단 태권도 시범단의 훈련을 도와주기 위해 전북 무주태권도원으로 향했다. 그리고 대통령 2016년 5월 28일 대통령 아프리카순방 에티오피아, 2016년 5월 29일 대통령 아프리카순방 우간다, 2016년 5월 31일 대통령 아프리카순방 케냐 문화공연 참여를 위한 K-스포츠재단 태권도 시범단의 훈련을 도와주기 시작했다.

2016년 5월 25일 대통령 아프리카순방 에티오피아 문화공연에 참여하고자 인천국제공항에서 K-스포츠재단 태권도 시범단은 다시 집결했다. 나는 K-스포츠재단 태권도 시범단원과 애국가를 불렀고 이번에는 함께 출국장으로 들어갔다. 우리를 태운 비행기는 두바이를 경유해 에티오피아 아디스아바바공항에 도착했다. 2016년 5월 28일 대통령 아프리카순방 에티오피아 문화공연이 있을 공연장으로 이동해 리허설을 했다. 그리고 다음 날 5월 27일 최종 리허설이 진행됐다. 이날은 교육문화수석 김상률이 있었다. 그리고 그는 K-스포츠재단 태권도 시범단의 연출감독과 음악감독을 불러 지적을 했다. 한마디로 연출도 음악도 마음에 안 든다는 것이었다. 그리고 남승현 단장을 불러 뭐라고 지적했다. 나는 화가 났다. 한국에서 최종 리허설 할 때는 아무런 말이 없었는데 내일이 대통령 아프리카순방 에피오피아 문화공연인데 이제 와서 연출도 음악도 바꾸라면 어쩌자는 건지 이해를 할 수 가없었다. 연출감독과 음악감독 그리고 남승현 단장은 맞춰주면 된다고 하며 애써 화를 감췄다.

2016년 5월 28일 대통령 아프리카순방 에티오피아 문화공연을 마치고 K-스포츠재단 태권도 시범단은 2016년 5월 29일 대통령 아프리카순방 우간다 문화공연 참여를 위해 우간다 엔테베공항으로 이동했다. 교육문화수석 김상률이 참관한 우간다에서의 최종 리허설은 이렇다 할 지적이 없었다. 그리고 2016년 5월 29일 대통령 아프리카순방 우간다 문화공연을 끝마치고 K-스포츠재단 태권도 시범단과 함께 2016년 5월 31일 대통령 아프리카순방 케냐 문화공연에 참여하기 위해 나이로비공항으로 이동했다. 케냐에 도착해 리허설을 했다. 그날 밤 교육문화수석 김상률은 나와 이철용 경영지원부장을 불러 이렇게 말했다.

"남현승 단장이 무대에 서면 분위기가 칙칙해진다."

그러니 이번 케냐공연에서는 K-스포츠재단 태권도 시범에서 빼라는 것이다. 나는 김상률 교육문화수석에게 이렇게 말했다.

"다음에 K-스포츠재단 태권도 시범단이 이렇게 행사할 기회가 있을지 없을지 모르지만 그때 남승현 단장을 빼겠다."고 했다. 그리고 이철용 경영지원부장은 남승현 단장이 대한민국 태권도의 살아있는 정통인데 정통을 뺄 수 없다고 했다. 교육문화수석 김상률은 "그럼 그렇게 하세요."라고 했다. 다음에는 기회가 없다는 뜻이다. 나도 더 이상 하고 싶지 않았다. 다음날 2016년 5월 31일 대통령 아프리카순방 케냐 문화공연에 앞서 오전에 최종 리허설이 있었다. 그리고 나에게 이번 대통령 아프리카 순방 3개국 문화공연에 총연출을 담당하는 플레이그라운드 전 이사가 다가와 "교육문화수석님이 K-스포츠재단 태권도 시범단 태권도 시범이 끝나고 가수 싸이의 강남 스타일 노래가 나오면 K-스포츠재단 태권도 시범단과 케냐 어린이 태권도 시범단이 함께 강남스타일 춤을 추라고 지시했다고 했다."라고 말했다. 나는 플레이그라운드 전 이사에게 K-스포츠재단과 케냐 어린이 태권도 시범단은 춤을 추지 않겠다고 말하고 대기실로 내려가 K-스포츠재단 태권도 단원들에게 태권도 시범이 끝나면 케냐 어린이들을 데리고 무대 위로 올라오는 다른 문화공연 팀 뒤로 이동하라고 말했다.

박근혜의 강남 스타일 사랑은 남다르다고 생각했다. 태권도 시범이 목적인지, 강남 스타일의 노래와 춤을 알리는 것이 목적인지 모르겠다는 생각이 들었다. 하지만 도복을 입고 강남 스타일 춤을 추라는 것은 도저히 받아들일 수 없었다. 마침 케냐 정부에서도 노승대 사범에게 케냐 어린이 태권도 시범단에게 태권도 도복을 입고 춤을 추지 말라고 지시를 했다.

2016년 5월 31일 대통령 아프리카순방 케냐 문화공연에서 K-스포츠재단 태권도 시범단 시범을 끝마치고 숙소로 돌아와 잠을 자고 있는데 최순실에게 전화가 걸려왔다. 밤에 걸려오는 최순실의 전화는 언제나 좋지 않은 전화였다. 아마 박근혜가 보고 싶어 하는 강남 스타일 춤을 추지 않은 것에 대해서 지적할 거라고 생각했다.

"여보세요."

"노 부장."

"네."

"아니 위에서 시키면 시키는 대로 해야지 어떤 행사인데 노 부장이 다 망쳐놔."

"네, 저희는 실수 없이 잘 했습니다."

"잘 하기는 뭘 잘해. 위에서 난리 났잖아. 시키면 시키는 대로 하지 왜 안 해. 노 부장이 깡패야 건달이야?"

"네 뭐라고요?"

"그리고 남승현 단장은 왜 대통령이 말이 끝나지도 않았는데 마이크를 뺐어. 영어도 못 하면서 왜 뺐냐고?"

"남승현 단장님 영어 잘 하십니다."

"위에서 난리 났잖아."

소리를 지르며 최순실은 전화를 끊었다. 아마 전에 같으면 최순실의 말을 고분고분 듣고만 있었을 것이다. 하지만 이번에는 짧았지만 최순실의 지적에 대해 부당하다는 나의 의견을 말했다. 최순실이 내게 준 직업이었지만 K-스포츠재단이 정상적인 재단으로 운영되기를 바라면서 나는 최선을 다했다. 그리고 대한민국의 국기인 태권도가 시범단을 통해 무술이기 보다는 무용에 가까워지는 것을 참을 수도 없었다. 그동안 태권도 시범은 국기원에서 했다. 국기원의 시범은 품새 격파 등 정통적인 것이었다. 이 틈새 속에서 K-타이거즈 시범단은 무용, 춤 등 오락적인 요소를 가미하면서 빠르게 각종 행사를 주도하기 시작했다. K-타이거즈의 성장을 보면서 정통성을 고수하던 국기원의 시범단도 오락적인 요소를 가미하기 시작했다. K-스포츠재단에서 남승현 단장을 모셔올 수 있었던 것은 국기원과 K-차이거즈의 시범단과는 달리 무예로서의 태권도를 널리 알리는 시범단을 만들겠다는 목표가 같았기 때문이다. 그런데 그런 남승현 단장이 이끄는 시범단에게 강남 스타일에 맞춰 춤을 추라는 것은 너무나 굴욕적인 요구였다. 그렇잖아도 생긴지 얼마 되지도 않았고, 단 한 번도 국내 및 해외 공연을 하지 않은 K-스포츠재단의 태권도 시범단이 대통령 순방을 따라가는 시범단으로 결정되어 많은 비난이 있었다. 나 역시 그런 비난이 있다는 것을 잘 알았다. 최순실의 힘이 아니고서는 K-스포츠재단의 태권도 시범단이 이런 행사를 도저히 수주하지 못했을 것이다. 그런 비난을 받으면서도 내가 남승현 단장이 이끄는 시범단에 자부심을 갖는 것은 오락적인 요소를 빼고 정통성을 강조하는 시범단은 이제 우리 시범단이 유일했기 때문이었다.

한국으로 돌아와 최순실의 지시로 2016년 6월 7일 아프리카 순회 시범 보고서를 작성해 최순실에게 건넸다.

2016년 6월 14일. 최순실은 더 블루-K에서 회의를 하며 5대 거점 사업 지역을 다시 지정했다. 서울 올림픽공원, 경기 남양주, 전북 무주태권도원 3곳을 추진하고 충남 당진과 전북 고창을 제외시키라고 지시했다. 나는 더 블루-K 사무실에서 회의가 끝나고 K-스포츠재단으로 이동했다.

K-스포츠재단으로 돌아와서 김필승 상임이사와 얘기를 했다. 김필승 상임이사는 5대 거점 사업 공모에 지원하기 전 서울 올림픽공원과 전북 무주태권도원을 제외하고 경기 남양주 한 곳만 지원하자고 했다. 2016년 6월 8일 문화체육관광부는 지정형 거점 K-스포츠클럽 설립 및 운영방안으로 문화체육관광부 지정을 통해 2개 체육시설 무주태권도원, 서울 올림픽공원에서 거점 K-스포츠클럽 운영 해당 체육시설 및 지역의 특수성을 고려하여 거점 K-스포츠클럽 사업목적 달성을 위한 클럽 설립 및 운영 방안 마련의 추진방향으로 문건 그대로 문화체육관광부가 특정 체육전문기관을 선정해서 위탁하는 방식이다. 문화체육관광부의 지정형 거점 K-스포츠클럽 설립 및 운영방안의 문건은 최순실이 지시한 5대 거점 사업에 맞게 만들어졌다.

5대 거점 사업에 선정이 되면 문화체육관광부에서 연간 8억을 3년간 지원받으며 3년 후 재정자립을 목표로 한다. K-스포츠재단이 만약 3곳을 선정 받게 되면 3년 후 연간 24억 원을 매년 지출을 해야 하는 구조적 문제점을 갖는다. 그리고 경기 남양주시청에서 제공하려고 했던 시설은 K-스포츠재단에서 전체적으로 리모델링 공사를 한 후 사용을 했어야 했다. 그렇다 K-스포츠재단 김필승 상임이사와 나는 비정상을 정상으로 만들고 싶었다.

나는 5대 거점 사업을 담당하며 최순실에게 청와대 문건과 문화체육관광부 문건을 받았다. 문화체육관광부 체육진흥과에서 2015년 12월 1일에 만든 종합형 스포츠클럽 운영현황 및 개선방안 보고서를 줬고 2016년 2월 청와대 문건으로 스포츠클럽 지원 사업 전면개편 방안으로 청와대 교육문화수석 김상률이 VIP에게 보고하는 문건이다. 내용은 이렇다.

"지역 스포츠클럽을 종합 지원하는 중앙지원센터를 2016년 3월에 설치하고 K-스포츠재단을 스포츠클럽의 설립 운영 평가 등 전과정에 대한 효율적 운영체계로 활용한다. K-스포츠재단의 운영지원과 컨설팅을 위해 스포츠 마케팅의 전문 기관인 더블루케이와 연계하여 전문성 있고 체계적인 클럽 시스템을 구축한다. 그리고 운영기관을 국민생활체육회로부터 K-스포츠재단 운영기관으로 위탁한다는 내용이다.

이 문건에는 더블루케이 역할이 경영 및 마케팅 컨설팅으로 되어 있다. 2016년 2월 최순실이 나에게 이 문건을 주면서 5대 거점 사업과 종합형 스포츠클럽은 위에서 다 정리했으니 이대로만 진행하면 된다고 했다. 최순실이 내게 건네준 이 문서를 K-스포츠재단에 갖고 와서 나는 다시 복사를 했다. 그리고 밑

줄을 그었다. 이 문서 하나로 박근혜 대통령과 최순실 그리고 K-스포츠재단과 더 블루-K가 연관되어 있다는 것을 설명할 수 있었다.

2016년 11월 7일 서울지검에서 조사받을 당시 그럼 이 문건을 누가 작성했는지가 문제였다. 최순실은 나에게 이 문건을 복사해 주며 작성자를 가리기 위해 우측 상단을 메모지로 가렸다. 최 검사와 나는 형광등에 비춰보고 이 방법 저 방법을 다 사용했지만 찾을 수가 없었다. 그때 화장실을 가려고 자리에서 일어나며 책상에 놓여있는 문건을 대각선으로 우측 상단을 보니 순간 내 눈에 흐릿하게 교문수석이라고 적혀있었다.

유레카! 나는 최 검사에게 주먹을 불끈 쥐고 '교문수석'이라고 했다. 최 검사도 문건의 우측 상단의 교문수석을 확인하며 웃었다. 그리고 나와 최 검사는 하이파이브를 했다.

이 문건은 2017년 3월 10일 열린 헌법재판소 사건번호 2016헌나1 대통령 박근혜 탄핵재판 판결에서 대통령 박근혜를 파면하게 했다.

2016년 6월 23일 최순실의 지시로 박 과장이 업무를 담당했던 2016 국제 가이드 러너 컨퍼런스가 올림픽파크텔에서 열렸다. 당시 K-스포츠재단은 2016 국제 가이드 러너 컨퍼런스를 개최하기 전 용역회사로 더 스포츠엠 개업 연 월 일 2016년 3월 29일로 사업장 소재지 서울특별시 강남구 봉은사로 72일 13 삼성동 종목 스포츠마케팅 스포츠이벤트행사 스포츠 매니지먼트인 회사와 용역계약을 체결하였다. 장시호는 최순실이 빨리 회사를 만들라고 지시해서 이유도 모른 채 회사를 만들었다고 했다. K-스포츠재단 김필승 상임이사와 이철용 경영지원부장 그리고 나는 K-스포츠재단 태권도 시범단에 신경을 쓰고 있었기에 K-스포츠재단과 더 스포츠엠의 용역계약에 손을 쓸 수 없었다. 그리고 국정농단이 불거지고 더 스포츠엠은 사라졌다.

쉿! 소리 내지 마

2016년 7월 26일 TV조선에서 <민간 문화재단 미르를 아십니까? 수상한 재단 미르 뒤에는 누가 있을까요? 30개 기업이 486억 원을 냈습니다>라는 뉴스가 나왔다. 이렇게 미르재단이 수면 위로 올라 왔다.

2016년 8월 2일 TV조선을 통해 <케이스포재단 400억 모아> 박경준 기자가 단독으로 보도했다.

2016년 8월 5일 나는 K-스포츠재단 태권도 시범단의 태권도 재능기부 사업을 위해 전라남도 신안군에 위치한 자은도로 출장을 갔다. 이 사업은 K-스포츠재단의 사업기획부장으로 일하면서 김필승 상임이사에게 도서산간지역의 스포츠 재능기부에 대한 기획을 하고 있다고 보고했고, 김필승 상임이사는 지인을 통해 지역을 알아봐줬다. 그리고 이철용 경영지원부장에게 부탁하여 이철용 경영지원부장이 기획을 하고 사업을 추진해 전라남도 신안군에 위치한 자은도의 자은초등학교에서 K-스포츠재단 태권도 시범단의 태권도 재능기부 사업이 가능했다.

2016년 8월 5일 전라남도 자은도로 출장을 내려가기 전 나와 이철용 경영지원부장 강지곤 차장은 K-스포츠재단의 노동조합 설립을 준비하고 있었다. 하지만 걸림돌은 최순실이었다. 만약 정 이사장이 알면 최순실에게 보고할 거라는 생각도 했다. 그래서 은밀하게 진행해야 했다. K-스포츠재단 노동조합 설립을 결정하게 된 계기는 K-스포츠재단 초대 이사장이 최순실의 지시로 해임되고, 최순실의 지인인 정 이사장이 낙하산으로 2대 이사장에 취임하면서, 나와 K-스포츠재단 이사회 이철용 경영지원부장은 정 이사장의 취임을 반대했다. 정 이사장이 K-스포츠재단 취임 후 박 과장을 만났다. 당시 박 과장은 최순실이 정 이사장을 만나라고 해서 압구정동에서 만났다고 했다. 그리고 새로 취임할 이사장은 최순실의 압구정동 미승빌딩에서 가까운 곳에서 현재 스포츠재활센터를 하는 원장이라고 했다.

정 이사장은 최순실의 결정에 따라 K-스포츠재단 이사회가 열리기 전 K-스포츠재단에 출근했다. 그리고 약 한 달이 넘어 정 이사장의 취임을 결정하는 K-스포츠재단 이사회가 열렸다. 당시 이사회에 참석한 이철용 경영기획부장의 말을 들어보면 K-스포츠재단 이사회 4인 중 3인이 반대의견을 냈다고 했다. 그리고 정 이사장은 "나는 청와대 안종범 정책조정수석으로부터 임기 2년을 보장받았다."라고 말했다고 한다. K-스포츠재단 이사회 4인 중 3인인 김필승 상임이사와 이 비상임이사 이 비상임이사의 반대는 결국 정 이사장이 청와대 안종범 정책조정 수석을 거론하며 반대를 할 수 없게 의결권을 무력화시켰다. K-스포츠재단의 초대 이사장은 급여가 없는 K-스포츠재단을 위해 봉사하는 비상임이사였다. 하지만 최순실의 결정으로 정 이사장은 임기 2년에 연봉 1억2천 제네시스 자동차를 타고 다니는 상임이사가 됐다.

K-스포츠재단의 정관에는 상임이사 2인과 비상임이사 3인으로 구성되었으나 정 이사장이 상임이사 겸 2대 이사장이 되면서 K-스포츠재단은 정관을 위반하며 운영하게 되었다. 최순실은 왜 정 이사장을 이사장으로 취임을 시켰을까? 아마 본인을 대신할 대상으로 정 이사장을 취임 시켰을 것이다. 만약 정 이사장이 취임할 당시 노동조합이 있었다면 정 이사장은 취임을 못했을 것이다.

2016년 3월 최순실은 K-스포츠재단 태권도 시범단을 만들라고 지시하고 태권도 시범단의 시범 동영상을 보고 마음에 들지 않는다고 해체를 시키라고 했다. 직원을 이쑤시개로 생각하는 최순실에게 K-스포츠재단 직원과 태권도 시범단원의 부당해고를 막고 노동권을 보호받기 위해서였다. K-스포츠재단 직원과 태권도 시범단원은 근로계약서를 체결하고 국민연금, 건강보험, 고용보험, 산재보험을 가입한 노동자이며 노동법에 의해 보호를 받는다는 사실을 알려 주고 K-스포츠재단 직원과 태권도 시범단원의 노동권을 보호해 주고 싶었다.

2016년 8월 5일 나는 KTX를 타고 목포역에서 하차했다. 그리고 박 과장을 만났다. 자동차 안에서 박 과장은 나에게 노조를 왜 만들려고 하냐며 회장님은 아냐고 물었다. 나는 모르게 진행한다고 했다. 박 과장은 나에게 회장님이 알면 지랄할 거라고 하며 지금 회장님은 독일에 있다고 했다. 박 과장은 서울로 올라가는 KTX를 타러 목포역으로 이동했고 나는 K-스포츠재단 법인 자동차로 이동해 배를 타고 자은도에 도착했다. 그때 최순실에게 전화가 걸려왔다.

"네. 안녕하세요."

"노 부장."

"네."

"독일 승마장 열쇠 어디 있어?"

"네? 무슨 열쇠?"

"독일 비블리스."

"저는 박 원장님이 서류 등 일체를 장 대리에게 넘기라고 해서 열쇠하고 다 줬는데요. 무슨 일 있으세요? 마스터키는 박 원장님 장 대리 신 주임이 갖고 있었는데."

"알았어요."

2015년 10월 29에 독일 비블리스 예거호프 승마장에서 정유라와 정유라를 돕던 사람들은 나만 남겨두고 이사를 갔다. 그런데 2016년 8월 5일에 와서 승마장 마스터키를 찾는 이유는 왜일까?

2016년 8월 8일 도서산간지역 중 스포츠 소외지역을 대상으로 2016년 7월 26부터 8월 8일까지 전라남도 신안군 자은도에 위치한 자은초등학교에서 한 K-스포츠재단 태권도 시범단의 태권도 재능기부 일정을 마치고 서울로 이동했다.

그러던 어느 날 K-스포츠재단에 출근해 노동조합 설립을 위한 준비를 다 해놓은 상태에서 박 과장이 내게 다가와 "회장님이 노조 만들지 말래요." 라고 말했다. K-스포츠재단 노동조합 설립을 최순실 모르게 은밀하게 진행하려고 했는데 어떻게 최순실이 알게 됐을까? 나는 최순실이 알아도 K-스포츠재단 노동조합을 설립하려고 했지만 상황은 쉽지 않았다.

그리고 정 이사장이 내게 면담을 요청했다. 그리고 K-스포츠재단 노동조합을 왜 만들려고 하느냐고 물었다. 정 이사장은 독일에서 회장님과 일하면서 한국으로 갖고 온 자료가 있냐고도 물었다. 회장님의 지시로 후임자에게 다 넘겨주어 없다고 말했다.

2016년 9월 3일 오전 11시 30분 더 블루-K는 이사를 갔다. 2017년 5월 22일 더 블루-K 사무실이 있는 건물관리인 노광일 선생님을 만났다. 그리고 당시 상황을 들을 수 있었다.

더 블루-K 류 부장에게 이사를 완료했다는 연락을 받았고 노광일 선생님이 '책상 하나는 어떻게 할 거냐'고 류 부장에게 물어봤지만 류 부장은 주인이 와서 가지고 갈 거라고 말했다. 그리고 나는 노광일 선생님과 함께 더 블루-K 사무실로 갔다. 그곳에는 책상 하나만 덩그러니 남아있었다.

나는 2016년 10월경 '더 블루-K'가 '더 운트'로 변경됐다는 사실을 알게 되었다. 최순실은 참 대단한 사람이다. 이 복잡한 상황에서도 더 블루-K를 없애고 '더 운트'를 설립하다니. 역시 최순실이다.

2016년 9월 20일 <K-스포츠 이사장은 최순실 단골 마사지센터장> 이란 기사의 제목으로 한겨레신문 방준호 기자가 단독으로 보도했다. 그리고 이날부터 K-스포츠재단과 미르재단은 하루도 쉬지 않고 연일 기사가 나왔고, K-스포츠재단으로 여러 방송사와 언론매체의 기자들이 몰려들었다.

그리고 어느 날 K-스포츠재단에서 박 과장이 얘기를 하자고 하며 나에게 이렇게 말했다.

"회장님하고 통화는 하세요?"

나는 박 과장에게 나는 전화가 오면 받는 사람이지 전화를 거는 사람은 아니라고 했다. 형은 누구하고 일을 할지를 결정해서 말해달라고 했다. 나는 박 과장에게 나는 재단에서 일하는 사람이고 항상 그 자리에 있는 사람이라고 말했다. 박 과장은 회장님과 통화를 한번 해보라고 말했다. 나는 전화가 올 때까지 기다리겠다고 대답했다.

2016년 9월 29일 시민단체 투기자본감시센터는 K-스포츠재단과 미르재단의 의혹과 관련해 서울중앙지방검찰청에 안종범 최순실 등 81명을 고발했다. K-스포츠재단의 직원이었던 나는 서울중앙지방지검찰청에 조사를 받을 수 있다는 생각을 했다. 그래서 책상과 컴퓨터를 정리하며 자료를 모아서 집으로 갖고 갈 준비를 했다. K-스포츠재단 직원들과 저녁을 먹고 있는데 이철용 경영지원부장에게 최순실의 전화가 걸려왔다. 최순실은 현재 K-스포츠재단이 어떤 상황인지를 물어보았고 이철용 경영지원부장은 언론에 K-스포츠재단에 관한 기사가 많이 나오는 상황이라고 말했다. 그리고 현재 미르재단은 노동조합을 만들어 언론에 대응할 준비를 하고 있다고 말하며 K-스포츠재단의 노동조합설립의 필요성을 말했다. 최순실이 K-스포츠도 노동조합을 만들어 언론에 대응하라고 했다며 최순실의 허락을 받았다.

2016년 9월 30일 이데일리에서 <전경련 미르 케이스포츠 해산. 신규 문화체육재단 설립>이란 김혜미 기자의 기사가 나왔다. 전경련은 30일 문화체육재단 설립방안을 발표하고 10월 중 법적절차를 추진한다는 내용이다. 2016년 6월 나는 최순실 그리고 하 교수와 같이 청담동에서 저녁식사를 하며 술을 마셨다. 저녁식사 자리가 끝나고 최순실은 나에게 K-스포츠재단에서 노 부장이 잘해야 한다며 퇴임 후 위에서 오시니깐 신경을 써야 한다고 했다.

나는 K-스포츠재단 노동조합설립을 위해 직원들과 함께 행정절차에 필요한 절차와 서류를 만들어 서울시 강남구청에 K-스포츠재단 노동조합설립에 필요한 신청서를 접수했다. 얼마 후 박 과장이 나에게 다가와 "회장님이 노동조합 만들지 말래요." 라고 말을 했고 나는 이미 신청서를 접수해서 취소가 어렵다고 박 과장에게 말했다. 이렇게 K-스포츠재단 노동조합이 만들어졌고 나는 초대 K-스포츠재단 노조위원장이 됐다.

2016년 10월 4일 국회에서 교육문화체육관광위원회 국정감사가 시작됐다. K-스포츠재단과 미르재단은 최대의 화두였으며 국정감사가 시작되면서 연일 K-스포츠재단과 미르재단에 관한 국민적 관심은 높아만 갔다. 특히 교육문화체육관광위원회 국정감사에서 더불어민주당 안민석 의원의 날카로운 질문은 인상 깊었다. 나는 이날 국정감사를 통해 2015년 8월 11일 독일 비블리스 예거호프 승마장에서 최순실이 박 원장에게 했던 말을 생각했다. 최순실은 박 원장에게 "귀신은 뭐하고 있냐? 안민석 좀 잡아가지."라고 말했다. 최순실이 말한 더불어민주당 안민석 의원의 얼굴을 처음 보았다.

이날 JTBC <일방적 해산 결정에 K-스포츠 직원들 비대위 구성>이란 김필준 기자의 기사가 나왔고, K-스포츠재단과 미르재단의 합병을 반대하는 K-스포츠재단 비상대책위원회는 JTBC 손석희 앵커가 진행하는 8시 뉴스룸을 통해 전화 인터뷰를 했다. 이 과정에서 최순실은 노승일이 아닌 다른 사람으로 전화 인터뷰를 하라고 박 과장에게 지시를 했다.

2016년 10월 22일 인터넷 기사를 검색하다보니 주요 수사대상에 노승일 이름이 보이며 출국금지가 된 상태였다. 이제 곧 있으면 서울중앙지방검찰청으로 조사를 받으러 가야 한다. 여러 가지 가능성을 놓고 생각과 고민을 많이 했다. 그리고 결정했다.

2016년 10월 23일. 오늘은 김필승 상임이사가 서울중앙지방검찰청에 조사를 받으로 가는 날이다. K-스포츠재단 2층 사무총장실에서 김필승 상임이사와 만났다. 그리고 나에게 문건 두 장을 보여주며 한번 읽어보라고 했다.

현재 상황 및 법적 검토, 어제 관계자 조사 상황 법적 검토 등이 적힌 문서였다. 나는 "누구에게 받으셨어요?"라고 물었고, 김필승 상임이사는 청와대 정책조정수석 안종범의 보좌관에게 전달받았다고 말했다. 청와대에서 만든 검찰조사 대응문건이었다. 나는 이 문서를 보면서 꼭 필요하다고 생각했다. 김필승 상임이사를 모시고 서울중앙지방검찰청으로 이동했다. 서울중앙지방검찰청에 도착해 김필승 상임이사가

"야 남자가 쪽팔리게 사실대로 얘기하지."

하며 손에 있던 문건을 찢으며 씹고 있던 껌을 문건에 뱉었다. 그리고 손에 들고 내리려는 김필승 상임이사에게 나는

"제가 버리겠습니다."

하고 넘겨받았다. 그리고 나는 K-스포츠재단으로 이동해 A4 용지에 딱풀을 바르고 퍼즐 맞추듯 붙였다. 다 완성된 검찰조사 대응문건을 핸드폰 카메라로 사진을 찍고 아내에게 문자로 사진을 보내 보관하게 했다. 그리고 문건을 파쇄기에 넣어 파쇄했다. 청와대 정책조정수석 안종범의 보좌관이 전달해 준 검찰조사 대응문건은 2016년 11월 2일 청와대 정책조정수석 안종범이 서울중앙지방검찰청에 출석 후 증거인멸의 구속사유로 인용되었다.

고민은 짧게 판단은 빠르게

2016년 10월 24일 저녁 7시 서울중앙지검에서 두 통의 전화가 동시에 걸려왔다. 6층에 있는 검사실과 10층에 있는 검사실에서 전화가 걸려왔다.

"노승일 부장님."

"네."

"서울중앙지검 6층 ○호 검사실인데요. 어디시죠?"

"퇴근중입니다."

"그럼 지금 이리로 올 수 있나요?"

"아니요 내일 찾아뵙겠습니다."

"집이 어디신데요?"

"'미아동인데요."

"그럼 지금 왔다가 빨리 끝냅시다."

"제가 지금 몸이 불편해서 내일 아침에 찾아뵙겠습니다."

"지금 오시는 게 좋을 텐데요."

"내일 아침 9시에 찾아뵙겠습니다."

"네. 그럼 내일 아침 9시에 ○호실로 오세요. 아. 그냥 지금 와서 빨리 끝내시는 게 좋을 텐데."

"죄송합니다. 내일 찾아뵙겠습니다."

"네. 알겠습니다."

전화를 끊고 10여분도 되지 않았는데 다시 전화가 걸려왔다.

"노승일 부장님 핸드폰 맞죠?"

"네."

"안녕하세요. 여기 서울중앙지점 10층 검사실인데요."

"네."

"지금 어디시죠?"

"퇴근중입니다."

"집이 어디신데요?"

"미아동이요."

"그럼 지금 서울중앙지검 10층 1018호실로 오세요."

"조금 전에 6층 검사실에서 전화가 왔습니다. 그래서 내일 아침 9시에 찾아뵙기로 했습니다."

"그럼 내일 아침 9시에 6층 말고 10층으로 오세요."

"네. 알겠습니다. 그럼 내일 아침 9시에 찾아뵙겠습니다."

통화를 하며 순간 고민했다. 내일 아침 10층으로 빨리 갈까. 왠지 6층 검사실 보다는 10층 검사실이 느낌이 좋았다. 정말 그냥 10층이 느낌이 좋았을 뿐이다. 집에 도착하자마자 JTBC 뉴스룸의 특종을 봤다. 나로서는 별로 놀라울 것이 없는 뉴스였지만 그 뉴스가 갖고 오게될 파장에 대해서는 예상할 수 있었다. 최순실이 본격적으로 세상 사람들의 입에 오르내리던 그 시작이었다.

세상 사람들이 특종 뉴스에 충격을 받고 있을 때 나는 전혀 다른 것으로 깊은 생각과 고민을 해야 했다. 내일 중앙지검으로 가게 되는 것은 기회일까? 아님 함정일까? 살아있는 권력을 고발하는 일에 관한 영화에서 보면 위에서 누르면 그걸로 끝인데 하는 생각이 불현듯 떠올랐다. 나에게 꼴통이라고 했던 지인들의 조언이 떠올랐다. "청와대는 힘이 있고 그 힘으로 언론도 장악할 수 있다." 지인들이 이 말을 처음 나에게 한 것은 2015년 8월 독일 코어스포츠에서 일을 할 때였다. 그때가 바로 내가 최순실의 국정농단을 세상에 알리겠다고 결심을 굳혔을 때였다.

최순실의 국정농단 자료를 차곡차곡 모으며 지내던 2015년 독일에서 나는 엄청난 고민을 했다. 내가 모아온 이 자료들을 어떻게 세상 밖으로 알릴지에 대해. 언론에 먼저 알려야 하나, 검찰에 알려야 하나, 아님 정치권에 알려야 하나를 두고 수없이 고민을 했다.

"그래. 정치권 야당 민주당에 도움을 청하는 거야."

하지만 지금은 상황이 다르다. 먼저 언론에서 불씨를 지폈고, 검찰의 수사가 시작된 상황이었다. 하지만 이 나라의 대통령은 박근혜다. 거대한 산 청와대 박근혜가 유야무야 수사를 종료시키면 끝나는 상황. 속된말로 나는 새된다.

그래 일단 10층으로 가서 조사를 받자. 그리고 아니다 싶으면 야당으로 찾아가자. 그리고 도움을 청하자. 이게 그날 밤 뜬 눈으로 새우며 고민한 결론이었다.

2016년 10월 25일 오전 9시 나는 서울중앙지검 10층으로 찾아갔다. 나에게 처음 말을 건넨 분은 담당 계장님이셨다.

"검찰에 처음이시죠? 너무 부담 갖지 말고 편하게 아는 사실 대로만 진술하시면 됩니다. 그리고 화장실가고 싶거나 커피마시고 싶거나 쉬고 싶으면 언제든 말씀하세요."

나는 담당 계장님이 매우 친절해서 오히려 경계했다. 너무 친절하게 대해 주는 것이 왠지 수사를 대충하고 덮으려는 의도로 보였다. 나는 아직 대한민국 검사를 믿지 못한다. 더욱이 박근혜 정권의 검찰이라면 더욱 그러했다.

아직 누가 검사인지도 모르는데 손에 땀이 나기 시작했다. 연신 휴지로 닦아보지만 화수분처럼 솟아났다. 얼굴도 달아오르기 시작했다.

다시 계장님께서 말씀하신다.

"지금 노 부장님 너무 긴장하고 있어. 너무 긴장하지 마세요. 다들 검찰을 너무 무서워해서 그래. 과거와 지금의 검찰은 달라요."

"아, 예. 긴장도 되고 그래서 매형에게 전화를 걸었더니 너무 긴장하지 말라고 그러더라고요."

"매형이 여기 계세요?"

"아니요."

그런데 갑자기 정수기에서 커피를 타던 동연배로 보이는 사람이 아니꼬운 투로 나에게 질문을 던졌다.

"누군데요? 말씀해 보세요."

"아닙니다. 그냥 조사받겠습니다."

"누군데요? 그 사람이."

'아니꼬운 투로 질문을 하는 저 사람은 도대체 누구지?'

짜증이 났다.

"그 사람이 누구냐고요?"

'다그치는 톤에' 더 큰 짜증이 밀려왔다. 지금 조사받으러 왔는데 그 사람 이름이 뭐가 중요하냐고 생각했다.

계장님이 말씀하신다.

"검사님께서 궁금하셔서 그러니까 누구세요?"

아니꼬운 말투의 그 사람이 바로 나의 담당 검사였다.

"매형 사촌 동생이구요. 존함은 이○○ 검사님입니다."

검사의 눈이 똥그래졌다. 얼굴도 붉게 타올랐다. 나보다 더.

"부장님 제방으로 가시죠. 계장님 음료수 좀 주세요."

"노 부장님 정말 인연입니다. 제가 이 검사님을 가장 존경하며 많은 후배들에게 존경받는 분입니다. 같은 학교에서 같이 공부는 안했지만 늘 존경하고 있습니다. 노 부장님 정말 인연인데 많은 협조 부탁드립니다."

"검사님 죄송하지만 명함을 받을 수 있을까요?"

"명함이요? 제가 지금 명함이 없어서, 찾아서 있으면 드리겠습니다."

"아, 예. 아닙니다. 그럼 조사받겠습니다."

지금부터 나는 자료를 모으고 고민하고 생각하고 결론을 내리고 그 결론을 행동으로 옮기는 모든 짐을 내려놓는 결정의 순간에 있다. 자료를 모으며 긴장하며 두려운 시간을 보냈지만 이순간만큼은 두려움 보다는 나를 믿어주고 도와주길 바라는 간절한 마음뿐이었다.

2016년 10월 25일 오전 10시 30분 성명 주민번호 직업 주거 등록기준지 직장주소 연락처 등을 대답하며 서울중앙지방검찰청에서 피의자 이승철 등에 대한 배임 등 피의사건에 관하여 참고인 1회 조사를 시작했다. 나는 처음 서울중앙지검에서 걸려온 전화를 받았고 고민 끝에 결론을 내린 것이 말을 조심하고 섣불리 말하지 말자 그리고 만약 믿음을 준다면 사실과 진실을 말하며 도움을 청하자는 결론을 내렸다.

첫 질문이 시작됐다. K-스포츠의 입사 경위를 물어보는 질문에 거짓말을 하며 조사를 받기 시작했다. K-스포츠재단에서 했던 사업에 대한 질문과 답변을 하고 있었다. 그리고 잠시 후 최 검사는 2016년 10월 24일 한겨레신문 인터넷 기사를 보여주며 이 문건에 대해 아느냐고 물어봤다. 나는 모른다고 대답을 했다. 최 검사는 자신의 방으로 들어오라고 했다. 그리고 다시 인터넷 기사를 보여주며 면담 회의 일지 일자 2016년 3월 25일 장소 더 블루-K 5층 사무실 참석자 회장님 그리고 내용은 K-스포츠재단 태권도 시범단에 관한 회의 내용이었다. 나는 모른다고 했다. 이 문건은 나도 이날 처음 보았다. 최 검사는 노 부장이 K-스포츠재단의 회의 내용을 더 블루-K에 팔아먹은 것 아니냐고 물어보며 이 문건도 작성한 것 아니냐고 물어봤다. 나는 "검사님, 그럼 이날 회의에 참석도 하지 않았으며 이 문건도 작성을 안 했는데 검사님 같으면 뭐라고 답하시겠어요?"라고 물어보는 나에게 소리를 지르며 "검사에게 질문하지 마세요."라고 했다. 그리고 나를 다시 박 계장의 책상으로 이동시켰다. 나는 박 계장에게 조사를 받으면서 "검사님에게 질문도 못합니까?"라고 말했다. 참고인 조사를 받으러 왔지만 검찰이 확보한 것은 2016년 10월 24일 한겨레신문의 기사가 전부였다. 잠시 후 다시 최 검사가 자신의 방으로 나를 불렀다. 그리고 최 검사의 질문에 나는 거짓말과 침묵으로 답변을 했다. 화가 난 최 검사는 소리를 지르고 나는 침묵을 반복한다.

"노 부장님. 여기 오시기 전에 어디에서 교육받고 왔어요?"

"네?"

"아니 정말 국정원보다 심하네."

또 다시 나는 침묵을 반복하며 눈을 감았다. 답답했다. 나의 거짓말도 거짓말이지만 나에게 질문하는 것이 반복과 또 반복이다. 더 이상 새로운 질문은 이어지지 않았다. 새로운 질문을 이어가기 위한 자료가 존재하지 않았다. 언론기사에 나온 자료가 전부라는 느낌이 들었다. 언론도 자료가 없고 제보가 없으니 새로운 사실을 알리고 싶어도 알릴 수가 없는 상황인 것 같았다.

"검사님 담배 하나 피울 수 있을까요?"

"네. 그럼 조금 쉬었다가 합시다."

"네."

"같이 갑시다."

나와 최 검사는 담배를 피우기 위해 흡연 장소로 이동을 했다. 서로 아무런 말없이 먼 건물만 쳐다보며 담배를 피웠다. 담배 한 개비 피우며 최 검사를 생각한다. 두 개비 피우며 최 검사를 생각한다. 세 개비 피우며 최 검사를 생각한다. 네 개비 피우며 최 검사를 생각한다. 다섯 개비 담배를 피우며 나는 생각을 하며 결론을 내렸다. 믿자. 그리고 도움을 청하자. 만일 아니면 차선책을 선택하면 된다. 지금 검찰이 갖고 있는 것은 아무것도 없다. 피고인과 참고인을 조사하며 받을 수밖에 없는 구조인 것 같았다. 최 검사가 나에게 했던 행동 그리고 말 등을 생각하며 믿고 도움을 청할 수 있는지 아님 거짓말과 침묵으로 대답하고 다른 방법을 시도할 지를 결정해야 했다. 다시 담배 하나를 꺼내 물었다. 그리고 결정을 했다.

"들어가시죠."

"갑시다."

라며 최 검사는 나에게 말했고 최 검사의 방으로 이동해 책상에 앉았다. 최 검사는 서랍을 뒤적거렸다. 그리고 나에게

"노 부장님. 제가 명함을 안 드려서 그래서요?"

"아닙니다."

"명함 여기 있습니다."

"네. 감사합니다."

최 검사는 나에게 명함을 건네주며 나에게 이 명함이 밖으로

나가는 순간 잘못하면 서울중앙지방검찰청에서 튀어 나갈 수 있다고 했다. 나는 최 검사의 명함을 받고 최 검사에게 말했다.

"검사님 오늘 조사는 여기까지만 받겠습니다."

"왜요?"

참고인이 조사를 그만 받겠다고 하자 나를 최 검사는 어이없이 쳐다본다. 마음이 통했을까? 2016년 10월 25일 23시 30분 조사를 마무리했다.

아쉬워하고 있는 최 검사에게 나는 내가 결심한 것을 넌지시 물어보았다.

"만일 내가 검사님이 감당할 수 없을 정도로 엄청난 얘기를 한다면 검사님은 그 누구의 눈치도 안 보고 오직 진실을 밝히기 위한 수사를 할 수 있겠어요? 나에게는 K-스포츠재단과 미르재단이 청와대와 연관성이 있는 자료가 있습니다."

이에 최 검사는

"부장님 정말 도와주십시오."

"네."

"제가 인연이라고 말씀드렸잖아요."

"네."

"지금 국민들은 진실을 알고 싶어 합니다. 검사는 진실을 밝혀야 합니다."

최 검사의 말에 신뢰하며 나는 꼭 밝혀 주길 간절히 바라고 있었다.

"검사님 지금부터 진실을 말하겠습니다."

"노승일 씨 믿어도 됩니다. 대한민국 검사가 이 사건 조사하고 옷 벗어도 명예입니다."라고 대답을 해주었다. 나는 믿기로 했다. 그리고 내 믿음이 깨진다면 차선책을 선택하고 또 이후 민주당, 언론을 활용하겠다고 생각했다. 그리고 최 검사를 믿고 싶었다. 지금 세상은 변해가고 있다. 이 변해가는 세상에서 현명한 검사라면 비겁하게 물러서지 않을 것이다. 대한민국 검사 최 검사에게 나는 감동받을 준비가 되어 있었다.

"지금부터는 제가 하는 말은 오프더레코드입니다. 아직 제가 검사님을 절대적으로 신뢰한다는 확신이 서지 않는 것도 이유이고, 검사님이 정말 자신 있는지 스스로에게 물어보라는 의미이기도 합니다."

나는 참고인 조사가 아닌 제보자의 마음으로 2014년 3월 최순실과의 첫 만남과 2015년 8월 최순실과의 두 번째 만남, 그리고 2015년 12월 세 번째 최순실과 만나 했던 일들과 과정 그리고 삼성전자와 코어스포츠의 계약 등을 모두 얘기했다. 최 검사는 K-스포츠재단과 미르재단이 청와대와 연관성을 어떻게 증명할 수 있느냐고 물었다. 나는 2016년 10월 23일 K-스포츠 재단 김필승 상임이사가 서울중앙지방법원에 조사받으러 오기 전 청와대 정책조정수석 안종범의 보좌관으로부터 받은 검찰 조사 대응방침이 담긴 문건을 가지고 있다고 말했다. 최 검사는 그 문건을 지금 볼 수 있냐고 했다. 나는 아내에게 연락하여 최 검사의 핸드폰 번호로 문자를 통해 사진을 보내달라고 했다. 보냈다는 아내의 연락을 받았지만 최 검사의 핸드폰에는 문자가 도착하지 않았다. 아내에게 보낸 문자를 확인하니 내가 핸드폰 번호를 잘 못 입력했다. 최 검사와 나는 난감했다. 사진이야 문자로 다시 받으면 되는데 혹시 이 사진이 이 사건과 관련이 되어있는 특정인과 언론인에게 보내졌다면 난감한 일이 아닐 수 없었다. 최 검사는 나의 안전을 먼저 생각하고 있었기에 최 검사와 나는 얼굴이 붉어졌다. 아내에게 다시 받은 청와대 정책조정수석 안종범의 보좌관으로부터 받은 검찰조사 대응방침이 담긴 문건을 보는 최 검사의 눈빛은 비장해 보였다. 최 검사는 또 다른 자료와 증거를 가지고 있냐고 물어보았다. 나는 집에 보관하고 있다고 말하며 다시 한 번 "할 수 있겠어요?"라고 물어보았다. 이에 최 검사 역시 "대한민국 검사가 이 사건 조사하고 옷 벗어도 명예다."라고 아까보다 더 확신에 찬 목소리로 대답해주었다.

다음 날 2016년 10월 26일 오전 서울중앙지방검찰청 최 검사는 K-스포츠재단을 압수수색했다. 최 검사는 나를 따로 불렀다. 그리고 나에게 "부장님께 보고했는데 부장님 이름도 남겨달라고 했습니다."라며 나를 보고 웃었다. 힘들고 어렵게 공부해서 검사가 되었는데 결론이 어떻게 날지 모르는 이 상황에 흔쾌히 결정을 해 준 최 검사는 말과 글로 표현할 수 없는 고맙고 감사한 사람이다.

진실을 염원하는 대한민국 국민을 위해 끝까지 포기하지 않고 밝혀주신 당시 서울중앙지방검찰청 1018호 최 검사님, 박 계장님, 이 계장님, 그리고 수사관님께 이 책을 빌려 진심으로 다시 한 번 감사드립니다.

2016년 10월 27일 경기도 오산시 본가에 잠시 들렸다. 최순실에게 부재중 수신이 세 개나 와 있었다. 2016년 10월 25일 최 검사는 나에게 최순실의 목소리가 담겨있는 녹음 파일이 있냐고 물어봤다. 나는 없다고 말했고 최 검사는 통화가 되면 최순실의 음성만 확인하게 할 수 있게 녹음을 부탁했다. 나는 알았다고 대답을 했다.

나는 최순실에게 전화를 걸었다. 그리고 녹음버튼을 눌렀다. 최순실은 지금 K-스포츠재단은 어떻게 되고 있냐? 더-블루 K의 설립에 관한 내용과 운영 그리고 롯데, SK, 고원기획, JTBC가 발견한 태블릿 PC, 차은택 등을 거론하며 한숨과 "어떡하면 좋아", "큰일 났네", "그런 일은 있을 수도 없고", "말이 안 된다", "분리를 안 시키면 다 죽어" 등 한국으로 돌아와 받을 검찰조사를 대비하고 있었다.

정신 바짝 차리고 진술하라고 지시하며 지금부터 어떻게 대응을 해야 하는지를 구체적으로 말했다. 최순실과의 통화녹음은 2016년 10월 27일 경기도 오산시 청호동 오후 4시 40경 최순실과 통화를 하며 녹음한 것이다. 최순실에게 전화가 몇 번 더 걸려왔지만 나는 이 통화를 끝으로 최순실과 통화를 하지 않았다.

진실을 밝히기 위한 고백

2016년 10월 27일 나는 서울중앙지방검찰청에서 참고인 두 번째 조사를 받았다.

참고인 조사는 저녁 10시부터 시작했다. 롯데그룹으로부터 70억 원 입금 경위와 다시 롯데그룹으로 70억을 반환하는 과정, 청와대 정책조정수석 안종범의 증거인멸 지시에 대해 오후 6시 10분까지 조사를 받았다.

2016년 10월 28일. 서울중앙지방검찰청에서 참고인 세 번째 조사를 받았다. 참고인 조사를 받기 전 최 검사에게 SD카드(삼성,64GB), USB(SanDisk), USB(Muller), 2014년 수첩(빨간색), 2011년 수첩(검정색), 명함 등이 들어있는 가방, 외장하드, USB(8GB), 결재 후 진행보고 파일철, 결재 보고서 파일철, 결재 후 진행 완료 보고서, 보안 유지 문서, 초록색 파일철 등의 자료를 전달했다. 그리고 전달한 자료를 바탕으로 진실을 밝히기 위한 조사를 받게 되었다.

참고인 조사는 저녁 10시부터 시작했다. K-스포츠재단의 인적 구성과 임직원의 사퇴배경 그리고 연구용역 제안서 전국 5대 거점 지역별 각 종목 인재양성 및 지역별 스포츠클럽 지원 사업 개선방안 연구와 연구용역 제안서 시작장애인 스포츠의 수준향상과 저변확대를 위한 가이드 러너 육성 방안에 대한 연구 등에 대하여 2016년 10월 29일 오후 6시까지 조사를 받았다.

2016년 10월 30일. 서울중앙지방검찰청에서 참고인 네 번째 조사를 받았다. 참고인 조사는 저녁 9시부터 시작했다. 연구용역 제안서 전국 5대 거점 지역별 각 종목 인재양성 및 지역별 스포츠클럽 지원 사업 개선방안 연구, 연구용역 제안서 <시각장애인 스포츠의 수준향상과 저변확대를 위한 가이드 러너 육성 방안에 대한 연구>에 대한 내용과 2016년 2월 18일 더 블루-K에서 회의를 하며 작성된 회의록, POSCO 배드민턴팀 창단 경위, POSCO 미팅보고서, 2016년 2월 26일 소공동 롯데호텔에서 진행된 회의를 기록한 회의록에 대한 내용 포스코 스포츠사업 개편안의 내용, K-스포츠재단 태권도 시범단 창단배경과 이란 아프리리카 순방 참여 경위, 중장년 실버 체육연맹에 관하여, 주니어 유소년 체육연맹 창단 방안 안, 스위스 건설사 뉴슬리와 더 블루-K의 계약 경위, 롯데에 70억 지원 요구 관련,

SK에 80억 지원 요구, 독일 코어스포츠 설립 경위와 삼성전자와의 계약 경위 등을 2016년 10월 31일 오전 9시 40분까지 조사를 받았다.

2016년 11월 7일. 서울중앙지방검찰청에서 참고인 다섯 번째 조사를 받았다. 참고인 조사는 오후 1시 10분부터 시작했다. K-스포츠클럽 활성화 방안 제안서 관련, 종합형스포츠클럽 운영현황 및 개선방안 보고, 스포츠클럽 지원 사업 전면개편 방안에 대해서 2016년 11월 8일 새벽 4시까지 조사를 받았다.

조사를 다 받고 최 검사는 나에게 코어스포츠와 삼성전자가 독일에서 계약하면서 삼성전자는 무슨 이유로 코어스포츠와 계약을 했는지 궁금하다고 했다. 증권회사를 12년을 다녔던 나는 최 검사에게 말을 했다. 2015년 5월 제일모직, 삼성물산 흡수합병 발표 당시 외국투자회사 엘리엇은 합병을 반대했고 국내 개인투자들을 대상으로 합병을 반대하는 주주를 모집했다. 그런데 가장 중요한건 제일모직과 삼성물산의 주주들의 의결권 행사가 찬성이냐 반대이냐가 제일모직과 삼성물산의 합병을 결정하게 한다. 여기에서 가장 중요한건 국민연금이다. 국민연금은 국민들에게 기금을 받아 연금운영을 한다. 주식 채권 등 다양한 수익구조를 갖고 운영을 한다. 여기에서 핵심은 국민연금이 제일모직과 삼성물산의 주식을 몇 퍼센트 가지고 있냐가 중요하다. 만약 국민연금이 가지고 있는 제일모직과 삼성물산의 지분율이 주주총회에 영향을 줄 수 있는 지분율이라면 코어스

□ 현재 상황 및 법적 검토

○ 어제 관계자 조사 상황

- (미르) 이성한 관련 문제 집중 질문, 직원 선발 등의 경위와 추천인 여부, 현재의 조직체계, 비용지출 관련 문제, 전자결제 시스템 여부 등
- (정동구) 사퇴하게 된 배경과 이유, TV조선 관련 내용 등

○ 법적 검토

- 재단 재산의 불법적 유용 등이 없는 상황이므로 전혀 법적인 문제 없음.
- 인선 문제에 대해서도 법적인 문제는 전혀 없는 것으로 검토 완료

■ 다만, 인선 문제에 대해 전경련과의 진술 등이 다를 경우 법적인 책임보다는 정치적 회살이 되어 여론 재판에 오를 수 있는 문제가 생겨 정치적으로 더 어려운 상황이 전개될 전망

■ 애매하거나 답변하기가 곤란한 사항에 대해서 "기억 못함", "잘 모름"으로 답변하여도 무방할 것임.

□ 인선 과정

○ 재단에 참여하게 된 계기?
- 전경련에서 연락이 온 것으로 기억함.

○ 전경련으로부터 연락받은 시점은?
- 12월초중순경 받은 것으로 기억함 (이용우 상무 or 이승철 부회장)

○ 정동구 이사장은 본인을 김필승 이사가 추천했다는데?
- 전경련에서 좋은 취지의 재단을 설립하는데, ① 체육계에 명망있는 분이 필요할 것으로 생각되었고, ② 재단이 [   ] 가 체육인재 육성이므로 이 분야에서 전문성이 있는 원로를 추천함

○ 재단 이사들은 누가 추천한 것인가?
- 체육계에서 다양한 경로로 알고 있는 분들을 추천한 것임.

■ 재단 이사들에 대해 구체적으로 추천 경로나 배경은?
- 잘 기억나지 않음. 설립기간이 얼마 남지 않아 정신없이 업무에 집중한 기간임.

■ 정현식 사무총장, 김기천 감사는 누가 추천했는가?
- 체육계 전문가로 줄곧 종사하여 초기 재단 설립과 살림살이를 위해서는 금융권 출신 인사가 좋겠다는 생각에 지인들에게 추천받아 전경련과 협의하여 선임한 것으로 기억함. 자세한 내용 기억 안남.

○ **직원들 인사는 누가 했는가?**

- 태권도단은 남승현 교수가 전통품세 전문가로서 본인이 추천하여 참여하게 되었고, 인철용 등 나머지 직원들은 설립 당시 여러 경로를 통해 추천을 받았고, 본인이 면접 등을 통해 직접 선발하게 된 것임.

○ **조성민이라는 부사무총장이 있었는가?**

- 재단 설립 전후로 하여 왔다갔다한 인물이 있었는데, 몇일 있지 않고 사라진 인물이어서 별로 신경쓰지 않았음. 워낙 초창기라서 왔다갔다 하는 사람이 많아 일일이 기억하지 못함.

○ **정동구 이사장의 사퇴 이유는 무었인가?**

- 이사장이 재단에 잘 적응하지 못하시는 것 같았고, 1달 정도 후 사퇴되었고, 자세한 내막은 잘 모르겠음.

○ **정현식, 김기천 감사의 사퇴 이유는 무엇인가?**

- 정현식 사무총장은 금융권 인사로서 재단의 특성상 체육분야 업무가 익숙지 않아 사임한 것으로 알고 있음.
- 김기천 감사는 왜 사퇴했는지 모르겠음. 봉급에 불만이 있기도 했음.

○ **롯데 75억 기부금은 어떻게 된 것인가?**

- 당시 잘 기억은 않나지만, 당시 사업목적에 맞지 않아 다시 되돌려 준 것으로 기억함.

포츠와 삼성전자의 독일승마지원계약은 가능한 일이다. 2015년 1월부터 제일모직과 삼성물산의 합병까지 국민연금의 지분 변동율과 국민연금이 의결권 행사를 반대를 했는지 찬성을 했는지를 조사하면 된다고 최 검사에게 말했다.

최 검사는 계장님에게 조사를 부탁했다. 그리고 나는 K-스포츠재단으로 이동했다. 서울중앙지방법원에서 참고인 조사를 받으며 나는 집으로 귀가하는 날보다 K-스포츠재단에서 잠을 자는 날이 많았다.

2016년 11월 8일. 서울중앙지방검찰청에서 참고인 여섯 번째 조사를 받았다. 참고인 조사는 오후 3시 20분부터 시작했다. 스포츠클럽 지원 사업 전면 개편 방안, 멕시코 문화행사 추진계획 안, 멕시코 문화행사 안 검토 보고에 대해서 2016년 11월 9일 새벽 3시까지 조사를 받았다.

2016년 11월 10일. 서울중앙지방검찰청에서 참고인 일곱 번째 조사를 받았다. 참고인 조사는 오후 4시부터 시작했다. 2018년 평창 동계올림픽 및 2020년 올림픽 메달 입상을 위한 체육인재 해외 전지훈련 예산안 종목 펜싱, 배드민턴, 테니스, 5대 거점 체육인재 육성 사업, 2016년 2월 18일 더 블루-K에서 회의하며 작성된 회의록, 종합형스포츠클럽 선정 및 지원 제도 및 추진 경과, 광역거점 K-스포츠클럽 선정 및 운영 방안, 2016년 지역 K-스포츠클럽 선정 및 관리방안, 5대 거점 체육시설 확보 계획, 스포츠클럽 지원 사업 전면개편 방안, 가이드 러너 육성사업 기획, K-스포츠재단 가이드 러너 전문학교 설립 기획안, 가이드 러너 육성 방안 연구용역 교재 교안 자격검증 포함, K-스포츠재단 직접사업기획, K-스포츠재단 가이드 러너 육성사업 기획에 대해서 2016년 11월 11일 2시 5분까지 조사를 받았다.

조사가 끝난 후 최 검사에게 "검사님 오늘부터 2016년 11월 20일까지는 참고인 조사를 안 받게 해 주면 안 될까요?"라고 부탁을 했다. 최 검사는 무슨 일이 있냐고 물어보았다. 아내가 지금 만삭인데 출산예정일이 2016년 11월 15일이라고 말씀드렸다. 최 검사는 "나는 상황이 그런 줄도 모르고 매일 불렀다."며 매우 미안해했다. 나는 최 검사에게 부탁을 드리고 K-스포츠재단으로 이동하여 다시 집으로 귀가하였다.

그럼에도 불과하고 사흘 뒤인 2016년 11월 14일 서울중앙지방검찰청 최 검사실에서 연락이 왔다. 나는 참고인 조사를 받을 줄 알고 서울중앙지방검찰청에 갔다. 최 검사님은 내게 지금까지 조사에 성실히 응해주셔서 감사하고 또한 축하한다며 아이의 내복을 주셨다. 나는 이거 김영란법에 걸리는 거 아니냐며 거절을 했다. 최 검사는 계장님 두 분과 수사관님하고 조금씩 모아 샀다며 김영란법에 걸리지 않는다고 하며 다시 한 번 축하한다고 말했다. 나는 "감사히 잘 받겠습니다."라고 인사를 하고 집으로 귀가를 했다.

2016년 11월 20일. 서울중앙지방검찰청 이영렬 중앙지검장의 최순실 게이트 중간 수사결과 발표가 있었다. 최순실과 청와대 정책조정수석 안종범 그리고 정호성 비서관 등 세 명을 기소하면서 공소장에 박근혜 대통령이 이들과 공모관계였다고 적시했다. 하지만 내가 제출한 증거와 자료를 바탕으로 지금 것 조사를 받았는데 그 내용은 빠져있었다. 나는 집에서 TV를 보며 방법을 찾아야 했다. 왜 일까?

2016년 11월 30일. 서울중앙지방검찰청에서 참고인 여덟 번째 조사를 431호에서 받았다. 참고인 조사는 오후 5시 30분부터 시작했다. K-스포츠재단의 현재 운영상태, 사업 기획은 주로 어떤 방식으로 이루어졌나, 청와대 정책조정수석 안종범의 보좌관과의 통화내역, POSCO 미팅보고서, 롯데그룹 70억 출연 경위에 대해서 2016년 11월 30일 오후 6시 55분까지 조사를 받았다.

진실을 밝힌 신의 한수

2016년 12월 7일 박근혜 정부의 최순실 등 민간인에 의한 국정농단 의혹사건 진상규명을 위한 국정조사 특별위원회 2차 청문회를 인터넷을 통해 시청하고 있었다. 당시 여당인 새누리당과 야당인 더불어민주당, 국민의당, 정의당 의원들의 질문과 증인 및 참고인들의 답변을 보고 있었다.

문득 이런 생각이 들었다. 내가 갖고 있는 자료를 청문회에서 공개한다면 언론에 공개하는 것보다 파급력은 있을 거라는 생각했다. 여당과 야당을 가리지 않고 청문회를 지켜보고 있었다. 청문회에 참석한 의원들의 질문에 신경을 많이 썼다. 그리고 청문회가 끝났다.

나는 많은 고민 끝에 더불어민주당 박영선 의원을 찾아가야겠다고 결정했다. 그리고 쉽게 박영선 의원과 연결이 됐다.

2016년 12월 8일. 더불어민주당 박영선 의원을 만나기 위해 서울시 마포구에 위치한 음식점으로 이동했다. 약속한 시간보다 일찍 도착한 나는 근처 커피숍에서 커피를 마시며 기다리고 있었다. 박영선 의원과 대화를 하며 자료와 증거를 전달할지를 결정하자고 했다. 1시간이 흘러 박영선 의원의 김동석 비서관에게서 곧 도착한다는 전화가 걸려왔다. 나는 음식점으로 이동했다. 1층 주차장에서 김동석 비서관의 안내를 받아 음식점으로 이동해 테이블 의자에 앉았다. 그리고 잠시 후 박영선 의원이 "안녕하세요."하며 의자에 앉았다. 나는 "안녕하세요. 저는 K-스포츠재단 노승일 부장입니다."라고 소개를 하며 첫인사를 했다. MBC 뉴스 아나운서 박영선 그리고 현재는 더불어민주당 국회의원 박영선 나는 태어나 국회의원과 마주하며 얘기하는 것이 처음이었다. 어릴 적 TV로 보았던 MBC 뉴스 아나운서 박영선의 그 모습 그대로였다.

"오늘 이렇게 찾아 뵌 것은 2016년 10월 25일부터 서울중앙지방검찰청에서 참고인 조사를 받으며 많은 자료와 증거를 제출했고 참고인 조사도 많이 받았습니다. 2016년 11월 20일 서울중앙지방검찰청 이영렬 중앙지검장의 최순실 게이트 중간 수사결과 발표가 있었습니다. 하지만 제가 제출한 자료와 증거를 바탕으로 하는 내용은 없었습니다. 아 이러다 제가 받은 참고인 진술과 자료와 증거는 없어질 수 있다는 생각을 했습니다. 어제 박근혜 정부의 최순실 등 민간인에 의한 국정농단 의혹사건 진상규명을 위한 국정조사 특별위원회 2차 청문회를 보면서 가슴이 답답하고 이러다 맹탕 청문회가 되지 않을까? 라는 생각을 했습니다. K-스포츠재단에서 인터넷을 통해 청문회를 보며 더불어민주당 박영선 의원님을 만나야겠다는 생각이 들었습니다. 그래서 의원님과 연락할 수 있는 방법을 찾아 의원님께 연락을 드렸습니다. 의원님께서 흔쾌히 만나자고 말씀해 주셔서 감사합니다."

박영선 의원은

"노 부장님이 서울중앙지방검찰청에 어떤 자료와 증거를 제출했는지는 모르지만 저에게도 그 자료와 증거를 주신다면 제가 이번 박근혜 정부의 최순실 등 민간인에 의한 국정농단 의혹 사건 진상규명을 위한 국정조사 특별위원회에서 노 부장님이 지금 대한민국 국민에게 알리고자 하는 서울중앙지방검찰청에 제출한 자료와 증거 그리고 내용을 국민들에게 알려드리겠습니다."라고 했다.

나는 K-스포츠재단 김필승 상임이사가 청와대 정책조정수석 안종범의 보좌관으로부터 받은 '현재 상황 및 법적 검토, 어제 관계자 조사 상황 법적 검토' 등이 적힌 문서인 검찰조사 대응 문건을 보여줬다.

박영선 의원과 김동석 비서관은 놀라움을 감추지 못했다. 2014년 3월 최순실과의 첫 만남, 2015년 8월 11일 독일출국 최순실의 코어스포츠와 삼성전자의 스포츠 매니지먼트 계약체결 그리고 K-스포츠재단, 최순실과의 통화 녹음파일을 설명했다.

"먼저 박영선 의원님의 의중을 알아야 했기에 저는 오늘 자료를 가지고 오지 않았습니다."

박영선 의원은 이번 청문회에서 이 내용을 대한민국 국민들에게 꼭 알려야 한다며 자료와 증거를 갖고 다시 만나자고 했다. 나는 참 복이 많은 사람이다. 아니 하늘이 나의 간절함을 받아 주신 것인가? 자료를 모으며 고민하고 걱정했던 것과 다르게 최 검사도 박영선 의원도 나의 간절함을 받아주었다.

2016년 12월 12일. 직원들과 점심식사를 하려고 준비하고 있었다. 박 과장은 내게 다가와 얘기 좀 하자고 했다. K-스포츠재단 2층 테라스에서 박 과장과 얘기를 했다. 박 과장은 내게 새누리당 이완영 의원이 정 이사장에게 전화를 해서 'JTBC가 더 블루-K 사무실에서 가져간 태블릿 PC는 절도로 하고 상무가 그 태블릿 PC를 들고 다니는 것을 봤다는 내용으로 언론과 인터뷰를 해서 기사화 하라'고 하더라고. 나는 박 과장에게 "잘 생각해라."라고 말을 했고 박 과장은 나에게 "내가 미쳤어요." 라고 말을 했다.

K-스포츠재단 1층에서 기다리는 직원들을 생각해서 나는 박 과장과 더 이상 대화를 하지 않았다. 1층에서 기다리는 직원들과 식당으로 이동하며 박 과장은 직원들에게 예전에 상무가 태블릿 PC 충전기를 나에게 사오라고 했는데 일반 충전기랑 다른 구형이라 못 구해줬더니 핀잔을 듣고 기분이 나빠서 그 상황을 정확하게 기억한다. 더 블루-K 사무실을 정리할 때 내가 상무 책상은 어떻게 하냐고 최순실에게 전화를 했더니 상무가 나중에 법적으로 난리칠 것 같다며 책상은 상무가 알아서 하게 놔두라고 했다고 말하며 청문회에서 질문을 할 텐데 이걸 말하면 국

민에게 돌 맞을 것 같다고 얘기를 했다.

나는 직원들과 점심식사를 하고 K-스포츠재단으로 돌아와 더불어민주당 박영선 의원을 만나기 위해 준비를 했다. 그리고 박영선 의원과 만났던 서울 마포구 음식점으로 이동을 했다. 이동하는 자동차 안에서 오늘 박 과장이 나에게 했던 말을 생각했다.

"박 과장이 내게 새누리당 이완영 의원이 정 이사장에게 전화를 해서 JTBC가 더 블루-K 사무실에서 가져간 태블릿 PC는 절도로 하고 상무가 그 태블릿 PC를 들고 다니는 것을 봤다는 내용으로 언론과 인터뷰를 해서 기사화 하라고 하더라고." 이거 이상하다. 느낌이 이상했다.

더불어민주당 박영선 의원과 2016년 12월 8일에 만났던 서울 마포구에 위치한 음식점에 도착을 했다. 김동석 비서관의 안내를 받아 음식점으로 이동해 자리에 앉았다. 나는 2016년 12월 10일 더불어민주당 김동석 비서관을 만나 USB에 담긴 자료를 넘겨주었다. 그리고 2016년 12월 11일 김동석 비서관을 다시 만났다. 내가 건네준 USB에 담긴 문건을 프린트해 놓고 기다리고 있었고 나는 문건에 대해 설명을 하는 긴 시간을 가졌다. 오늘은 박영선 의원이 USB에 담긴 문건에 대해 궁금한 것이 있다고 해서 다시 만나 뵙게 된 자리였다. 박영선 의원에게 정유라가 독일로 간 경위와 최순실의 코어스포츠와 삼성전자의 스포츠 매니지먼트 계약체결 경위, 정유라가 말을 타는 동영상, 최순실과 통화를 하며 녹음한 녹음파일의 내용을 설명했다. 그리고 K-스포츠재단 정 이사장이 나눠준 대통령 탄핵소추 진행 절차와 특검 및 국정조사 목적 및 일정에 대해 누가 이걸 작성한 거냐고 물어보며 특검 및 국정조사 재단 대응방침은 또 누가 이걸 작성한 거냐고 다시 물었다. 나는 "누가 작성했는지는 잘 모르겠습니다. 정 이사장이 나눠 주면서 숙지하고 준비하라고 했습니다."라고 박영선 의원의 질문에 설명을 했다. 역시 박영선 의원이다. 넘겨준 자료를 얼마나 꼼꼼히 봤는지 질문이 예리했다.

박근혜 정부의 최순실 등 민간인에 의한 국정농단 의혹사건 진상규명을 위한 국정조사 특별위원회 4차 청문회에서 박영선 의원과 정 이사장의 질의응답이다.

박영선 위원 : 자. 증인은 안종범 수석하고 통화를 자주 했습니까?

정 이사장 : 음. 전체 합해서 뭐 한 다섯 번 전후 통화를 했습니다.

박영선 위원 : 통화내용이 뭐였습니까?

정 이사장 : 뭐. 최초에는 만나서 이사장으로 최종 낙점이 됐으니, 대통령께서도 만족해 하셨다. 그래서 이사장으로 가셔가지고.

박영선 위원 : 대통령 재가가 났다. 그러면 재단 이사장까지 대통령 재가를 받았다는 거네요?

정 이사장 : 네. 그렇게 얘기를 들었습니다. 그래서 재단의 이사회를 통해서 이사장으로 선임이 됐는데, 그 후에 여

러 가지 건으로 해서 다섯 번 정도 통화를 했습니다.

이날 박영선 의원은 질문을 통해 K-스포츠재단 정 이사장에게서 박근혜 대통령의 청와대가 최순실 그리고 K-스포츠가 연관돼 있다는 것을 밝혀냈다.

논란이 된 위증교사

2016년 12월 15일 나는 중앙일보 윤호진 기자를 K-스포츠재단 근처에 있는 세븐 몽키스 커피숍에서 만났다. 언론사 기자 중 최초로 만난 중앙일보 윤호진 기자는 내가 K-스포츠재단 이철용 경영기획부장에게 언론사에 친분이 있는 기자가 있으면 소개시켜달라고 부탁을 해서 만났다. "오늘 청문회에서 새누리당 의원들이 박 과장에게 테블릿 PC에 대해 질문을 할 것이다."라며 나는 박 과장이 나에게 했던 말과 K-스포츠재단 직원들과 식당으로 이동하며 박 과장이 했던 말을 중앙일보 윤호진 기자에게 말했다.

윤호진 기자는 "국회에서 하고 있는 청문회에서 국회의원과 증인이 서로 말을 맞춰서 진행한다는 것은 위증"이라고 하며 말이 안 된다고 했다. 나는 윤호진 기자에게 오늘 청문회를 잘 지켜보면 알 것이라고 말을 했다. 그리고 JTBC가 발견한 테블릿 PC를 상무의 것으로 몰고 가는 행위는 위험한 행동이라고 말하며 오늘 국회에서 하고 있는 청문회를 잘 지켜보고 도움을 드릴 수 있는 방법을 찾아보겠다고 했다. 윤호진 기자와 저녁에 다시 만나기로 약속하고 커피숍에서 헤어졌다.

오후 6시 나는 세븐 몽키스 커피숍에서 다시 윤호진 기자를 만났다. 윤호진 기자는 새누리당 이완영 의원 측에 사실관계를 확인하고 도움을 주겠다고 했다. 그리고 나는 윤호진 기자에게 지금 노트북이 있냐고 물어봤다. 그리고 내가 갖고 있는 USB 파일을 윤호진 기자에게 주었다. 더불어민주당 박영선의 의원도 같은 USB 자료를 갖고 있다며 혹시 국회에서 하고 있는 청문회에서 다루지 못한 자료를 찾아서 국민들에게 알려 달라고 부탁을 했다.

이후 이 USB 파일은 채널A 서상희 기자, 시사IN 주진우 기자, 한겨레 서영지 기자, 국민일보 이경원 기자, SBS 정철원 PD, SBS 박수진 기자, MBC 황순규 PD, JTBC 허진 PD에게도 건네주며 도움을 청했다.

2015년 8월 11일 내가 독일로 가 있을 때 지인들은 나에게 청와대는 언론을 누를 수 있는 힘을 갖고 있다고 말했다. 나는 한쪽 언론사가 청와대의 압력에 눌리면 다른 한쪽 언론사에서 대한민국 국민에게 알릴 수 있다는 생각을 했다. 그래서 각각 다른 언론사 기자와 PD에게 도움을 청했다. 역시 나는 증권맨인가 보다. 결코 계란을 한 바구니에 담지 않는다.

나는 마음속으로 거대한 산과의 싸움에서 자료와 증거가 없는 말은 절대 하지 말자고 다짐했다. 나와 박 과장이 나눴던 말 그리고 박 과장이 직원들에게 했던 말은 누가 녹음을 하지 않는 한 증거가 없었다.

결국 '테블릿 PC 위증 모의 의혹'은 언론 기사를 통해 불거지고 말았다. 그리고 나는 중앙일보 윤호진 기자에게 전화를 걸었다. 윤호진 기자는 지금 기사를 준비하고 있는데 노 부장님이 괜찮으시면 기사를 내겠다고 했다. 나는 윤호진 기자에게 그렇게 하자고 했다. 그리고 2016년 12월 19일 중앙일보 <이완영 정 이사장 테블릿 PC 답변 입 맞췄다>라고 윤호진 김포그니 기자의 단독 기사가 나왔다. <노승일, 이 의원 정 씨 통해 박 과장에게 진술내용 전달>이라는 기사의 내용이었다.

나는 이 기사를 통해 박근혜 정부의 최순실 등 민간인에 의한 국정농단 의혹사건 진상규명을 위한 국정조사 특별위원회 2016년 12월 22일 5차 청문회 참고인으로 출석하게 됐다고 생각한다.

나는 이번 박근혜 정부의 최순실 등 민간인에 의한 국정농단 의혹사건 진상규명을 위한 국정조사 특별위원회 청문회에 증인과 참고인 대상이 아니었다. 새누리당 이완영 의원이 당시 청문회에 간사였으며 중앙일보 <이완영 정 이사장 테블릿PC 답변 입 맞췄다>라는 윤호진 김포그니 기자의 단독 기사로 억울하다며 청문회 위증의혹과 관련 K-스포츠재단 노승일을 청문회에 참고인으로 출석 명단에 넣은 게 아닌가라는 생각을 해본다.

2016년 12월 20일 국회사무처에서 전화가 걸려왔다. 2016년 12월 22일 5차 청문회에서 중앙일보 <이완영 정 이사장 테블릿

PC 답변 입 맞췄다>라고 윤호진 김포그니 기자의 단독 기사에 대한 내용으로 진행되면 이번 박근혜 정부의 최순실 등 민간인에 의한 국정농단 의혹사건 진상규명을 위한 국정조사 특별위원회 청문회의 성격과 맞지 않아서 12월 21일 수요일 국회에서 오전에 별도의 공간에서 별도로 진행하게 됐다며 나에게 출석이 가능하냐고 물어봤다. 나는 2016년 12월 22일에 박근혜 정부의 최순실 등 민간인에 의한 국정농단 의혹사건 진상규명을 위한 국정조사 특별위원회 5차 청문회에 참고인으로 출석하라는 통보를 받았으며 12월 22일에 사실대로 답변하겠다고 거절했다.

2016년 12월 21일 시사IN <박 과장, 내가 아니라 상무가 위증했다> 주진우 김은지 기자의 단독기사가 나왔다. 이 기사가 나오기 전 2016년 12월 18일 밤에 전화를 걸어 박 과장은 나에게 따지기 시작했다. 박 과장이 이 늦은 시간에 전화를 할 정도면 통화를 하며 녹음을 할 것이라는 예상은 했다. 하지만 나는 녹음을 하지 않았다. 녹음까지 하며 후배를 죽일 생각은 없었다. 어차피 이제 진실을 말하는 자와 거짓을 말하는 자의 싸움은 시작된 것이니까.

제4장

외롭지 않은 싸움

박근혜 정부의 최순실 등 민간인에 의한 국정농단 의혹사건 진상규명을 위한 국정조사 특별위원회 5차 청문회

2016년 12월 22일 아침 일찍 준비를 했다. 긴장은 안 됐지만 당시 새누리당 이완영 의원과 피 터지는 싸움을 생각하니 잠이 오질 않았다. 전날부터 거의 물을 안 마셨다. 화장실을 자주 가는 편이라 화장실 가는 게 걱정이었다. 박근혜 정부의 최순실 등 민간인에 의한 국정농단 의혹사건 진상규명을 위한 국정조사 특별위원회 5차 청문회에 출석하기 위해 자동차를 타고 서울 여의도 국회의사당으로 향했다. 국회의사당에 도착해 자동차를 주차하고 청문회장으로 이동했다. 다행이 내 얼굴이 언론에 공개가 되지 않아서 편하게 출입구를 통과할 수 있었다. 청문회장으로 들어가기 전 대기실에서 앉아있었다. 그리고 청문회 장소로 이동을 했다. 천장에서는 찬바람이 나오며 내 얼굴을 강타했다. 눈이 따갑고 추웠다. 드디어 이번 박근혜 정부의 최순실 등 민간인에 의한 국정농단 의혹사건 진상규명을 위한 국정조사 특별위원회 5차 청문회가 시작되었다.

이완영 위원 : 박 과장 어제 시사in에서 인터뷰 한 걸 잘 봤는데요. 상무가 중앙일보의 언론 인터뷰 보도 이후에 노승일 부장과 통화한적 있지요?

박 과장 : 예. 그 보도를 보고 왜 이런 얘기를 했는지, 제 입장에서는 따져 묻고 싶어서 전화를 했습니다.

이완영 위원 : 그럼 노승일 부장 뭐라 그랬습니까?

박 과장 : 18일 일요일 저녁에 통화를 하게 됐고요, 노승일 부장 말로는 본인은 그런 식으로 얘기하지 않았다 해서 그러면 뭐를 어떻게 얘기했기에 상무가 월간중앙을 만나서 이렇게 인터뷰를 하냐. 나를 위증범으로 만들고 위증교사를 받았다고 만드느냐 하니깐 네가 위증하라고, 누군가한테 지시받고 네가 위증했다고 얘기한적 없다. 그 얘기를 한 것이 아니고 정 이사장님께서 그 이완영 의원 만나고 돌아오셔서 저한테 했던 얘기를 제가 노승일 부장한테 담배피우면서 테라스에서 전달했던 얘기를 본인이 상무한테 한 거라고 그랬습니다. 그래서 그 얘기가 뭔지 저도 처음에 기억이 안 났습니다. 그래서 얘기를 하던 도중에 계속 얘기를 하다보니깐 그이야기가 바로 그 얘기였습니다. 그니깐 이완영 의원님하고 정 이사장님께서 만나시고 정 이사장님께서는 제가 테블릿에 대해서 그런그런 사실들을 알고 있다는 것을 전부터 알고 계셨습니다. 그래서 그 얘기를 의원님께 드렸고 그랬더니 위

원님께서 본인은 국회의원이고 청문회 간사니깐 이런 거 뭐 언급 하는 게 적절치 않다. 그래서 너희 재단에서 알아서 이거에 대해서 인터뷰를 하든지 알아서 해라 이렇게 얘기를 했다 그러시면서 정 이사장님께서 저보고 그러면 네가 이거 가지고 인터뷰를 한번 해보겠느냐? 그렇게 얘기를 하셨고 제가 거절했습니다. 저는 이런 게 논란이 되는 걸 원치 않았고 이 논점이 이 사안의 핵심 아니지 않습니까? 그래서 저는 그런 걸 언론에 나가게 하는 게…

이완영 위원 : 됐고요. 그러면 노승일 부장 하고 이 통화내역도 녹취돼 있다고?

박 과장 : 그렇습니다.

이완영 위원 : 그걸 본 의원에게 제출을 좀 해주시기 바랍니다.

박 과장 : 네, 알겠습니다.

이완영 위원 : 노 부장 인정합니까?

노승일 부장 : 박 과장

이완영 위원 : 아니 박 과장 말을 인정합니까?

노승일 부장 : 저도 할 말 말할 기회 좀 주십시오. 그렇게 하지 마시고요.

이완영 위원 : 됐어요.

노승일 부장 : 박 과장하고 통화했을 때 박 과장이 녹음하는 거 전 알고 있었습니다.

이완영 위원 : 아니 조용히 있어요. 질의를

노승일 부장 : 근데 제가 녹음까지 하면서 후배를 죽일 생각은 없었기 때문에 저는 녹음을 하지 않았습니다.

이완영 위원 : 노 부장

노승일 부장 : 전 녹음을 안 했습니다.

이완영 위원 : 자 저는… 따로 증언 하십시오. 언론에 하든지, 시간이 제가 없으니깐 오후에 다시 시간을 주든지 그렇게 하겠습니다. 자 본 의원은 위증교사를 허위를 주장하는 세력이 따로 있다고 저는 주장합니다. 오늘 거듭 우리 박 과장이 지시를 받은 적도 없고 그것도 시사IN입니다. 시사IN에서 밝힌 게 즉 이렇게 확실하게 나온 것은 저는 결벽을 입증 받았다라고 생각합니다. 그러면 이런 의혹이 왜 제기됐느냐 날조된 다른 세력이 있다. 이렇게 저는 생각합니다. 한번 여러분들 국민 여러분 일정을 자세히 한번 보십시오. 제가 말씀 드릴게요. 본 위원과 이만희 위원에게 들어온 우연한 제보, 같은 날 위증의혹으로 코너에 몰려있던 상무가 12월 13일 날 박 과장의 위증교사 예측을 합니다. 이것도 상무가 예측을 해 놓고 언론보도를 합니다. 그리고 12월 8일, 12일 10일날은 다섯 시간 수시로 만나고 통화하는 야당위원 이후 또 노승일과 또 중앙일보간의 인터뷰 위증교사라 몰아세우며 사태를 운운하는 야당의 총공세, 저는 잘 짜여진 기획된 정치공작이라고 생각합니다. 심지어 노회찬 의원은 국정원

을 운운하는데 민주당과 연결된 것 아닌가 생각합니다. 거듭 말씀드리지만 특검에서는 박영선, 노승일의 이 문제도 함께 특검조사 할 것을 요청합니다.

나는 새누리당 이완영 의원이 시시IN 주진우 김은지 기자 쓴 기사를 판넬로 만들어 발언할 때 웃었다. "아직도 이 사람들이 정신을 못 차리는 구나 지금도 위증교사인가?"라는 생각을 했다.

사실 나도 새누리당 이완영 의원과 싸우기 위해 판넬을 만들어 왔다. 하지만 국회에서 참고인과 증인이 판넬을 만들어 청문회에 온 적이 없다며 나를 말렸다. 시사IN 주진우 기자가 기사를 쓰면 그것이 판결문인가?

다음으로 이만희 의원의 질문으로 이어졌다.

이만희 위원 : 알겠습니다. 거기까지 하시죠, 우리 노승일 참고인 조금 박 참고인의 얘기에 대해서 어떻게 해서 제가 제보자를 만난 것은 그 증인이 이미 인터뷰를 하고난 이후였단 말입니다. 어떻게 제가 그것을 질의할 것인지 아니면 새누리당에 의원이라고 이렇게 지칭을 한 것 같은데 어떻게 그걸 알 수 있다 생각하십니까?

노승일 부장 : 저는 의원님과 이완영 위원님이 정 이사장님을 만났다고 생각지도 않았습니다. 그 이유는 뭐냐 하면 박 과장이 테라스에서 이렇게 말합니다. 정 이사장 왈

"이완영 의원한테 전화가 왔는데 테블릿 PC는 절도로 그 다음에 상무가 테블릿 PC를 가지고 다녔다."로 인터뷰를 좀 해 달라. 그 내용이고요. 그 다음에

이만희 위원 : 그것을…. 부탁을….

노승일 부장 : 예 제가 그래서 하지 말라고 그랬고 박 과장이 미쳤어요. 제가 하게요 이렇게 얘기했고요 그 다음에 직원들과 밥 먹으러 가는 이동 중에 박 과장이 이런 얘기를 합니다. "청문회에서 테블릿 PC에 대해서 나한테 질문이 올 건데 나는 최순실의 지시로 더블루케이 사무실을 정리하면서 상무 책상이 남아있어서 최순실한테 전화를 했다, 이거 어떡할까 그랬더니 최순실이 그건 상무 것이니 놔둬라. 나중에 문제가 생길 수 있다." 그 다음에 박 과장이 뭐라고 하냐면…

이만희 위원 : 거기까지 해주십시오. 시간이 없습니다.

노승일 부장 : 책상을 보니깐 테블릿 PC와 카메라가 있었다. 이렇게까지 얘기했습니다.

이만희 위원 : 예, 알겠습니다. 다음 추가 질의 하도록 하고요.

새누리당 이만희 의원의 질문이 끝나고 다음으로 더불어민주당 손혜원 의원의 질문이 있었다. 이 질문을 받았을 때 순간 마음속으로 혼자 '아 파장이 클 텐데'를 혼잣말로 한다는 것이 내 입을 통해 나와 멋스럽게 웃고 말았다.

손혜원 위원 : 노승일 증인 아침부터 보셨잖아요. 우병우 증인께서 최순실을 모른다고 하십니다. 혹시 케이스포츠 일하시면서 이 우병우 증인이 정말 최순실을 모를까요?

노승일 부장 : 진실은 국민이 안다고 생각합니다.

손혜원 위원 : 얘기 아는 게 있으시면 얘기해보시지요 차은택도 모르신답니다.

노승일 부장 : 너무 파장이 클 거 같아서

손혜원 위원 : 얘기하십시오. 여기서만 여러분이 보호받을 수 있습니다. 노승일 증인님 얘기하십시오. 제가 보호해 드릴게요.

노승일 부장 : 저도 들은 내용입니다. 들은 내용 그대로 말씀드리겠습니다. 차은택의 법조 조력자가 김기동이라는 얘기를 들었습니다. 그러면 김기동을 누가 소개시켜줬냐 우병우 수석이 소개시켜 줬다고 그렇게 저는 들었습니다. 이것은 들은 내용입니다.

　더불어민주당 손혜원 의원의 질문에 대한 답이 끝나고 새누리당 장제원 의원의 제안으로 박근혜 정부의 최순실 등 민간인에 의한 국정농단 의혹사건 진상규명을 위한 국정조사 특별위원회 5차 청문회에 참석한 나는 참고인에서 증인이 됐다.

장제원 위원 : 노승일 참고인 방금 우리 손혜원 의원께서 우병우 증인 관련돼서 여쭤봤잖아요. 그 부분을 노승일 참고인

이 지금 선서를 하시고 증인으로 전환해서 똑같은 답변을 해줄 수 있겠습니까? 용기 좀 내 주시겠어요?

노승일 부장 : 어려운건 없습니다.

장제원 위원 : 지금 제가 우리 노승일 참고인을 증인으로 좀 채택해 달라 말씀을 드리고 선서 후에 증언을 받도록 하겠습니다. 위원장님 받아주시길 바라겠습니다.

노승일 부장 : 선서 오늘 국정조사 청문회에서 양심에 따라 숨김과 보탬 없이 사실 그대로 말하고 만약 거짓말이 있으면 위증의 벌을 받기로 맹세합니다. 2016년 12월 22일 증인 노승일

2016년 10월 독일에 있는 최순실이 나에게 전화를 걸어 지금 어떻게 되고 있는지 언론 동향을 물어본 적이 있었다. 나는 지금 야당에서 청와대 민정수석의 사퇴를 압박한다고 했다. 그러자 최순실은 나에게 "뭐라고 우병우는 또 왜 그래 자세히 알아보고 전화하세요." 라고 했었다.

새누리당 이 완영 의원은 이날 나에게 한차례 질문을 한 후 모습을 감췄다. 그리고 새누리당 백승주 의원이 청문회에서 나에게 질문을 한다.

백승주 위원 : 노승일 증인에게 질문 드리겠습니다. 최근 언론 보도와 여러 가지 자료에 의하면 우리 국조동료 의원을

만난 것으로 알고 있는데 사실이죠?

노승일 부장 : 예 맞습니다.

백승주 위원 : 특히 12월 9일에 여기 한강너머에 있는 식당에서 만났지요? 12월 12일

노승일 부장 : 12월 8일 하고 12일 2회에 걸쳐서 만났습니다.

백승주 위원 : 예 그렇습니다. 동료 국회의원 실명을 대겠습니다. 박영선 의원님 만나셨죠?

노승일 부장 : 예 박영선 의원님 만났습니다.

백승주 위원 : 몇 시에 도착해서 몇 시에 끝났습니까?

노승일 부장 : 5시에 도착해서 거진 9시 조금 넘어서 끝난 걸로 기억하고 있습니다.

백승주 위원 : 그러면 동료 의원이 5시간여 만났다고 했는데 적어도 4시간 이상 만났네요. 그죠?

노승일 부장 : 예 맞습니다.

백승주 위원 : 그 무슨 얘기 나눴어요?

노승일 부장 : 여기 계신 의원님들을 제가 무시하는 것이 아니라 의원님들 다 훌륭하시고 존경합니다. 하지만 제 자료가 잘 전달될 수 있게끔 하기 위해서는 제가 박영선 의원님을 택할 수밖에 없었고 그래서 제가 의원님을 컨택하게 되었고 의원님과 상당히 많은 시간 을 나눠야 되기 때문에, 왜 그러하냐면 의원님이 진짜 진실성 있게 이것을 밝혀주실 것인지 아닌지 그것은 저도 확인해야 될 필요성이 있었습니다. 그리고 제 자료를

드렸고 자료가 녹취록뿐만이 아니라 삼성자료도 들어가 있었습니다. 그래서 상당히 많은 분량의 자료이기 때문에 앞으로도 꽤 많은 시간을 박영선 의원님과 함께 해야 될 거 같습니다.

잠시 후 더불어민주당 손혜원 의원의 질문이 이어졌다. 손혜원 의원의 질문에 김기동과 관련한 것을 확인하고 나에게 질문을 했던 것으로 느껴졌다.

손혜원 위원 : 아까 노승일 증인께서 우병우 증인이 직접 소개한 차은택의 법률조력인은 김기동 씨라고 얘기를 하셨습니다.

노승일 부장 : 예

손혜원 위원 : 그런데 이분이 대검찰청 직속 부패범죄특별수사 단장을 맡고 있는 현직 검사입니다. 방금 김 검사장님께서 직접 해명입장을 내셨습니다. 전혀 사실이 아니며 동기인 후배 검사의 저녁식사 자리에 우연히 동석해서 명함을 주고받은 것이 전부라고 합니다. 동기라는 것은 차은택과 동기인 후배 검사였다고 합니다. 특검에서 김기동 검사장님에 대해 사실을 밝혀주셔야 할 것 같습니다. 만약에 법률 조력을 한 게 사실이라면 현직 검사가 그것도 무려 중수부의 부활이라고 할 만한조직을 이끌고 있는 검사장이 국정농단의 주

역을 돕고 있었던 것 입니다. 용납할 수 없는 일입니다. 김기동 검사장 이분의 이력이 화려합니다. BBK. 내곡동, 효성비자금 등 이명박 대통령 관련 주요사건을 다 이분이 맡았습니다. 그리고 수사결과는 대부분이 무혐의였습니다. 그리고 이후에 승진에 승진을 거듭합니다. 한명숙 전 총리 불법정치자금 수사도 1심 무죄를 뒤집고 유죄로 이끌어낸 분이 바로 김기동 검사장님입니다. 참으로 놀라울 뿐입니다. 뿐만 아닙니다 현재 김 검사장께서 속한 특별수사단에서 맡고 있는 사건이 대우조선해양 수사인데 송희영 전 조선일보 주필이 연루돼있는 그 사건입니다. 국정농단을 입맛에 맞는 대로 수사하고 언론을 겁박하고 국민을 떨게 한 실세였던 우병우 증인과 결탁해서 일을 했던 검사였던 김기동 검사장이라면 이것은 그냥 넘어갈 수 없는 일입니다. 특검에서 국민들이 충분히 납득할 수 있도록 조사해 주길 바랍니다.

손혜원 위원 : 몇 가지 얘기 예로 한 가지만 테블릿 PC의 소유가 왜 이렇게 중요한지 저는 알 수가 없습니다. JTBC와 나머지 모든 사람들이 붙어서 이 테블릿 PC가 최순실의 것이 아니라는 쪽으로 위증까지 하고 있습니다. 이것이 왜 이렇게 중요 한 겁니까?

노승일 부장 : 테블릿 PC 안에는 청와대 자료나 유출이 되지 말아야 될 기밀문서나 대통령 연설문 등이 있기 때문에

테블릿 PC가 가장 중요하고요, 지금 테블릿 PC를 계속 얘기하는 이유가 일단은 증거력을 무력화시키기 위해서 흔드는 분위기지 않나 생각하고요. 그런데 제 생각은 약간 다릅니다. 저도 청와대 자료나 문체부에서 받은 자료를 다 제출 했고 검찰에 제출한 제 자료에 보면 대통령 연설문도 있고 그 다음에 청와대 문건이 파일로 한 건 한 건씩 들어 있습니다. 청와대 연설문 같은 경우에는 제가 독일에 있을 때 최순실 씨가 쓰던 노트북에서 제가 카피해서 갖고 온 거고요. 청와대 문건도 최순실 씨가 쓰던 아니 제가 쓰던 컴퓨터를 최순실 씨가 잠깐 사용하면서 거기서 제가 사용하면서 거기서 제가 카피해서 갖고 온 겁니다. 그렇기 때문에 테블릿 PC가 아니더라도 충분히 가능하다고 생각합니다.

손혜원 위원 : 대통령 연설에 관여한 많은 자료들이 있다는 말씀이시죠?

노승일 부장 : 대통령 연설문은 제가 한 건만 갖고 있습니다.

손혜원 위원 : 그러면 다른 자료들은 미르재단이나 케이스포츠에 관련 되어서 최순실이 국정농단을 했다는 자료들이 그 안에 충분히 많이 있다는 말씀이지요?

노승일 부장 : 예 맞습니다.

손혜원 위원 : 묻고 가야 되는가 털고 가야 되는가를 갖고 안에서 많이 고민하고 계시다고 그렇게 말씀을 들었습니다.

노승일 부장 : 저희는 어떤 부분을 털고 가고 그렇고

손혜원 위원 : 비밀이 너무 많다는 것이죠?

노승일 부장 : 그런데 제가 이렇게 폭로한 이상 비밀은 없습니다. 제가 아는 것만 말씀 드리는 거고 그 다음에 제가 검찰 조사 가서 말씀 드리는 거고 수사 진행이 되면서 새로운 것들이 막 나오는데 저도 굉장히 놀랐습니다. 아 이렇게 참여해 주시는 분들도 많구나, 감사하다 이렇게 저는 생각하고 있습니다.

나에게는 독일에서 가져온 자료와 K-스포츠재단에서 근무하며 더 블루-K에서 회의를 하며 진행했던 문서들과 최순실에게 받은 청와대 문서와 문화체육관광부 문서가 있었다. 서울중앙지방검찰청에 제출한 자료와 증거가 많았기에 5차 청문회에 출석하기 전 나는 총 여덟 번의 참고인 조사를 받았었다.

새누리당 백승주 의원의 질문이 이어졌다.

백승주 위원 : 제가 이 질문을 드리는 것을 존경하는 동료 위원님들의 명예와 관련된 부분이기 때문에 집중적으로 말씀 드려야 되겠습니다. 그래서 4시간 남짓 증언에 따르면 제가 파악한 시간은 10시 넘어서까지 있었던 것으로 알고 있는데 하여튼 9시까지 있다가 갔다고.

노승일 부장 : 언제?

백승주 위원 : 12월 12일날

노승일 부장 : 예 같이 있었습니다.

백승주 위원 : 민주당에 박영선 의원님하고 노승일 증인하고 같이 의논했던 내용을 아까 조금 이야기 하다가 4시간 굉장히 긴 시간이에요. 어떻게 보면 7시간 가지고 우리가 지금 이 증언을 하고 있는데 4시간 내지 5시간은 굉장히 긴 시간인데 그 이야기를 다 들으려고 하면 5시간 또 필요할 거 아니에요. 요점만 간략 간략하게 뭘 이야기 했는지 좀 이야기 해주세요.

노승일 부장 : 간략하게 녹취록에 대한 거 말씀 드렸고요. 그 다음에

백승주 위원 : 테이프도 전달했지요? 녹취 테이프도

노승일 부장 : 예 녹취록하고 녹취 파일하고 삼성파일 다 드렸습니다. 그리고 삼성 파일에 어떠어떠한 것이 있는지 그런 부분들에 대해서 설명 드렸고 그 다음에 의원님이 궁금하셨던 것 독일생활은 어땠는지 그런 부분들을 얘기하면서 많이 길어졌습니다.

백승주 위원 : 그런데 지금 증언하는 과정에서 증인이 최순실 씨 노트북에서 중요한 자료를 하나 카피했다고 증언했어요.

노승일 부장 : 예 맞습니다.

백승주 위원 : 그 최순실 동의 안 받고 카피했습니까?

노승일 부장 : 안 받았습니다.

백승주 위원 : 동의 안 받고 남의 컴퓨터에서 카피하면 됩니까?

노승일 부장 : 처벌받겠습니다.

백승주 위원 : 또 최순실이 쓰던 노트북이라고 자꾸 증언하는데 친
　　　　　　　구인

박영선 위원 : 엑스맨이야.

백승주 위원 : 말조심하세요.

안민석 위원 : 엑스맨이야. 엑스맨

백승주 위원 : 동료위원이 질문하는데 그런 말 하면 돼요? 저는 여
　　　　　　　러분들 질문할 때 동료 이야기 안했습니다. 선배면
　　　　　　　선배답게 하세요.

안민석 위원 : 엑스맨 계속하세요. 엑스맨 잘 들어 볼 테니까 질문하
　　　　　　　세요.

백승주 위원 : 그 최순실 씨가 쓰던 노트북이라고 표현을 했는데 못
　　　　　　　쓴다고 이야기 한 거 같은데 좀 달라요?

노승일 부장 : 못쓴다. 노트북은 사용하십니다. 태블릿 PC와 노트북
　　　　　　　을 분간해서 이해해주시길 바라겠습니다.

백승주 위원 : 아 테블릿 PC를 못 쓴다고 그랬지요. 훈계하지 마세
　　　　　　　요. 증인 증인은 증인답게 하시고

박영선 위원 : 누가 훈계를 해?

백승주 위원 : 그리고 지금 법률적 조력자라는 것은 김기동 검사장
　　　　　　　을 얘기하는 것이지요?

노승일 부장 : 예 맞습니다.

백승주 위원 : 차은택씨가 국내에 귀국하기 전에 법률조력자인 김기
　　　　　　　동의 도움을 받았다고 이야기 하셨지요?

노승일 부장 : 받았을 것이라는 제 개인적인 생각을 말씀드린 겁니

다.

백승주 위원 : 개인에 생각을 그런 상상력을 갖고 증언을 합니까? 왜냐 하면은 같은 맥락에서 상상력 갖고 증언을 하고 있습니까?

노승일 부장 : 제가 처음에 말씀 드렸을 때, "저도 이거 들은 말입니다." 라고 말씀드렸고요. 그 관계들을 들은 말이라고 말씀드렸고요. 박범계 의원님의 질문에 저는 답한 거 뿐입니다.

백승주 위원 : 아니 처음에 말이 바뀌었어요. 법률 조력자의 우리가 바꾸어 쓰면 차은택씨가 들어올 때 김기동 검사장의 또 저 법률조언을 받아서 들어왔다. 이렇게 우리가 해석할 수 있어요. 지금 증언한 내용은 그렇게 해석 해도 되겠습니까?

노승일 부장 : 제 개인적으로 개인적인 생각으로 받아주시면 감사하 겠습니다.

백승주 위원 : 진실과 다를 수 있다는 이야기 입니까?

노승일 부장 : 맞습니다. 그건 어차피 제 개인적인 생각이기 때문에 진실과 다를 수 있습니다.

백승주 위원 :그 조금 전에 노승일 증인께서 중요한 이야기를 했습 니다. 최순실 PC에서 자료를 하나 훔쳤다. 그에 대해 책임지고 처벌 받겠다. 했는데 훔친 자료를 제출해 주기 바라고요.

김성태 위원장 : 우리 노승일 증인

노승일 부장 : 그 연설문에 대한 자료들 자료제출을 요청하셨는데
요. 그거는 검찰에 가 있습니다. 제가 안 갖고 있습니
다.

김성태 위원장 : 백승주 위원께 자료제출 요청한 그 파일은 검찰에 제
출돼 있다는 거죠?

노승일 부장 : 네 그 부분은 검찰에 있습니다.

질문 순서가 돌아온 새누리당 백승주 의원은 나에게 또 질문
을 한다.

백승주 위원 : 노승일 증인. 제가 저녁식사를 할 때 "진실을 갖고 이
야기하는 사람한테 왜 용기를 주지 않느냐" 이런 이
메일 많이 받았어요. 메시지에. 용기를 갖고 끝까지
묻는 말에 잘 대답해주기 바랍니다. 그 카피를 할 때
주인 몰래 최순실 컴퓨터에서 카피를 할 때 그 카피
한 의도가 뭐에요?

노승일 부장 : 카피한 의도요?

백승주 위원 : 네 카피를 해서 어디다 사용할라 했어요? 주인 몰래
이거 카피를 하는 건 범죄입니다.

노승일 부장 : 알고 있습니다.

백승주 위원 : 그 범죄행위를 할 때 범죄의도가 뭡니까?

노승일 부장 : 세상에 밝히고 싶었습니다.

백승주 위원 : 세상에 밝히고 싶었습니까?

노승일 부장 : 네

백승주 위원 : 세상에 밝히고 싶었다. 그걸 밝혀서 무엇을 얻으려고
　　　　　　　했습니까?

노승일 부장 : 깨끗한 나라가 됐으면 했습니다.

백승주 위원 : 왜 그런데 많은 카피 중에 많은 파일 중에 한 개만 카
　　　　　　　피했어요?

노승일 부장 : 그 컴퓨터에는 하나밖에 없었습니다.

백승주 위원 : 그 카피를 찾아서 세상에 알리면 많이 세상이 깨끗해
　　　　　　　질것이라 생각했습니까?

노승일 부장 : 부정부패를 알려야 되는 건 국민의 한사람으로서의
　　　　　　　의무라고 생각합니다.

백승주 위원 : 그래서 묻는 겁니다. 카피한 의도를 카피한 자체는 범
　　　　　　　죄행위잖아요

노승일 부장 : 네, 처벌받겠습니다.

백승주 위원 : 범죄행위기 때문에 그 범죄행위에 대해서 범죄의 의
　　　　　　　도가?

노승일 부장 : 네

백승주 위원 : 그 큰 뜻이 있었다 이거죠? 주인 모르게 카피한 것은
　　　　　　　하나만 카피 했습니까?

노승일 부장 : 네 하나입니다. 그 한 건 더 있습니다. 연설문건 하나
　　　　　　　더 있습니다.

백승주 위원 : 그 두 개를 카피했습니까?

노승일 부장 : 네 네.

백승주 위원 : 아까하고 왜 달라 아까는 하나만 카피했다 해놓고

노승일 부장 : 저는 두 건이라고 분명히 말씀드렸습니다. 한번은 최순실 씨가 쓰는 노트북에서 한번은 제 컴퓨터에서, 최순실 씨가 제 컴퓨터를 사용하면서 그 문서를 놔뒀기 때문에 제가 그걸 카피한 겁니다.

 나는 부정부패가 없는 깨끗한 나라를 위해 부정부패를 알리는 것은 대한민국 국민의 한 사람으로서 의무라 생각했다.

 2016년 12월 22일 박근혜 정부의 최순실 등 민간인에 의한 국정농단 의혹사건 진상규명을 위한 국정조사 특별위원회 5차 청문회가 끝나고 나는 그 자리에서 갈증을 달래기 위해 물을 마셨다. 하지만 못 다한 말이 많았기에 아쉬움을 달래며 집으로 귀가를 했다.

 그리고 이날 이후 나는 더불어민주당 손혜원 의원과 개혁보수신당 이혜훈 의원에게도 더불어민주당 박영선 의원에게 건네준 USB 파일을 건네줬다.

귀여운 보복

　2016년 12월 23일 K-스포츠재단에 출근을 했다. 이철용 경영지원부장은 미안해하며 내게 오늘 정 이사장이 징계위원회를 소집하라고 했다며 출석통지서를 주겠다고 말했다. 나는 미안해하지 말라고 말하며 징계위원회를 열고 싶으면 열라고 했다. 이제 K-스포츠재단에서 근무를 할 생각도 없다고 말했다. 징계위원회에서 출석통지서가 왔다. 출석이유는 취업규칙 제3장 복무 제11조 근무수칙 2항, 8항의 위배 2016년 12월 26일이었다. 출석통지서를 받았고 이철용 경원지원부장에게 출석을 안하겠다고 말했다.

　2016년 12월 26일. 오늘은 K-스포츠재단에서 지난 2016년 12월 15일 박근혜 정부의 최순실 등 민간인에 의한 국정농단 의혹사건 진상규명을 위한 국정조사 특별위원회 4차 청문회에 K-스포츠재단 정 이사장과 박 과장이 출석했다. 당시 더불어민주당 박영선 의원에게 내가 갖고 있던 자료와 증거를 건넨 상태였다. 이날 박영선 의원은 K-스포츠재단 정 이사장과 박 과장에게 날카로운 질문을 했다. 그리고 최순실의 녹취파일이 공개되면서 청문회에서 큰 파장을 일으켰다.

나는 보복성 징계에 대하여 대응하지 않기로 했다. 그리고 서울중앙지방검찰청으로 이동했다. 이날 참고인으로 아홉 번째 조사를 434호에서 받았다. 조사는 오전 9시 30분부터 시작했다. 최순실과 통화한 녹음 경위, 통화 내용에 대하여 2016년 12월 26일 오후 2시까지 조사를 받았다. 이날 참고인 조사를 끝으로 서울중앙지방검찰청에서 더 이상 조사를 받지 않았다. 그리고 지인을 잠시 만나러 이동하는데 "안녕하세요." 라고 인사를 하며 낯선 행인이 다가왔다.

"안녕하세요. 노승일 씨 맞죠?"

"네 안녕하세요."

"팬입니다. 힘내세요."

"네 감사합니다. 건강하세요."

나이는 30대 초반에 짧은 머리카락에 키는 175cm에 검정 코트를 입고 있었다.

그리고 나는 딴지일보 김어준 총수를 만나러 자동차를 타고 충정로로 이동을 했다. 김어준 총수가 고기를 먹자고해서 식당으로 갔다. 잠깐 식당 앞에서 얘기를 하고 있던 그 순간 어디선가 본 사람이 내게로 다가오고 있었다. 그리고 내 앞을 지나갔다. 아 그 순간 50분전에 서초동에서 나에게 인사한 사람이었다. 느낌이 이상했다. 이게 미행인가? 아니면 위협인가?

나는 서울중앙지방검찰청에서 조사를 받는 동안 최 검사의 참고인 보호를 위한 배려로 직원주차장 입구를 통해 조사를 받으러 다녔다. 만약 이러한 배려가 없었다면 참고인 조사를 받는 과정에 많은 불편과 신변의 위협을 생각하며 참고인 조사를 받는 것이 스트레스였을 것이다.

서울중앙지방검찰청에서 조사를 받는 기간에 민원인 주차장에서 괴한에게 칼에 찔려 죽는 꿈도 꾸었다. 참고인 조사를 받은 2016년 10월 25일부터 2016년 12월 26일까지의 기간은 몸도 마음도 괴롭고 표현할 수 없이 힘들었다.

또 하나의 진실을 밝히기 위해

2017년 1월 3일 이날 서울시 강남구 선릉에 위치한 박근혜 정부의 최순실 등 민간인에 의한 국정농단 의혹사건 규명을 위한 특별검사에 2015년 8월 26일 독일 프랑크푸르트 최순실의 독일 코어스포츠와 삼성전자의 승마지원 스포츠 매니지먼트 계약체결을 진술하러 갔다.

독일로 가게 된 경위와 코어스포츠의 설립 경위 그리고 제출한 자료와 내가 생각하는 삼성전가 왜 코어스포츠와 계약을 하게 됐는지에 대한 설명과 진술하기 위해서였다.

2017년 1월 5일 지난 2016년 12월 26일 K-스포츠재단에서 열린 나에 대한 징계위원회의 징계 처분 통지서를 받았다. 결과는 견책. 단 차후에 같은 사건 발생 시 중징계 한다. 징계사유는 재단 문건을 언론에 무단 유출했으며 상급자에 대한 불온한 언행이 이유다. 정 이사장은 중징계를 요구했지만 징계위원회에 참석한 징계위원들의 반대로 견책이 되었다고 했다.

그리고 이날 새누리당 국회의원 이완영 의원은 박근혜 정부의 최순실 등 민간인에 의한 국정농단 의혹사건 진상규명을 위한 국정조사 특별위원회 5차 청문회가 끝나고 나를 서울남부지방검찰청에 명예훼손으로 고소를 했다.

박근혜 정부의 최순실 등 민간인에 의한 국정농단 의혹사건 진상규명을 위한 국정조사 특별위원회 7차 청문회

2017년 1월 9일 이날 2016년 12월 22일 5차 청문회 이후 박근혜 정부의 최순실 등 민간인에 의한 국정농단 의혹사건 진상규명을 위한 국정조사 특별위원회 7차 청문회에 출석했다.

손혜원 위원 : 그때 제한을 받아서 독일에 가죠?

노승일 부장 : 네.

손혜원 위원 : 독일에 가는데 왜 독일에다가 승마장을 차리고 독일에서 돈을 받는 이런 협상들이 이루어졌을까요? 삼성과 최순실 사이에…

노승일 부장 : 정경유착의 하나에 그 방법이라고 생각합니다.

손혜원 위원 : 왜 독일이냐는 거지요?

노승일 부장 : 은밀하게 진행하기 위해서는 독일이 낫다고 판단했던 것 같습니다.

손혜원 위원 : 은밀하다는 부분이 구체적으로 어떤 걸까요?

노승일 부장 : 국내에서 그 사업을 진행하기에는 보는 시선도 많고 하니깐 제3의 지역의 국가로 독일을 선택한 거 같습니다.

손혜원 위원 : 눈에 띄지 않게끔 하는 방법으로 그렇게 했겠죠?

노승일 부장 : 예 맞습니다.

손혜원 위원 : 그러면 독일에서 이뤄지는 일에 거기에서 계약당시에 참관을 하셨지요?

노승일 부장 : 예 그날 8월 26일 날 참석했습니다.

손혜원 위원 : 그러면 삼성과의 그 계약과정을 얘기를 좀 해주십시오.

노승일 부장 : 2015년 8월 26일 계약이 완료가 됐고요, 그전에 삼성에서 계약서가 초안이 들어옵니다. 원래는 8월 25일로 계약하기로 해서 삼성에서 들어오는데 코어스포츠가 마인제라는 페이퍼 컴퍼니를 사면서 상업등기가 약간 늦어졌습니다. 그래서 8월 25일 상업등기가 이뤄졌기 때문에 8월 25일에 계약은 불가했고 그래서 그 다음날인 8월 26일로 다시 이제 계약서가 만들어져서 들어왔습니다.

손혜원 위원 : 갑과 을의 관계에서 봤을 때 삼성과 최순실의 관계 그 계약의 상황은 어땠습니까? 누가 갑인 거 같습니까?

노승일 부장 : 전적으로 최순실이 갑이었고요, 계약서상에는 마장마술 세 명하고 장애물 세 명의 선수를 뽑아 가지고

독일에서 해외 전지훈련을 시켜서 유망한 선수로 만든다고 하는 부분이 있었는데 그 선수를 뽑는 것 자체도 최순실이 다 관여를 했습니다.

손혜원 위원 : 정유라는 어떤 선수였습니까?

노승일 부장 : 정유라 선수는 운동선수로서의 자질은 전혀 없었습니다. 몸 관리라든지, 개인적인 트레이닝이라든지 그런 훈련보다도 여가 시간이나 일과시간을 더 많이 즐겼던 거 같습니다.

손혜원 위원 : 마장마술의 기술이란 거는 말의 기량과 사람의 기량이 퍼센티지는 어떻게 됩니까?

노승일 부장 : 저는 배드민턴 선수를 초등학교 4학년부터 쭉 대학 때까지 해왔는데요, 일단 제가 뭐 승마를 폄하하는 건 아니고요 객관적인 시선으로 제가 봤을 때에는 선수는 20프로 말은 한 80프로 정도 차지하는 그런 운동이라고 저는 느꼈습니다.

손혜원 위원 : 그래서 그렇게 비싼 말을….

노승일 부장 : 예, 맞습니다. 말 가격이 상승되는 것은 그 말이 국제 대회에서 얼마 정도 수상경력이 있느냐에 따라서 말 가격은 정해집니다. 따라서 더 좋은 말들은 100억까지 가는 말도 제가 봤습니다.

더불어민주당 손혜원 의원의 질문에 나는 속이 시원해졌다. 삼성전자와 최순실의 코어스포츠의 스포츠 매니지먼트 계약을 세상에 알리고 싶었다. 다음은 더불어민주당 안민석 의원의 질문이 이어졌다.

안민석 위원 : 노승일 참고인께 주로 질의를 드리겠습니다. 최근에 신변위협을 느끼고 있습니까?

노승일 부장 : 예 있습니다.

안민석 위원 : 구체적으로 이야기 할 수 있습니까?

노승일 부장 : 예 제가 그 서울지검에서 마지막으로 그 녹취파일 관련해서 조사받고 난 다음에 서초동 편의점에서 만나신 분이 저를 알아보시고 악수를 청하셨는데, 제가 그 이후에 한 시간도 안 되가지고 충정로에 지인을 만나러 갔습니다. 그런데 그 자리에도 그 분이 와 계셨습니다.

안민석 위원 : 남자였나요?

노승일 부장 : 네 남자분이셨습니다.

안민석 위원 : 체격은 어땠나요?

노승일 부장 : 체격은 저 하고 좀 비슷했고요. 그 다음에 짧은 머리에 안경 끼시고 그렇게 있으셨습니다. 검정색 코트 입으시고.

안민석 위원 : 그러니깐 그분이 노승일 참고인을 미행한다는 그런 느낌을 받았나요?

노승일 부장 : 네 맞습니다. 그렇게 느꼈습니다.

안민석 위원 : 자 독일에 있을 때 최순실이가 이화여대 김경숙 학장

과 자주 통화한 걸 들은 적이 있습니까?

노승일 부장 : 김경숙 학장과 통화하는 것은 블루케이 사무실에서 여러 번 들었습니다.

안민석 위원 : 그게 2015년이었습니까?

노승일 부장 : 2016년 2월이나 3월쯤 됐습니다.

안민석 위원 : 대통령하고 통화한다는 그런 느낌 받은 적 있습니까?

노승일 부장 : 독일에 있을 때 한차례 있었습니다.

안민석 위원 : 우병우는?

노승일 부장 : 우병우 수석에 대해서는 제가 이번 사태 벌어지고 나서 독일에 계시면서 저한테 자주 전화를 하셨는데 지금 한국에 있는 동향들을 여러 번 물어봤습니다. 그래서 제가 동향들을 쭉 설명하다가 "우병우 수석도 청와대에서 좀 나와야 될 거 같다."라고 이렇게 야당에서 좀 압박이 들어온다. 이렇게 말씀을 드렸더니 최순실 씨가 뭐라고 얘기 했냐면 "우병우 수석은 또 왜 그래." 이렇게 얘기를 했습니다.

안민석 위원 : 우병우와 최순실을 아는 관계라고 보세요?

노승일 부장 : 저는 그때 당시에 통화로 느꼈을 때에는 아는 관계라고 느꼈습니다.

안민석 위원 : 자 아까 말씀하실 때 15년 8월 26일 삼성전자와 코레스포츠와 계약할 때 최순실이가 갑이었다는 주장을 하셨지요?

노승일 부장 : 예 맞습니다.

안민석 위원 : 최순실 씨가 갑인 이유가 무엇이라고 생각하십니까?

노승일 부장 : 일단은 계약서 자체가 먼저 들어왔다는 것 초안이 먼저 들어왔다는 것 하고요. 그 다음에 일사불란하게 계약이 이뤄졌다. 그 다음에 박 원장님도 최순실한테 얘기하기를 삼성에서 계약을 좀 서두른다. 서두르자고 한다. 그런 부분하고요 그 다음에 선수선발에서 박 원장님은 될 수 있는 한 선수선발을 해서 정상적으로 운영해 보려고 하셨는데

안민석 위원 : 일전에 어느 방송에서 미르재단과 케이스포츠 재단이 통합된 다음에 박 대통령이 퇴임 후에 통합재단 이사장을 맡을 계획이라고 주장을 하셨지요?

노승일 부장 : 예 맞습니다.

안민석 위원 : 그 근거가 무엇이었고 누구한테 그 얘기를 들었어요?

노승일 부장 : 그 부분은 일단은 미르가 먼저 성격적으로 좀 비슷하게 만들어졌고요. 2015년에

안민석 위원 : 누구한테 그이야기를 들었어요? 아니면 본인에 판단입니까?

노승일 부장 : 제가 그 부분은 조금씩 감지를 했습니다.

안민석 위원 : 알겠습니다. 다시 노승일 참고인이요, 15년에 최순실의 페이퍼 컴퍼니 코어스포츠에서 일할 때 최 씨가 외무부 관계자와 통화하는 걸 여러 차례 목격했다고 하셨지요?

노승일 부장 : 예.

안민석 위원 : 그때 최 씨가 이런 얘기 했다고 들었다고 했어요. 대사님 애들 문제 때문에 그런데요. 이 대사가 누구였는지 이 자리에서 밝혀 주실 수 있으십니까?

노승일 부장 : 그때 당시의 대사님 이름은 제가 잘 모르겠습니다. 그런데 그렇게 통화한 것은 맞습니다.

안민석 위원 : 그럼 독일대사였습니까?

노승일 부장 : 예 그때 당시에 제가 프랑크푸르트에서 같이 있었기 때문에, 제가 운전 중에 뒷자리에서 통화하셨기 때문에 그렇게 알고 있습니다.

안민석 위원 : 프랑크푸르트에는 총영사가 있고 베를린에는 대사가 있는 것 그건 아시지요? 분명히 대사라 그랬습니까?

노승일 부장 : 예 대사님이라 그랬습니다.

안민석 위원 : 참고인의 이야기가 맞는다면 최순실이가 이야기했던 대사는 베를린에 있는 이경수 대사를 칭하는 것입니다. 자 독일에 계실 때 정유라가 자기 할아버지 최태민이가 하남시에 땅을 많이 가지고 있다 혹시 그런 이야기 들은 적 있습니까?

노승일 부장 : 예. 저녁식사 자리에서 할아버지가 하남에 많은 땅을 갖고 있었다라고 그렇게 얘기했었습니다.

안민석 위원 : 차은택은 최순실과 대통령은 동급이라고 했고요, 상무는 권력순위 1위는 최순실이라는 말에 동의한다고 했습니다. 노승일 참고인은 어떻게 생각하세요?

노승일 부장 : 저도 그 부분에 대해서는 동의합니다.

　더불어민주당 안민석 의원의 질문에 나는 답을 하며 2015년 8월 11일 내가 독일로 도착하며 최순실과 함께 일할 때 최순실은 박 원장에게 '귀신은 뭐하는지 몰라 안민석 안 잡아가고'라고 말했던 기억이 생각났다. 안민석 의원의 질문이 끝나고 당시 개혁보수신당 황영철 의원의 질문이 이어졌다.

황영철 위원 : 시간 지났는데, 노승일 부장에게 물어볼게요.

노승일 부장 : 예

황영철 위원 : 제가 질의하려고 했던 내용이 뭔지 아시겠지요, 이사회 관련해서?

노승일 부장 : 예

황영철 위원 : 답변해보세요.

노승일 부장 : 먼저 정 이사장님은 최순실이 박근혜 대통령한테 얘기를 해서 그 다음에 본인도 얘기를 했습니다, 대통령의 재가를 받았다고. 저는 정 이사장님을 최순실하고 재단하고의 분리를 위해서 꼭 정 이사장님이 임기가 13일입니다. 금월 13일까지인데 그날 이후에 깨끗하게 나가 주셨으면 하고요. 왜 그러냐 하면 정 이사장님에게 1억 이하는 전결권이 있습니다. 그런데 1억 이하의 전결권을 갖고 있는 사람으로서 최순실과의 어떤 도모를 위해서 또 하나의 계약이 이루어진다

면 열 번이면 10억이고 백 번이면 100억입니다. 그러면 재단의 자산이 무한정으로 그냥 빠져나갈 수 있는 구조이기 때문에 제가 연임을 반대를 하는 겁니다. 그런데 본인은 계속 남아있겠다고 말씀하신다면 문제가 많이 심각하다고 생각합니다.

개혁보수신당 황영철 의원의 질문에 나는 K-스포츠재단 이사장직을 포기하지 못하는 정 이사장의 의도를 세상에 알릴 수 있었다. 국정농단 사태가 언론에 불거지며 청와대 정책조정수석 안종범은 정 이사장에게 미르와 K-스포츠재단을 통합하고 당시 공석이었던 이사회 2명을 전경련에서 1명 한화에서 1명을 추천해 이사회 공석을 채웠으며 또한 정 이사장은 직원들을 정리해고 하는 수순을 밟아 당시 K-스포츠재단 노동조합 위원장이었던 나는 정 이사장과 대립각을 세웠다. 다음은 더불어민주당 박범계 의원이 나에게 질문을 했다.

박범계 위원 : 롯데 70억 받을 때 재단에서 누가 들어갔습니까?

노승일 부장 : 재단에서 박 과장하고 정 사무총장이 들어갔습니다.

박범계 위원 : 박 과장과 정 사무총장이 들어갔죠, 70억 달라고?

노승일 부장 : 예, 맞습니다.

박범계 위원 : 그래서 어렵게 받아냈어요, 그렇지요?

노승일 부장 : 예.

박범계 위원 : 근데 이걸 돌려주는 일이 벌어졌습니다. 그렇지요?

노승일 부장 : 예.

박범계 위원 : 왜? 롯데에 대해서 검찰이 강도 높은 내사와 압수수색을 준비 중에 있었기 때문에 맞지요?

노승일 부장 : 예 맞습니다.

박범계 위원 : 그렇기 때문에 돌려줬습니다. 이 70억을 어떻게 돌려줬습니까? 압수수색 당일도 부랴부랴 30억 내지 35억을 돌려줬지요?

노승일 부장 : 예, 맞습니다.

박범계 위원 : 그 전날도 돌려줬지요?

노승일 부장 : 예.

박범계 위원 : 롯데 측에서는 왜 어렵게 가져간 것을 돌려주려고 하느냐? 각 계열사마다 2억이니 3억이니 다 이렇게 추렴해서 힘들게 출연시킨 것인데 왜 이것을 돌려받게 하느냐? 라고 그런 불평도 한 것도 알고 계시죠?

노승일 부장 : 예, 맞습니다.

박범계 위원 : 검찰이 롯데를 강도 높게 내사하고 압수수색할 것까지도 알고 있기 때문에 그것이 문제가 있을 거 같아서 돌려준 것 아닙니까?

노승일 부장 : 예, 맞습니다.

박범계 위원 : 그런데 내사정보 압수수색정보는 검찰 아니면 청와대 민정수석실 아니고서는 알 수가 없어요. 우병우 민정수석 아니고서는 알 수가 없습니다. 그래서 여러 가지 추측성 보도가 나옵니다. 안종범과 최순실의 말

은 이렇습니다. 본인들끼리는 서로 모르는 사이다 똑같이 그렇게 진술합니다. 직접적 연결이 안 돼 있지요?

노승일 부장 : 예 맞습니다.

박범계 위원 : 누군가 이 내사정보와 압수수색 정보를 알려 준겁니다.

노승일 부장 : 예.

박범계 위원 : 알고계시죠 이 내용에 대해서는?

노승일 부장 : 예 당시에 월요일 날 주간회의 때 정 사무총장님이 이철용 재무부장에게 롯데에서 후원 들어온 거는 순차적으로 빨리 되돌려주라고 했습니다. 그 부분에서 확인해 본 결과 안종범 수석이 정 사무총장한테 돌려주라고 전화를 했고 저는 다른 방법을 통해 연락을 취해서 그 부분이 다 확인된 내용입니다.

박범계 위원 : 자 이건 삼각관계입니다. 철저하게 최순실은 분리를 해서 나중에 문제되는 경우에 증거를 인멸하려고 숨기려고 한 겁니다. 그렇지요?

노승일 부장 : 예 맞습니다.

박범계 위원 : 다시 정리하면 이러한 롯데에 강도 높은 내사 압수수색 정보와 관련해서 돌려줘야 되는 심각한 사태가 발생된 것은 안종범 수석이 정 사무총장에게 알려줬고 정 사무총장은 박 과장에게. 누굴 통해서 최순실에게 알려 준겁니까?

노승일 부장 : 정 사무총장은 직접 다이렉트로 최순실에게 알려줬습니다.

박범계 위원 : 최순실에게 다이렉트로 알려줬다. 그래서 최순실의 명령 하에 돈을 돌려준 거 아니겠습니까?

노승일 부장 : 예 맞습니다.

박범계 위원 : 그러면 안종범 수석이 이러한 압수수색정보 내사정보를 누구로부터 알 수 있겠어요? 김기동 단장입니까? 우병우 민정수석 입니까?

노승일 부장 : 민정이라고 생각합니다.

박범계 위원 : 마치겠습니다.

더불어민주당 박범계 의원의 질문에 나는 당시 서울중앙지방검찰청에서 조사받은 내용을 기초로 답을 했다. 당시 최순실은 박 과장에게 지시를 하며 "이미 롯데 측과 얘기가 다 되었으니 롯데그룹 관계자를 만나 사업계획을 설명하고 지원 협조를 구하면 돈을 줄 것이다."라는 취지로 K-스포츠재단 정 사무총장과 박 과장에게 롯데에 방문하라고 지시한다. 그리고 롯데그룹 각 계열사를 통해서 K-스포츠재단에 70억 원이 입금됐으며 그후 K-스포츠재단 월요일 주간회의를 하며 정 이사장은 이철용 경원지원부장에게 롯데에서 받은 돈을 오늘 바로 돌려줄 수 있게 조치하라고 했다. 정 사무총장은 안종범 수석으로부터 롯데에 돈을 돌려주라는 연락이 왔다고 했다. 그리고 반환해 준 이유가 대한체육회 측에서 국민생활체육회와의 통합 작업 때문에 매각에 대하여 아무것도 할 여력이 없으며 연말까지는 협의하기가 힘들 것 같다고 하여 급히 롯데에 70억 원을 반환한 것이라는 명분을 만들었다.

　더불어민주당 박범계 의원의 질문에 답을 한 나는 국민의당 김경진 의원의 질문을 받았다.

김경진 위원 : 노승일 참고인, 차분히 생각해보시고 답변을 해주세요.

노승일 부장 : 예.

김경진 위원 : 작년 8월부터 미르나 케이스포츠 때문에 언론지상에 많이 나오면서 시끄러웠잖아요. 최순실 씨가 청와대 쪽의 어떤 루트하고 이런 대응 방안을 논의를 하던가요?

노승일 부장 : 미르와 케이스포츠는 전적으로 안종범 수석하고 대응방안을 만든 것으로 알고 있습니다.

김경진 위원 : 그러면 최순실하고 안종범이 계속 통화를 했는가?

노승일 부장 : 아닙니다. 최순실은 안종범하고 직접적으로 통화를 하지를 않고요. 케이스포츠 재단에서는 정 사무총장을 통해서 연락을 했습니다.

김경진 위원 : 미르 쪽은 누군지 모르고?

노승일 부장 : 예 미르 쪽은 모르겠습니다.

김경진 위원 : 그런데 그럼 최순실은 안종범하고 직접통화를 안했을까?

노승일 부장 : 이번에 녹취록에서도 나왔듯이 '분리'라는 얘기를 합니다.

김경진 위원 : 서로 분리…

노승일 부장 : 예 분리를 하지 않으면 다 죽는다. 그러니까 지금도 솔직히 말씀드리면 계속 분리하는 입장이기 때문에 그 부분 때문에 그렇게 한 것 같습니다.

김경진 위원 : 알겠습니다. 삼성의 박상진 사장이나 장춘기 사장 이런 분들하고 최순실 씨하고 만나거나 통화하는 것을 증인이 직접 목격 한 거 있어요?

노승일 부장 : 그거는 없습니다.

김경진 위원 : 없어요?

노승일 부장 : 예, 거기도 마찬가지로 박 원장님이라는 중간자를 놓고 그 다음 삼성과 최순실을 이렇게 핸들링 하는 그런 모습을 취했습니다.

김경진 위원 : 그러면 최순실이 박 원장을 통해서 삼성과 진행되는 상황에 대해서 뭔가 얘기를 하거나 보고받는 것을 증인이 직접 목격한 부분이 있습니까?

노승일 부장 : 예 박 원장님도 삼성 측에서 빨리 계약을 서두른다고 한다. 제가 있는 데서 얘기를 했었습니다.

김경진 위원 : 증인이 있는 자리에서 박 원장이 최순실 씨에게 그렇게 보고를 했다.

노승일 부장 : 예 맞습니다.

김경진 위원 : 삼성에서 계약을 빨리 하자고 서두른다. 그게 2015

년도 7월 8월 얘기인거지요?

노승일 부장 : 예, 2015년도 8월 달 얘기입니다.

김경진 위원 : 8월 달, 그러고 나서 지원이 이렇게 급격하게 서둘러서 된 거지요?

노승일 부장 : 예 맞습니다.

김경진 위원 : 최순실 씨가 김영재 씨 사업을 많이 챙긴 것 같은데 혹시 거기에 대해서 아는 내용이 있습니까?

노승일 부장 : 제가 독일에 들어갔을 때. 한국에서 물품을 많이 줬었는데 화장품이 다 거기 제품이었습니다.

김경진 위원 : 김영재 부인이 하고 있는 화장품을 최순실이가 그러면 독일에서 받았다는 거예요?

노승일 부장 : 예 제가 들어갈 때도 가지고 가고 추후에 독일에 들어올 때도 그 제품을 갖고 들어오고 그랬습니다.

김경진 위원 : 그니깐 한국에서 받아서 독일로 가지고 갔고, 그러면 이 화장품들이 독일에도 납품이 됐던가요?

노승일 부장 : 납품이 아니라 그냥 거기에서 나눠서 쓰라고 그렇게….

김경진 위원 : 쓰라고 가지고 갔다.

노승일 부장 : 예.

김경진 위원 : 최순실 씨가 지금 독일에서 도피하고 있는 중에 보면 우리나라 기자들도 굉장히 많이 따라다니는데 정체불명의 남자들이 많이 따라다니면서 이삿짐도 옮기고 도와줬다라고 하는 내용이 있는데 그것은 사실이

맞습니까?

노승일 부장 : 제가 아는 사람은 두 분 정도 밖에 없고요. 아니, 세 분 정도고요 나머지 분들은 제가 모르는 분들입니다.

김경진 위원 : 그러면 남자들이 여러 명 도와준 것은 맞습니까?

노승일 부장 : 예 맞습니다.

김경진 위원 : 몇 명이나 됩니까?

노승일 부장 : 제가 있었을 때는 다섯 명 정도 있었고요. 그런데 지 금 현재로서는 제가 독일에서 한국으로 들어온 게 시 간이 상당기간 많이 지났기 때문에….

김경진 위원 : 그 세 명 이름을 혹시 이 자리에서 공개하실 수 있습 니까?

노승일 부장 : 정유라 말을 전담적으로 관리했던 말 관리사 하고요, 그 다음에 장 대리 지금 현재 비덱에서 회계처리 업 무를 했던 장 대리, 그 다음에 윤영식, 데이비드 윤 그렇게 알고 있습니다.

김경진 위원 : 최순실 씨가 지금 김종 차관이나 김종덕 씨 또는 김 상률 씨 이런 분들하고 직접 만나거나 통화한 내용은 좀 알고 있습니까?

노승일 부장 : 그 김종 차관은 더블루케이가 운영되면서 그 지케이 엘 스포츠팀 창단 문제 때문에 김종 차관을 한 두 차 례 만난 것으로 알고 있습니다.

김경진 위원 : 최순실 씨가?

노승일 부장 : 예.

김경진 위원 : 그러면 최순실 씨가 평소에 조윤선 장관이나 당시 수석 언급을 좀 하던가요?

노승일 부장 : 당시는 언급한 건 김종 차관만 언급했고요. 조윤선 장관은 언급하지 않았습니다.

김경진 위원 : 최순실이 지금 김영재 병원이나 아니면 차움병원에서 주사제나 약품을 많이 처방받아서 본인이 직접 싸가지고 나왔다 이런 얘기들이 있는데 최순실이 평소에 약물에 중독되어 있을 정도로 자주 주사제를 맞았습니까?

노승일 부장 : 제가 독일에 들어갈 때 가지고 들어온 물건을 분배하는 와중에 수면제가 다량으로 있었던 것을 확인했었습니다.

김경진 위원 : 최순실 씨가 아까 화장품 가지고 있었다고 하는데 김영재 씨 부인 박채윤 씨하고 최순실 씨하고 가깝게 다녔다 이런 내용 알고 있는 부분 있습니까?

노승일 부장 : 그 부분은 뭐 그 저도 들은 내용이지만, 일전에 저도 나와서 들은 내용 말씀 드렸다가 혼이 났었는데 들은 내용이지만은 해외에다가 병원을 건립하는 것으로 이렇게 얘기는 들어봤습니다.

최순실은 항상 본인을 대신할 사람을 중간에 놓고 일을 진행했다. 본인이 직접 일을 수행하면 나중에 문제가 됐을 때 빠져나올 수 없기 때문인 것 같았다. 국민의당 김경진 의원의 질문에 답하고 나는 더불어민주당 김한정 의원의 질문을 받았다.

김한정 위원 : 미르 재단하고 케이스포츠 재단이 앞으로 통합이 돼
가지고 박근혜 대통령 퇴임 이후에 이사장을 맡아서
아마 운영될 것이다. 하는 생각했었지요?

노승일 부장 : 예 맞습니다.

김한정 위원 : 그 근거는 뭐였습니까?

노승일 부장 : 미르는 플레이그라운드라는 최순실 회사가 지배하고
있었고, 케이스포츠는 최순실이 운영이하는 더블루
케이가 지배하고 있었고, 그 두 재단이 2016년도에
합병해서 하나의 재단으로 만들어진다고 감지를 했
었는데 그 부분을 참고해 주는 게 미르와 케이스포츠
가 문제가 생기고 언론에서 많이 다뤄졌을 때 전경련
에서 빠르게 움직였던 게 뭐냐 하면 두 재단을 없애
고 하나에 재단으로 만든다고 기사가 나왔습니다.

김한정 위원 : 두 재단은 설립 기획 단계부터 최순실 씨가 계획 주
도했고 쌍둥이재단 아닙니까?

노승일 부장 : 예 맞습니다.

김한정 위원 : 날치기 설립 과정도 똑같고 돈 모금 과정도 똑같고,
그래서 그렇게 이야기 하는 것은 저는 당연하다고 생
각합니다. 그런데 지금 앞에 앉아 계시는 정 이사장
은 자기는 그렇게 생각하지 않는다, 이런 발언에 대
해서 어떻게 생각하세요?

노승일 부장 : 정 이사장님이 두 재단 합병하면 통합재단에 초대 이 사장이 되겠다고 한 그 내용이 기사화가 또 나옵니 다. 그 부분은….

김한정 위원 : 정 이사장.

정 이사장 : 그런 말을 한 적이 없습니다.

김한정 위원 : 말한 적이 없다는 것하고 진실을 말하는 것 하고는 다른 이야기입니다.

정 이사장 : 진실이 아닙니다.

김한정 위원 : 혼자 진실이 아니라고 주장을 하세요? 노승일 참고인 2012년 8월 26일에 독일 계약에 배석하셨죠?

노승일 부장 : 예 맞습니다.

김한정 위원 : 그때 삼성이 왜 그렇게 몸이 안달이 났다고 생각합니 까?

노승일 부장 : 그 이유는 잘 모르겠습니다.

김한정 위원 : 혹시 그 계약체결 이후에 박상진 사장이 이재용 부회 장한테 정유라 지원하는 계약 성사 잘됐다. 문자로 보냈다는 사실 이후 알게 된 일이 있습니까?

노승일 부장 : 그 문자는 오늘 처음 듣습니다.

김한정 위원 : 그 당시 정유라 측 배후에 최순실이란 존재가 있다는 것을 박상진 사장이 알았습니까? 몰랐습니까?

노승일 부장 : 충분히 인지했으리라 가늠합니다.

김한정 위원 : 삼성이 왜 박상진 사장을 거기로 보냈어요? 독일에? 그 많은 삼성 사장단 중에 왜 이 프로젝트를 박상진

사장한테 맡겼다고 생각합니까?

노승일 부장 : 박상진 사장님은 일단은 대외협력 사장으로서 그 일을 하는 게 맞고요 그 다음에 대한승마협회 회장이고 삼성은 회장사이기 때문에 삼성에서 왔다고 생각했습니다.

김한정 위원 : 그래서 그게 우연이 아닌 거지요. 승마협회 회장을 시키고 다 준비를 시켜 가지고 치밀하게 계획을 해 가지고 보낸 거예요. 그런데 자기들은 스케줄하고 안 맞아서 위에서 청와대에서 난리를 치니까 후다닥 그때 간 것으로 지금 파악이 되고 있습니다. 나중에 추가질의 하겠습니다.

전경련 회원사가 돈을 출연해 만든 K-스포츠재단과 미르재단은 재단 설립과정에서도 동일한 문제가 있었다. 설립을 위한 창립총회가 없었다. 그리고 설립을 위한 행정절차를 위한 법무법인도 같은 곳에서 진행을 했다. 2015년 8월 11일 내가 독일에 도착해 최순실과 함께 일하며 한국에 문화재단이 설립된다는 것을 알았었다. 2016년 K-스포츠재단에 입사하며 나는 그 문화재단이 재단법인 미르라는 것을 알았다. 더불어민주당 김한정 의원의 질문에 답하고 나는 개혁보수신당 하태경 의원의 질문을 받았다.

하태경 위원 : 존경하는 김한정 위원께서 질의 하실 때 답변이 분명

치 않아서 제가 다시 재 질의를 드리는데요. 노 참고
인께서 대통령이 퇴임 이후에 미르와 K스포츠가 통
합이 되고 그 통합 재단의 이사장으로 가게 되어 있
다는 말씀을 언론에서 하신 것을 봤어요. 사실입니
까?

노승일 부장 : 예, 제가 한 얘기 맞습니다.

하태경 위원 : 그것을 어떻게 알았습니까?

노승일 부장 : 그 상황이었기 때문에 2016년도에 이런 통합을 만들
고 그 다음에 2017년 이후에는 대통령의 퇴임 후에
자연스럽게 넘겨주는 그런 모양새가 되지 않을까라
는 생각을 했었는데…

하태경 위원 : 본인의 추정이에요?

노승일 부장 : 예 감지를 했습니다. 제가 그 부분은…

하태경 위원 : 그러면 그것은 좀 너무… 상상은 할 수 있지만, 그러
니까 본인의 상상이다?

노승일 부장 : 예, 제 생각이었습니다.

하태경 위원 : 통합이 될 거라고 생각했고 실제로 전경련이 통합을
발표했고, 그렇게 되면 대통령이… 그런데 통합이 된
다는 것과 대통령이 이사장으로 온다는 것은 서로 다
른 이야기잖아요?

노승일 부장 : 그런데 미르도 케이스포츠도 다 전경련이 만들어 줬
고 그 다음에 미르도 케이스포츠도 다 들어올 때 이
력서가 어디 한곳으로 갑니다.

하태경 위원 : 그러니까 최순실이 다 통제를 하는데, 그러면 최순실이 이사장으로 들어올 수도 있잖아요?

노승일 부장 : 그 부분은 아닌 것 같았습니다.

하태경 위원 : 아니다, 그러면 박 대통령이 들어온다?

노승일 부장 : 예

하태경 위원 : 왜 그렇게 확신을 했어요? 뭐 아무런 근거도 없이 확신을 합니까, 통합된다는 것? 이해가 잘 안 되는데, 정 이사장 증인은….

노승일 부장 : 최순실이 저희한테 이력서하고 이런 것을 받아 갔을 때 검증 절차를 충분히 거치고 문제가 없어야 이 재단에 들어간다고 얘기한 부분은 퇴임 후에 박근혜 대통령이 오니까 문제가 있는 직원들이 있으면 안 되니까 그러면 한 번 더 민정 쪽에서 걸러야 되지 않을까 이런 생각을 제가 했었습니다.

하태경 위원 : 그러니까 직원들 뽑을 때마다 사실상 박근혜 대통령의 재가를 받고 그 검증 절차를 거치는 까다로운 과정을 거치기 때문에, 이 까다로운 과정을 거치는 것은 박근혜 대통령이 이사장으로 왔을 때 문제 있는 직원이 없게 하기 위해서 까다롭게 한다고 생각을 했다는 말이지요?

노승일 부장 : 예. 맞습니다.

하태경 위원 : 너무 까다롭더라, 이것 때문에?

노승일 부장 : 예.

하태경 위원 : 알겠습니다. 정 이사장은 박근혜 대통령이 퇴임 후에 이사장으로 올수도 있다는 생각을 해 본 적이 있습니까?

정 이사장 : 없습니다.

하태경 위원 : 전혀 없습니까?

정 이사장 : 예.

하태경 위원 : 그 다음에 우리 노 참고인 하신 이야기 중에 정유라가 경기도 하남시에 자기 할아버지 땅이 많다, 그러니까 최태민 땅이 많다. 이런 이야기 들었다고 한 적이 있나요?

노승일 부장 : 예 들었습니다.

하태경 위원 : 그 언제 들었어요?

노승일 부장 : 2015년 9월경에 그 비블리스에 있는 마장에서

하태경 위원 : 독일에서?

노승일 부장 : 예.

하태경 위원 : 땅이 많다고 했는데 그 땅을 그때 팔았나요?

노승일 부장 : 땅이 많아가지고 그때 땅 가격이 많이 오르면서 청담동에 다시 땅을 샀다. 라고 거기까지 얘기했습니다.

하태경 위원 : 그러면 그 땅을 팔아서 청담동에 땅을 샀다?

노승일 부장 : 예.

하태경 위원 : 그러면은 제가 지금 최순실 땅을 보니까 여기 미사리인데 최순실 땅 500m 위에 이것은 언론에 보도 된 거예요. 복합생활체육시설 대상지 부지로 선정이 돼

있었어요. 그래서 이 땅이 원래 샀을 때는 34억5천만 원이었는데 최순실이 52억에 팔아서 17억에 차액을 얻었어요. 그러면 노 증인이 정유라한테 그 이야기를 들었을 때는 이미 팔아서 돈이 청담동으로 갔다. 청담동으로 갔다는 건 최순실한테 갔다는 뜻인가요?

노승일 부장 : 청담동으로 갔을 때에 시기는 굉장히 오래된 얘기였습니다.

하태경 위원 : 그러면 청담동 갔다는 건 최순실한테 갔다는 뜻인가요?

노승일 부장 : 하남시 땅을 매각을 하면서 그 현금이…

하태경 위원 : 다른 땅이다, 그 땅은?

노승일 부장 : 예. 매각을 하면서 그 현금이 다시 청담동 땅으로…

하태경 위원 : 그러면 대통령이 2013년에 서승환 당시 국토부장관에 전화를 해서 평창올림픽을 준비하기 위해서 서울에서 평창으로 가는 중간쯤에 복합체육센터 시설을 검토하게끔 지시를 해요. 이게 2013년이에요. 그리고 대통령이 미사리라고 지목을 해요. 그래서 그 이후에 땅값이 올랐는데, 그러면 증인도 이게 미사리 땅이라는 것을 알고 있었어요, 아니면 들은 바가 있어요?

노승일 부장 : 미사리 땅이라고는 안 그랬고요 제가 느끼기에는 하남시 땅에서 상당부분을 갖고 있다고 그렇게 얘기를 들었습니다. 그러니까 하남시 땅이 이 정도면 제가

느끼기에는 3분의 2정도 그 정도 느꼈습니다.

하태경 위원 : 정유라가 원래 뻥이 심해요?

노승일 부장 : 뻥이 그렇게 심한지 안 심한지 잘 모르겠습니다. 그 부분은…

하태경 위원 : 그런데 그것을 그 당시에는 사실로 받아드렸다.

노승일 부장 : 예.

하태경 위원 : 어쨌든 하남시 땅을 통해서 상당히 많은 수익을 얻을 거라고 생각했다?

노승일 부장 : 예, 부를 축적했다 이렇게 얘기했습니다.

하태경 위원 : 그러면 실제로 대통령이 국토부 장관한테 지시를 해서 이 지역이 개발가치가 굉장히 높았는데 결국 개발은 안됐어요. 개발이 될 거라면 최순실이 땅을 더 가지고 있었어야 됐는데 지금 제가 말씀드린 땅은 팔았어요. 개발되기 전에…

노승일 부장 : 예.

하태경 위원 : 실제로 개발이 안 될 거라는 정보도 최순실이 알았다고 해야 이게 이해가 되는데, 그것이 최순실이 개발 대상이지만 개발이 안 된다는 정보도 결국 알았다고 생각하세요?

노승일 부장 : 결론적으로, 지금 결과적으로 봤을 때 하남시는 상당히 개발이 많이 돼 있습니다. 그리고 땅 가격도 엄청 많이 올라갔고 공시지가도 많이 상승돼 있는 상태구요. 제가 생각했던, 그 방송에서 얘기했던 그 부분은

최순실이 갖고 있는 실소유의 토지보다는 차명으로 갖고 있었던 토지가 있지 않았을까 라는 그런 생각을 했기 때문에 얘기 했던 겁니다.

하태경 위원 : 그러면 미사리 땅보다는 훨씬 많은 땅을 하남시에 가지고 있다는 얘기를 정유라가 한 것이다?

노승일 부장 : 예. 저는….

하태경 위원 : 이야기한다는 거지요?

노승일 부장 : 예.

하태경 위원 : 알겠습니다.

개혁보수신당 하태경 의원의 질문에 나는 속 시원하게 대답을 못했다. 2016년 6월 최순실과 하 교수 그리고 나는 청담동에서 술을 마셨다. 그리고 최순실은 나에게 "퇴임 후 위에서 올 거다."라고 했다. 노 부장이 재단에서 잘 해야 한다고 했다. 하지만 녹취를 해 놓은 것도 아니고 그렇다고 문자로 온 것도 아니고 이것을 증명할 방법이 없어서 나조차도 답답했다. 그래서 감지라는 표현을 사용했다. 개혁보수신당 하태경 의원의 질문이 끝나고 더불어민주당 손혜원 의원의 질문이 시작됐다.

손혜원 위원 : 7월 30일 다니던 회사를 정리하고 8월 10일 날 가지 않습니까?

노승일 부장 : 예 8월 11일 날 출국합니다.

손혜원 위원 : 그런데 왜 급하게 서둘렀을까요? 독일에 회사를 만들

러 가셨지요? 가셨을 때 간단하게 한번 얘기 좀 해주세요. 독일에 가서 뭘 했는지…

노승일 부장 : 삼성과 계약을 해야 되는데 빨리 가서 회사를 설립해야 된다. 그래서 그 얘기를 했고 그래서 저는…

손혜원 위원 : 삼성이랑 계약을 하기 위해서 독일에 회사를 만들어야 된다?

노승일 부장 : 예 맞습니다. 그래서 저는 정상적인 방법인 신규 법인을 만드는 것을 얘기를 했고 그런데 시간이 너무 없다. 그래서 페이퍼 컴퍼니라는 제2의 안이 나옵니다. 그래서 저는 독일에 가서 첫 번째로 회사로 사용할 장소를 알아보고요. 그 다음 두 번째로는 박승관 변호사라는 사람을 소개받았고 그것을 최순실한테 보고를 했고 최순실이 박승관 변호사를 어떻게 좀 알아봤나 봐요. 그리고 8월 14일 날 바로 입국을 한 다음에 독일에서 박승관 변호사하고 단독으로 최순실하고 얘기를 하면서 설립이 됩니다.

손혜원 위원 : 그니깐 아까 말씀에도 얘기를 하셨지만 독일로 간이유가 국민들의 눈을 피하는 거조?

노승일 부장 : 예 맞습니다.

손혜원 위원 : 그리고 삼성이 독일에서 지원하는 것이 훨씬 쉬운 거지요?

노승일 부장 : 예.

손혜원 위원 : 아까 박상진 사장이 오늘 나오기로 했다가 안 나와서

병원으로 갔다는 그 증인이 바로 이 유럽 쪽 담당을 했던 사람입니다. 이 사람을 부리나케 삼성전자로 데려오고 그리고 이 사람한테 승마협회 회장을 시키고 그리고 이 사람을 보내서 독일에 회사를 차리는데 도움을 주게 하는 거지요? 그래서 제 생각에 저 가운데 2015년 6월 달부터 시작해서 7월 사이에 그때 바로 승마협회를 지원하려던 삼성의 자금이 최순실이나 정유라한테 직접 들어가지 않을 가능성이 있으니깐 이때 마음을 바꿔서 독일로 간 게 아닌가라는 생각이 들거든요. 그때 독일에 회사를 만들러 가셨고요.

노승일 부장 : 예.

손혜원 위원 : 그랬던 것으로 보이는데 여기에서 이제 정말 재미있는 일이 또 벌어지는 것이 독일에 가서 이런저런 코어스포츠 회사의 전신인 독일 회사를 하나를 샀다가 이름을 코어로 바꿨다가 박 전무나 이런 분들하고 문제가 생기니깐 거기서 그것을 비덱스포츠로 바꾸면서 100% 최순실이 주인인 그런 회사를 만들지요?

노승일 부장 : 예 그것은 2015년 12월 이후에 일어난 일입니다.

손혜원 위원 : 그렇지요? 그때 그렇게 만든 이유가 제 생각에는 그것이 바로 미르재단과 케이스포츠가 만들어진 전신이 아닌가라는 생각이 들어요. 처음에는 일단 삼성에서 돈을 받아서 독일에 회사를 만들고 정유라가 혼자만 지원을 받게 해 놨는데 장기적으로 박근혜 대통령

임기 동안에 계속 재벌들한테 돈을 받아내려면 뭔가 재단이라는 것을 하나만 들어서 돈을 빼내가는 방법을 만들어야 되는 게 아닌 가라는 생각이 지금 이제 우리가 일곱 번에 대한 청문회를 하면서 그것이 큰 그림이 보여지는데 여기서 문화 쪽을 하나 했고, 스포츠 쪽을 하나했다는 거지요. 그러니깐 처음 시작이 정유라의 승마를 돕기 위해서 한 거 같은데, 그 뒤에 어떻게 케이스포츠로 어떻게 돌아갔는지 그 얘기를 한번 해주시지요, 독일에서 들어오는 과정하고.

노승일 부장 : 저는 독일에서 최순실 씨가 나가라고 해서 좀 버티다가 나왔고요

손혜원 위원 : 왜 나가라고 했지요?

노승일 부장 : 급여조건이 안 맞는다. "독일은 노 부장이 원하듯이 그 급여조건을 채워주면 법인으로서 대표로서 세금을 많이 내야 된다. 그러니깐 독일에서 150만원 받고 한국에서 200만원 보내주겠다." 그러면 독일에서는 150만원에 준하는 소득세를 내면 되는 거고 법인도 그거에 맞는 세금을 내주면 되는 거고요. 그래서 제가 못가겠다 이렇게 얘기하고 그 다음에 이제 여담입니다마는 안 나간다고 버티니까 부식을 끊어요. 부식을 끊고 제가 또 안 나간다고 부식이 끊긴 상황에서도 꾸역꾸역 버티니까 통째로 이사를 가요, 제가 자고 있는데

손혜원 위원 : 독일에서? 자고 있는데?

노승일 부장 : 예, 그리고 난 다음에 제가 들어오게 되고 그 다음에 이제 그 재단은 이력서를 좀 준비하라고. 왜 그러냐? 그러니까 체육재단이 만들어진다. 그래서 저는 체육재단이 정상적으로 그렇고 전경련이 뜻을 합쳐서 만든 재단으로 알고 있었는데 들어와서 한두 달 같이 일해 보니 이것도 판이 또 최순실 판이고 그래서 저는 이제 블루케이에서 더 이상 일을 못하겠다고 얘기를 합니다.

더불어민주당 손혜원 의원의 질문에 잠시 독일 생활이 떠올랐다. 지금 독일 생활을 생각해도 "내가 어떻게 버틸 수 있었지?"라는 생각만 든다. 다음은 더불어민주당 안민석 의원의 질문이 시작됐다.

안민석 위원 : 노승일 참고인 아까 대통령과 최순실이가 통화를 했었다고 했어요, 그렇지요?

노승일 부장 : 예.

안민석 위원 : 언제쯤이죠?

노승일 부장 : 2015년 8월 중순경이었습니다.

안민석 위원 : 어떤 내용이었습니까?

노승일 부장 : 그냥 예 예 예 이런 식이었습니다.

안민석 위원 : 내용은 모르시고요?

노승일 부장 : 예.

안민석 위원 : 최순실이가 대포폰을 주로 사용하지요?

노승일 부장 : 예. 상당히 많이 사용합니다.

안민석 위원 : 그날 혹시 대통령과 할 때 통화했던 전화기가 대포폰인지 혹시 기억납니까?

노승일 부장 : 그건 대포폰으로 확실합니다.

안민석 위원 : 그럼 대통령도 대포폰으로 사용했을 가능성이 많지 않을까요?

노승일 부장 : 그것은 잘 모르겠습니다.

안민석 위원 : 대포폰으로 통화하는 대통령이 정상적인 공무의 폰으로 사용하지 않았을 거라는 건 상식인데요. 그것은 참고인은 모르실 것이고요.

노승일 부장 : 예.

최순실은 차명폰을 사용했으며 대략 3개의 핸드폰을 가지고 다녔다. 항상 자리에서 일어나면 핸드폰이 있는지 없는지를 확인했다. 그리고 최순실의 핸드폰은 스마트폰이 아닌 2G 폴더폰을 사용했다. 그리고 핸드폰 번호도 자주 바꿨다. 더불어민주당 안민석 의원의 질문이 끝나고 개혁보수신당 황영철 의원의 질문이 이어졌다.

황영철 위원 : 노승일 증인이 이사회 회의에 결과에 대해서 들어보셨습니까?

노승일 부장 : 예 들었습니다.

황영철 위원 : 말씀해보세요

노승일 부장 : 주 이사님하고 김필승 이사님하고 이렇게 회의를 해서 연임에 대해서 반대를 하고 그 다음에 해임을 결정을 했는데 정 이사장님이 하시는 말씀이 나는 위에서 내려준 사람이다. 당신들이 결정한 것은 다 무효다. 또한 이철용 부장이 문체부 얘기를 좀 했습니다. 의견을, 그랬더니 문체부가 그렇게 의견을 제시하는 건 월권행위다. 이렇게 얘기를 했습니다.

박근혜 정부의 최순실 등 민간인에 의한 국정농단 의혹사건 진상규명을 위한 국정조사 특별위원회 5차 청문회가 끝나고 K-스포츠재단에서는 정 이사장의 연임에 대한 이사회가 열렸다. 하지만 전경련 1명과 한화 1명의 이사는 이사회에 참석을 하지 않았으며 결국 이들은 K-스포츠재단 이사 사임서를 제출했다. 정 이사장과 주 이사 그리고 김필승이사 3명이 참석해 열린 이사회에서도 정 이사장은 '나는 위에서 내려준 사람이다'라고 하며 이사회 무효를 주장했다. 개혁보수신당 황영철 의원의 질문이 끝나고 개혁보수신당 이혜훈 의원의 질문이 이어졌다.

이혜훈 위원 : 당시 삼성은 뭐라고 얘기를 하고 있느냐 하면 정유라만을 지원하는 게 아니었다. 승마협회를 통해서 승마 유망주를 육성하려는 것이었다. 이렇게 계속 얘기

를 하고 있고 여섯 명을 발굴하려는 것이었다. 저희가 알기로는 정유라만 지원을 받았지 다른 여섯 명이 지원받았다는 것을 보지를 못 했는데 다른 여섯 명이 지원 받은 적이 있습니까?

노승일 부장 : 박 감독이 비블리스에서 11월 12월 두 달간 지원받은 것으로 알고 있습니다.

이혜훈 위원 : 박 감독?

노승일 부장 : 네.

이혜훈 위원 : 그러면 그 나머지 다른 사람들을 선발하려고 했던 적이 있습니까?

노승일 부장 : 박 원장님은 선발을 하려고 했고 최순실은 거기에 대해서 못 마땅해 했습니다.

이혜훈 위원 : 저희가 제보를 받기로는 박 원장이라는 분, 이 계약을 어떻게 보면 승마 종목의 육성을 위해서 상당히 활용하려는 그런 나름의 꿈을 가지고 이것을 좀 키워 보려고 선수도 선발하고 이러자고, 선발하려고 여러 가지 일을 좀 하니깐 입에 담기 어렵지만 있는 그대로 읽어드리겠습니다. 제가 들은 대로 방송에 적합한 용어는 아니지만 최순실 씨의 왈 "이 계약이 누구 덕분에 생긴 건데 선수를 선발한다고 꼴값을 떠냐?" 이렇게 박원오 원장을 질책하고 선수 선발을 막았다. 이런 얘기들이 들리는데 이런 얘기 들어 보신 적이 있습니까?

노승일 부장 : 예 들어봤습니다.

이혜훈 위원 : 최순실 씨가 어떻게 보면 삼성한테는 승마 유망주를 육성한다. 이렇게 해서 220억이나 되는 어마어마한 돈을 받아놓고 정유라 외에 누구도 지원하지 못하게 가로막은 것처럼 보입니다. 대충 그렇게 보이는 게 상식적인 거겠지요?

노승일 부장 : 예 맞습니다.

이혜훈 위원 : 그리고 다른 선발절차는 아예 시작도 못 되게 막은 거 같고요. 그리고 저는 또 이해가 안 되는 것 중에 하나가 사실 이때가 보면 삼성이 이제 합병을 하면서 삼성물산과 제일모직이 국민연금에 합병결정이 있었던 7월 17일 그 직전에 계약이 시작되는 것은 8월 26일 날짜로 되어 있지만 계약서에 사인한 날짜는 7월 15일 바로 국민연금이 합병 찬성하는 그 직전에 사인을 하는 걸로 알고 있는데 혹시 그런 얘기 들어보셨습니까?

노승일 부장 : 7월 15일에 사인되어 있는 것은 최순실 씨가 비블리스 마장 계약서를 사인한 날입니다.

이혜훈 위원 : 예. 이게 참 여러 가지로 보면 묘하게 떨어지는 거 같아요. 그런데 삼성과 코어스포츠 간에 보면 그 계약서를 저도 한부를 입수를 했는데 8월 26일부터 시작되는 이 계약서에 보면 온갖 여러 가지 운영비와 구입비에 대해서 세부항목을 굉장히 자세하게 써놔요.

특히 운영비를 보면 얼마든지 전용이나 유용을 할 수 있는 부분이니깐 총 3페이지에 걸쳐서 13개 큰 항목을 적어놓고 그 13개 항목 각 한목별로 4~5개 세부 항목을 적어서 그 항목별로 기준이 굉장히 자세합니다. 어떤 조건을 충족해야만 이 돈을 지급하는지. 근데 우리가 언론을 통해 보는 거는 뭐 강아지 대변판, 강아지패드, 강아지 뭐 여러 가지 강아지 용품 그 다음에 강아지펜스. 아기 목욕통 도대체 승마와 관련이 없는, 승마선수를 지원하기 위해서 필요할 걸로 보이지 않는 도무지 이상 한 거, 그 다음에 계약은 8월 26일 날 시작했는데 주변사람들 지인들 증언을 보면 5월 달부터 최순실 씨가 썼던 돈들을 다 그냥 청구한 걸로 이렇게 보도가 되고 있단 말이죠. 이런 걸 옆에서도 보신 우리 노승일 참고인이 보시기에는 이런 게 상식적으로 보이십니까?

노승일 부장 : 비상식적입니다.

이혜훈 위원 : 비상식적이지요? 이런 것 보신 적 없지요?

노승일 부장 : 예 맞습니다.

이혜훈 위원 : 계약대로 해야 되는 게 맞는 거지요?

노승일 부장 : 예 맞습니다.

이혜훈 위원 : 그런데 여기를 보면 계약서를 제가 잘 봤더니 분명히 계약서에는 매달 말일이 되기 전에 이 사용한 운영비 내역뿐만 아니라 물품을 구입한 차량이든 말이든 온

갖 마장용품이든 간에 구입한 거를 상세한 회계보고
서를 내게 돼있어요. 코어스포츠가 삼성 쪽에다가…

노승일 부장 : 예 맞습니다.

이혜훈 위원 : 그리고 모든 품목에 대해서는 세부항목별로 심지어 1
원 한 장까지도 다 영수증을 첨부하게 돼 있고 그런
데 너무 기가 막힌 건 이런 게 막 언론에 나니깐 삼성
이 뭐라고 반박을 하나면 코어에서 보낸 내역은 세부
항목을 보낸 게 아니라 큰 틀에서 운영비만 적혀있고
세세한 선고내역은 보내지도 않았다. 이렇게 반박을
했어요. 그래서 강아지 펜스 강아지 대변판 이런 게
들어있는 지도 몰랐다. 우리는 그런 것 받아본 적이
없다 이렇게 얘기하는데 이런 게 좀 상식적이지 않게
보이지요?

노승일 부장 : 예 맞습니다. 삼성에서 요구한건 사용한 영수증까지
요구했었습니다.

이혜훈 위원 : 그렇게 해야지 상식적인 거 아니겠습니까? 계약서에
도 보면 그런 것 다 내라고 돼있고…

노승일 부장 : 예.

이혜훈 위원 : 그걸 딱 언제 반드시 말일 이전에 내야만 한다고 명
시되어 있고?

노승일 부장 : 예

이혜훈 위원 : 그렇게 돼있는데 그러면 계약을 제대로 이행하는지
관리도 안하고 챙겨보지도 않았다는 얘기는 계약서

는 그냥 허위일 뿐이고 사실상은 이 돈을 그냥 마음
대로 220억을 그냥 정유라 씨가 쓰세요. 하고 준 뇌
물에 불과하다고 보이는 게 그게 상식적인 추론 아니
겠습니까?

노승일 부장 : 그게 정답인거 같습니다.

이혜훈 위원 : 모든 사람이 그렇게 생각할 수밖에 없지 않겠습니까?
왜냐면 220억을 줘놓고는 정유라 이외에 선수는 선
발도 못하게 하고 정유라만 주는데 정유라가 쓴 것은
계약 게시일이 되기도 전에 쓴 희한한 말도 안 되는
강아지 대변판같이 이런 거까지 다 그냥 돈을 삭감하
지 않고 그대로 다 주고 모니터링도 안하고 왜 안 받
냐? 그랬더니 우리는 그런 것 받지도 않았고 큰 틀에
서 운영비라 적혀있는 것만 받았다. 이건 삼성이 관
리할 생각이 없다는 의미 아니겠어요?

노승일 부장 : 예 맞습니다.

이혜훈 위원 : 제가 이상한 사람이 아니지요? 이것은 어떻게 보면
마장마술을 지원한다는 포장을 잘 씌워가지고 그것
은 핑계에 불과하고 사실은 그냥 최순실 씨 일가에게
준 뇌물에 불과하다 이렇게 보는 게 상식적이지 않을
까 생각이 되고요. 그 다음에 기가 막힌 것은 또 보면
이렇게 지원하는 선수는 과연 그 경비를 받아서 훈련
한 게 성과를 내는지 프로그레스(Progress) 리포트
를 내라고 분명히 1조 3항에 돼 있거든요? 매달 내라

고 돼 있습니다. 그런데 그것을 냈는지에 대해서 우리가 요구하는데 답이 없어요? 요것도 이상하지요?

노승일 부장 : 예 맞습니다. 그 부분은 박 원장님이 정리를 하셨는데 정리가 안 된 것 같습니다.

이혜훈 위원 : 안 되는 부분이지요? 내지를 않아요. 내지를 않는데 안내도 아무 말도 없고 돈은 계속 나가요. 이거는 누가 봐도 명백히 뇌물같이 보이지요?

노승일 부장 : 예.

삼성물산과 제일모직이 국민연금에 합병결정이 있었던 7월 17일 그 이전 7월 15일은 최순실의 이름으로 비블리스 승마장 임대계약서를 사인한 날이다. 또한 그 사인은 최순실의 사인이 아니었다. 나는 이번 박근혜 정부의 최순실 등 민간인에 의한 국정농단 의혹사건 진상규명을 위한 국정조사 특별위원회 청문회 참고인으로 질문을 받으며 삼성전자와 코어스포츠 간의 스포츠 매니지먼트 계약에 대한 나도 모르던 사실에 궁금증을 풀어나갔다. 개혁보수신당의 이혜훈 의원은 삼성전자와 코어스포츠의 간의 스포츠 매니지먼트 계약서를 정확히 이해하고 있었다. 그리고 나는 더불어민주당 안민석 의원의 질문을 받았다.

안민석 위원 : 자 노승일. 참고인 독일 하이델베르크에서 최순실과 저녁을 먹고 나면서 최순실이가 박대통령에 대해서 언급한 내용을 들었죠?

노승일 부장 : 네 맞습니다.

안민석 위원 : 최순실이가 뭐라고 하던가요?

노승일 부장 : 굉장히 오래된 그 언니동생이라고 표현했습니다.

안민석 위원 : 그 친분관계를 은근히 과시를 하던가요?

노승일 부장 : 네 그래서 제가 지금의 현재 대통령이냐고 물어봤습니다. 맞다고 했습니다.

안민석 위원 : 그때 처음 그 관계를 알았어요?

노승일 부장 : 저는 그 전에 인지를 하고 있었고 그날 본 최순실한테 얘기를 들은 건 처음입니다

안민석 위원 : 좋게 이야기 하던가요 부정적으로 하던가요?

노승일 부장 : 좋게 이야기 했습니다.

더불어민주당 안민석 의원의 질문에 당시 최순실과 함께 2015년 9월 9일 하이델베르크에서 프랑크푸르트로 이동하며 최순실에게 들었던 얘기를 떠올렸다. 더불어민주당 안민석 의원의 질문이 끝나고 더불어민주당 박범계 의원의 질문이 이어졌다.

박범계 위원 : 노승일 참고인 상무가 갖고 있는 테블릿 PC는 기종이 삼성 겔럭시입니까? 아니면 애플입니까?

노승일 부장 : 애플입니다.

박범계 위원 : 문제가 된 JTBC 테블릿은 애플입니까 삼성 겔럭시입니까?

노승일 부장 : 삼성 겔럭시입니다.

박범계 위원 : 상무로부터 자기 책상에는 디지털 카메라만 있었다
는 얘기를 들은 적 있죠?

노승일 부장 : 예 맞습니다.

박범계 위원 : 제가 지금부터 노승일 증인이 참을 얘기한다는 얘기
를 말씀 드리는 겁니다. 금년 10월 27일 날 우리 저
박영선 의원님이 틀은 대화 녹취록에는 녹음파일에
최순실이 증인과 대화한 내용이 있습니다. 맞죠?

노승일 부장 : 네 맞습니다.

박범계 위원 : 이때 시작을 최순실이 증인보고 내가 노 부장을 믿어
도 돼? 이렇게 얘기를 했습니다. 맞죠?

노승일 부장 : 네 맞습니다.

박범계 위원 : 이때 까지만 해도 노승일 증인하고는 좋은 사이였습
니다. 이때 테블릿 PC를 훔친 걸로 몰아가야 된다는
것이 요지입니다. 맞죠?

노승일 부장 : 네 맞습니다.

박범계 위원 : 이 이전에 JTBC는 10월 중순에 테블릿 PC를 공개합
니다. 10월 중순부터 10월 27일까지 사이에 이 태블
릿 PC가 상무의 것이라는 어떠한 얘기도 나온 적이
없죠?

노승일 부장 : 네 맞습니다.

박범계 위원 : 최순실이 그렇게 몰아가야 돼 훔친 걸로 그때 이후로
나온 거죠?

노승일 부장 : 네 맞습니다.

박범계 위원 : 세 번째 증인이 박 과장이 했다는 얘기는 증인만 들은 게 아니라 여러 직원들이 들었습니다. 맞죠?

노승일 부장 : 네 맞습니다.

박범계 위원 : 누구누구입니까?

노승일 부장 : 이철용 재무부장하고 강지곤 차장 홍성환 대리 박재호 사원 이렇게 들었습니다.

박범계 위원 : 네 사람 맞죠?

노승일 부장 : 네네.

박범계 위원 : 증인은 이곳 청문회에서 여러 가지를 진실되게 증언한 이후로 돌아간 뒤에 누군가로부터 그 사람들은 돈도 많은 사람들인데 1년 2년 동안은 국민이 지켜주는지 모르겠으나 10년 뒤에는 그 사람들이 증인의 목숨을 위태롭게 할 수 도 있다는 그런 취지에 말을 들은 적이 있죠?

노승일 부장 : 예 있습니다.

박범계 위원 : 누군지는 밝힐 수는 없습니다. 그죠?

노승일 부장 : 예.

박범계 위원 : 증인이 말하는 신변에 위협을 느낀다는 것도 그거와 관련이 있습니다. 맞습니까?

노승일 부장 : 네 맞습니다.

박범계 위원 : 정 이사장 증인이 거짓말하고 있습니까? 증인이 거짓말 하고 있습니까?

노승일 부장 : 이사장님께서 그 박 과장한테 그런 얘기를 지시한 거는 맞습니다. 근데 박 과장은 그게 아니라고 하고 제가 박 과장이랑 통화하는 내용을 보면 박 과장이 아 그거 하면서 인정하는 부분이 있습니다.

박범계 위원 : 그 통화내용은 증인은 녹음하지 않았고 박 과장은 녹음을 했습니다.

노승일 부장 : 네 맞습니다.

박범계 위원 : 그 통화기록 있다고 얘기했죠?

노승일 부장 : 네 맞습니다.

박범계 위원 : 그것만 까여지면 그것만 특검에 제시되면 누가 위증하는지는 금방 알 수 있죠 맞죠?

노승일 부장 : 네 맞습니다.

박범계 위원 : 정 이사장 증인이 아까 최교일 의원님과의 대화중에 거꾸로 최교일 의원으로부터 들어도 고통을 받고 있다는 취지를 증인은 어떤 의미로 받아들였습니까? 제가 보기에는 누가 위증을 교사하고 누가 위증을 한 거냐에 대한 서로의 문제로 저는 들었습니다. 그렇게 느껴졌습니다. 증인 어떻게 느끼셨습니까?

노승일 부장 : 정 이사장님이 새누리당 의원님께 제안을 한 거 같고요. 새누리당 의원님께서 그 듣는 과정에서 뭔가 문제가 생겼던 거 같습니다.

박범계 위원 : 취지기 불분명합니다. 중요한 것은 이 테블릿 PC가 상무의 것이 아니고 최순실 것인데 설령 이것이 어

떤 경위로 어떻게 입수됐던 거와 관계없이 증거능력에는 아무런 문제가 없는데 여기 최교일 의원님은 아마 서울중앙지검장 출신이시니깐 아셨을 겁니다. 깊숙이 개입이 안 돼 있을 겁니다. 우리가 문제 삼는 사람은 딱 한분입니다. 이 정황상 이것은 문제가 안 되는 건데 굳이 이 신성한 청문회장에서 문제를 삼아가지고 끌어갔던 그 점 그건 최순실과 계획을 같이하는 겁니다. 증거를 인멸하는 걸 같이하는 겁니다. 딱 한 사람 그분과 관련해서는 내가 보기에는 적어도 문제가 있음에도 불구하고 누가 먼저 이 얘기를 꺼냈는지와 관계없이 정 이사장과 그분 적어도 이 태블릿 PC의 진실에 관해서 거짓되게 이 상황을 만들어 가려 했다는 것은 맞다는 생각입니다 동의하십니까?

노승일 부장 : 네 동의합니다.

박범계 위원 : 제 말 좀 어려웠죠? 방금은

노승일 부장 : 이해했습니다.

박범계 위원 : 이해하시죠?

노승일 부장 : 예예.

박범계 위원 : 증인은 위증한 적이 없습니다. 이번 청문회에서 가장 위대한 증인입니다. 증인은 심지어 코어 독일 가서 있었던 그 계약을 계약서를 작성하는 그 현장에도 있었습니다. 맞죠?

노승일 부장 : 네 맞습니다.

박범계 위원 : 그 정도로 중요한 사람입니다. 3일 동안 특검에 불려
가서 조사 받았죠?

노승일 부장 : 네 맞습니다.

박범계 위원 : 그 정도로 증인은 매우 무게 있는 이 국정농단에 매
우 중요한 인물입니다. 저는 그렇게 평가합니다. 증
인에 대해서 제가 보낼 수 있는 최대한의 경의를 보
냅니다.

노승일 부장 : 과찬이십니다.

　더불어민주당 박범계 의원의 질문 중 '증인은 이곳 청문회에
서 여러 가지를 진실 되게 증언한 이후로 돌아간 뒤에 누군가로
부터 그 사람들은 돈도 많은 사람들인데 1년 2년 동안은 국민
이 지켜주는지 모르겠으나 10년 뒤에는 그 사람들이 증인에 목
숨을 위태롭게 할 수도 있다는 그런 취지에 말을 들은 적이 있
죠?'라고 질문을 했다. 당시에 나는 답을 하지 않았다. 내가 답
을 하면 그 사람은 오해를 받을 수 있다는 생각이 들었다. 더불
어민주당 박범계 의원의 질문이 끝나고 정의당 윤소하 의원이
질문을 이어갔다.

윤소하 위원 : 노승일 증인 지금 케이스포츠 재단과 관련해서 제가
목포에 사는데 왔다 갔다 하고 있어요. 밑에서는 난
리가 났어요. 이 앞전에도 한번 난리가 났는데 무슨
이야기냐면 케이스포츠클럽이란 게 있죠? 알고 계시

죠? 대한체육회에서 2013년부터 예를 들면 학교체육이라든가 엘리트체육 생활체육을 합쳐서 하려고 하는 그런 부분에 수많은 정부예산이 같이 투입됩니다. 그런데 지금 체육인들이 좌불안석을 한 것은 케이스포츠재단이 이러한 부분에 대해서 개입해서 장기적인 이익 부분을 맡아서 하려고 하고 있다는 부분을 의혹을 제기하고 있습니다. 그런 것을 혹시 느끼시고 있으십니까?

노승일 부장 : 예 맞습니다. 그 의혹은 사실입니다.

윤소하 위원 : 앞전에 28일 모 언론에서 미르와 케이스포츠 재단은 17년에 통합할 것이다. 그리고 그것은 곧 박근혜 대통령의 퇴임 이후에 재단이 될 것이라는 이야기를 하셨어요.

노승일 부장 : 네네.

윤소하 위원 : 그리고 케이스포츠 재단이 직원들이 스포츠 케이스포츠클럽 운영을 위해서 대한체육회 남양주시청 당진 고창 등지를 방한한 사실을 알고 있습니까?

노승일 부장 : 예 맞습니다. 추가적으로 무주태권도원하고 올림픽공원까지 있었습니다.

윤소하 위원 : 체육회에 본 사업인 케이스포츠 운영권을 장악하려고 한 게 아닌가는 의혹이 있고 지금 11월부터 재의혹이 되고 있고…

노승일 부장 : 예 맞습니다.

윤소하 위원 : 작년 3월 25일까지 생활체육회와 전국 통폐합을 하죠. 문제는 국정농단에 몇몇 잘잘못이 아니라 국가정책에 모든 분야를 송두리째 바꿔가고 있다는 겁니다. 체육이 됐든 문화가 됐든 의류계가 됐든 교육이 됐든 이것이 가장 심각한 문제다. 그러기 때문에 여기 앉아서 위증을 했든 어쨌든 간에 여기에 계신 분들은 참고인 빼고요. 그러한 부분에 국민적 공분이고 국정농단에 한 핵심적인 범인에 준하는 부분이다. 그것을 이야기 하고 싶은 것입니다. 실제로 이러한 것이 진행될 수 있었던 것은 대단히 안타깝기도 하고, 아까 정 증인이 앞전 감옥에서 만난 최순실 증인 그리고 멍멍한 상태에서 국정을 운영하고 4월 16일 7시간 동안 국민을 버리고 자다 일어나서 봉창 두드리는 소리했던 대통령의 수준이 대한민국을 이렇게 만들었다. 딱 그 수준이다. 그리고 거기에 김기춘과 우병우와 같은 교활하기 그지없는 고위공직자들의 민낯이 그대로 드러난 것이 이번 농단 사태다. 그들이 위증을 했든 어쨌든 국민이 이것을 정확히 봤다 저는 그것이 국민에게 줄 수 있는 우리들의 노력에 결과 중 일부다. 또 하나 있습니다. 여기에 앉았던 내로라하는 재벌들은 노동자들의 피와 땀으로 살찌운 부를 권력자들에게는 수백억씩 갖다 바치면서 그날 당일 청문회 현대차그룹의 회장 앞에서 생존권 좀 지켜달라

는 노동자들은 폭력으로 짓밟는 그리고 청문회 끝나면 끝이다. 이런 생각으로 살아가는 정경유착 재벌중심의 경제구도를 뜯어고치지 않고서는 이러한 것은 계속 될 것이다.

정의당 윤소하 의원의 케이스포츠클럽(종합형 스포츠클럽)에 대한 질문은 나에게는 반가운 질문이었다. 최순실은 청와대와 문체부를 움직여 케이스포츠클럽과 특히 광역케이스포츠클럽 만들어 또 다른 수익모델을 창출하려고 하고 있었다. 나는 서울중앙지방검찰청에서 조사를 받으며 증거자료로 청와대에서 만들어진 스포츠클럽 전면개편방안 안을 제출했다. 결국 박근혜 전 대통령은 '종합형 스포츠클럽 스포츠클럽전면개편방안 안'이란 증거자료로 2017년 3월 10일 헌법재판소는 대통령 박근혜를 파면했다. 정의당 윤소하 의원의 질문이 끝나고 더불어민주당 박영선 의원이 질문을 이어갔다.

박영선 위원 : 노승일 참고인께 질문합니다. 제가 오늘 그 KEB하나 독일지점장을 했던 이 지점장을 특검에 수사 의뢰를 했습니다. 이 지점장 아시죠?

노승일 부장 : 네 압니다.

박영선 위원 : 주로 어떤 일로 연락을 했습니까?

노승일 부장 : 주로 은행 업무 볼 때 연락을 하고요. 그 다음에 부동산 물건지 몇 건 추천받았습니다.

박영선 위원 : 네 이 분은 최순실 씨와 직접 서로 연락을 했던 사이 였나요?

노승일 부장 : 네 직통으로 연락이 됐습니다.

박영선 위원 : 그러면 이분한테 부동산 의뢰를 최순실 씨가 한 거군 요? 독일에서 뭐 집 사고, 호텔 사고 이런 것들.

노승일 부장 : 예 그분에게도 부탁을 하고 박승관 변호사한테도 부 탁을 하고 다른 부동산 업자한테도 부탁을 하고 그랬 습니다.

박영선 위원 : 그러면 박승관 변호사도 최순실 씨의 독일 재산과 관 련된 부분은 많이 알 수도 있겠네요?

노승일 부장 : 네 많이 압니다. 왜 그러냐면 지금 비덱타우누스나 정유라가 마지막으로 묵었던 그 집 최초로 보도됐던 그 집도 박승관 변호사가 두 건 다 소개한 걸로 알고 있습니다..

박영선 위원 : 그러면 이 지점장, 박승관 이 두 사람만 독일에서 조 사하면 됩니까? 데이비드 윤하고?

노승일 부장 : 네 맞습니다. 세 사람.

박영선 위원 : 세 사람이요?

노승일 부장 : 그리고 추후에 제가 나가고 나서 삼성자금 관리를 전 체적으로 한건 대리가…

박영선 위원 : 장 대리 이 사람은 어디 있습니까?

노승일 부장 : 지금 독일에 거주하는 걸로 알고 있습니다.

박영선 위원 : 그러면 네 사람을 불러와야 좀 완벽한 수사가 되겠네

요?

노승일 부장 : 네 맞습니다. 그래야 됩니다.

박영선 위원 : 그리고 최순실이 해외에서도 연설문을 고쳤다 이제 최순실의 노트북에서 연설문을 고쳤다 이게 독일에서 있었던 일이죠?

노승일 부장 : 아 연설문이 아니라 그 방미 페스티발 관련해서 그 부분을

박영선 위원 : 어떤 부분을 이거는 손을 댔습니까?

노승일 부장 : 제가 그거 슬쩍 봤다가 굉장히 면박을 받았기 때문에

박영선 위원 : 노트북을 통해서 독일에서도 미국 가는 자료를 열어 봤다는 건가요?

노승일 부장 : 네 미국 가는 자료는 제가 사용하던 컴퓨터에서 사용했습니다.

박영선 위원 : 그 컴퓨터에서요?

노승일 부장 : 네네.

박영선 위원 : 본인 노승일 씨 컴퓨터에서요?

노승일 부장 : 네네 사무실에서 했습니다.

박영선 위원 : 이것도 특검에 자료 제출했습니까?

노승일 부장 : 네 특검에 가있습니다.

박영선 위원 : 포항 연설문과 관련해서는 이거는 어디서 고쳤다는 건가요?

노승일 부장 : 포항 연설문에 관련해서는 고친 게 아니고요 일단 포항 연설문은 최순실이 쓰던 노트북에서 휴지통에 버

려져있던 것을 제가 갖고 온 겁니다.

박영선 위원 : 아 네 그럼 이것도 독일에서 연설문에 손을 댄 건가요?

노승일 부장 : 그거는 좀 오래된 연설문인거 같았습니다. 상당히.

박영선 위원 : 그렇습니까? 저하고 처음 만났을 때 제일 밝히기 힘든 게 삼성이라 그런다. 사람들이 삼성과 관련된 것은 다 작업이 들어오기 때문에 모든 것이 다, 지금 다 숨겨져 있는 그런 상태라서 이건 굉장히 밝히기 힘들거다. 이런 말 저한테 한적 있죠?

노승일 부장 : 네 맞습니다.

박영선 위원 : 노승일 참고인 얘기대로 삼성과 관련된 박 원장 박상진, 박 감독 그 어느 누구도 나오지 않았어요?

노승일 부장 : 네 공교롭게도 아무도 나오지 않았습니다.

박영선 위원 : 이재용 부회장 단 한 딱 한 사람 나오고 아무도 안 나왔어요. 이분들 왜 안 나왔다고 생각합니까?

노승일 부장 : 집중적으로 공격당하는 게 싫어서 안 나온 거 같습니다.

박영선 위원 : 삼성에서 집중 그때 말했던 거처럼 어떤 무슨 그런 작업이 들어갔다. 그런 표현을 하셨는데 이분들한테도 그런 영향이 있다고 생각하세요?

노승일 부장 : 네 박 원장님하고 박 감독님은 좀 그런 영향이 좀 없지 않아 있을 거 같다는 생각이 듭니다.

박영선 위원 : 오늘 이 박상진 사장 진단서도 보면 이게 이상한 게

굉장히 많은데요. 처음에 진단서는 서울 아산병원에
서 띄어요. 이번은 삼성 서울병원에 가서 합니다. 이
게 지금 진단서를 자세히 들여다보다보면 이게 급조
된 진단서라는 거를 알 수가 있기 때문에 위원장님
이 진단서 부분과 관련해서도 뭔가 조치가 있어야 되
지 않나 싶습니다. 수석전문위원에게 이것 좀 살펴보
라고 지시 좀 하십시오. 진단 연월일도 틀리고 지금
여기 좀 이상합니다. 좀 이게 여러 가지로 그리고 여
기 입원한 걸 보면 응급의학과라 돼있는데 이렇게 되
면 이게 응급실로 들어갔다는 소리거든요 그런데 이
진단서는 뭐라고 돼 있냐면 폐쇄병동 입원치료가 필
요하다. 이렇게 돼 있어요 앞뒤가 안 맞는 진단서입
니다. 이것도 좀 조치가 필요하고요.

　박근혜 정부의 최순실 등 민간인에 의한 국정농단 의혹사건
진상규명을 위한 국정조사 특별위원회 제7차 청문회 참고인으
로 출석해 더불어민주당 박영선 의원의 마지막 질문이 끝나고
박근혜 정부의 최순실 등 민간인에 의한 국정농단 의혹사건 진
상규명을 위한 국정조사 특별위원회 김성태 위원장의 질문에
이렇게 답했다.
　"제가 용기를 낸 건 대한민국에서 국민이 가장 무섭다는 걸
알리기 위해 용기를 냈습니다."

또 다른 증거

2017년 1월24일 이날 사건번호 2017고합184 특정범죄가중처벌등에관한법률위반(뇌물)등 피고인 최서원 외 재판에 증인으로 출석하기 위해서 K-스포츠재단에서 택시를 이용해 서울특별시 서초구에 위치한 서울중앙지방법원 서관 제417호 법정으로 향했다. 최순실을 2016년 6월 이후에 보는 첫 대면이었다.

이날 최순실이 더블루-K에서 회의하며 업무를 지시하고 최순실이 직접 자필로 메모해서 적어준 포스트잇과 그동안 회의를 하며 회의내용을 적어두었던 수첩을 증거물로 제출하기 위해 준비해 갔다.

서울중앙지방법원에 도착해 증인 대기실로 이동했다. 그리고 재판을 시작하는 소리가 들렸다. 서울중앙지방법원의 직원의 안내를 받아 417호 법정으로 이동했다. 417호 법정에 들어서며 2016년 6월 이후 처음 보는 최순실을 볼 수 있었다. 증인석에 앉아 우측에 앉아있는 최순실을 향해 고개를 돌렸다. 그리고 얼굴을 쳐다보았다. 최순실과 눈을 잠시 마주쳤다. 눈을 마주치며 "노 부장 머리는 뭐 하러 들고 다녀. 무겁게."라는 최순실이 내게 했던 말이 떠올랐다. 나와 눈이 마주친 최순실은 아래위로 고개를 두어 번 정도 끄덕였다. 무슨 의미일까?

그리고 증인에 대한 신문이 시작됐다.

검찰 : 증인은 변호인 측에서 유일하게 동의한 2016년 10월 20일자 1회 진술조서 조사에서 사실대로 진술하지 못했는데 그 이유는 무엇인가요?

노승일 증인 : 김필승 K스포츠재단 이사가 안종범의 보좌관으로부터 2페이지짜리 문건을 받았습니다. 미르재단 직원과 정동구 전 이사장이 조사받은 내용이 간략히 나와 있었고, 그 다음에는 어떤 질문에 어떻게 답하라, 모르면 모른다, 기억 안 난다, 이런 모범답안이 나와 있었습니다. 내가 조사받은 내용이 청와대로 올라가겠구나. 해서 사실대로 진술하지 못했습니다.

검찰 : 2016년 10월27일 오후 4시 경기도 오산시에서 증인이 최순실과 통화한 녹음파일을 재생하겠습니다. 주된 내용은 최순실이 JTBC 태블릿 공개 이후 여론 악화를 예측하고 "정권을 무너뜨리려고 다 잡아들이려 한다. 나도 검찰에 구속될지 몰라. 각오하고 있어요." 등 걱정하는 내용입니다.

노승일 증인 : 네. 맞습니다.

검찰 : 뉴슬리 계약도 최순실 지시인가?

노승일 증인 : 네. 그렇습니다.

검찰 : 계약 추진 목적은 무엇인가?

노승일 증인 : 2018년 평창 동계올림픽 개·폐회식장을 준비해야 했기 때문입니다. 최순실은 뉴슬리가 어느 정도 가능성이 있다고 생각했습니다.

최순실 변호인 : 최순실이 자기 주머니로 재단 돈을 가져간 적이 있나?

노승일 증인 : 최순실이 K스포츠와 연구 용역 2건을 계약하려다가 저지당했습니다. 더 스포츠엠은 만든 지 3개월여밖에 안 되는 회사인데 K스포츠재단 가이드 러너 컨퍼런스 행사를 대행했습니다. 여기 이사가 장시호입니다. 장시호는 최순실의 조카입니다. 이 업체를 최순실이 소개했습니다.

최순실 변호인 : 더 스포츠엠 계약은 정상적으로 진행된 것 아닌가요? 그 돈이 최순실에게 가야 사적 이익입니다. 최순실 주머니에 그 돈이 들어간 걸 증인이 아나요?

노승일 증인 : 감히 말하지만 더 스포츠엠은 최순실 거라고 생각합니다. 모든 사건 가능성을 열어놔야 합니다.

최순실변호인 : 증인이 최순실과 전화 통화를 녹음했는데 함정 녹음 아닌가요? 검찰에서 최순실에게 불리한 증언을 모으기 위해 그런 거 아닌가요? 검찰청에서 녹음한 거 아

닌가요?

노승일 증인 : 제가 이 자리에서 나갈까요? 제가 그렇게 진실 되지 않게 보입니까?

검찰 : 아까 법정 경위에게 맡겼다는 서류는 무슨 내용인가?

노승일 증인: 최순실이 저에게 회의 때 메모해서 준 포스트잇입니다. 포스트잇 5장 그리고 업무수첩입니다.

판사 : 일단 증거물로 받겠습니다.

검찰 : 실물화상기에 비춘 포스트잇에 42분, 국기원 15분 등이 적혀 있습니다. 무슨 내용인가요?

노승일 증인 : 멕시코 순방 관련 회의 도중 K스포츠 태권도 팀이 몇 분 정도 공연하는지 논의한 내용입니다.

판사 : 증언 끝났으니 증인 돌아가도 좋습니다. 피고인 하고 픈 말 있나요?

최순실 증인 : 모든 걸 정황상 저한테 전부 다 하는 것 같은데 저는 그런 의도로 이야기를 한 것도 아니고, 포스트잇이 어떻게 작성되어서 노승일 부장에게 전달됐는지 직접 전달한 적도 없는데 사전에 모으지 않았나 싶고, 황당하다고 해야 하나, 재단을 직접적으로 운영하고 사익을 추구했다고 하는데 저는 그런 목적으로 한 적이 없습니다.

헌법재판소

　2017년 2월 9일 이날 2016헌나1 대통령 박근혜 탄핵 재판에 증인으로 출석을 하기 위해 K-스포츠재단에서 자동차를 이용해 서울특별시 종로구에 위치한 헌법재판소로 향했다. 헌법재판소에 도착할 때 쯤 거리에는 태극기가 펄럭이고 대통령 박근혜는 무죄라고 주장하는 집회가 열리고 있었다. 2017년 1월 24일 피고인 최순실 재판에서도 최순실이 더블루케이에서 회의를 하며 업무를 지시하는 자필로 메모해서 주었던 포스트잇과 그동안 회의를 하며 회의내용을 적어두었던 수첩을 증거물로 제출해 최순실을 당황하게 했다. 2017년 2월 9일 헌법재판소에 피고인 박근혜 재판에 증인으로 출석하며 2015년 8월 독일로 출국하기 전 최순실이 직접 적어준 업무지시 내용과 독일에서 코어스포츠에서 업무를 지접 지시하며 메모해서 적어준 포스트잇도 이날 함께 제출하며 박근혜 대통령 포항연설문과 대통령 방미기념 한국문화 페스티벌이라는 참 대한민국 페스티벌을 프린트해 헌법재판소에 증거로 제출했다.

이정미 재판장 : 노승일 씨 나오셨습니까? 네. 앞으로 나오시겠습니까?

이정미 재판장 : 증인. 오랫동안 기다리셨는데요. 앞에 증인 신문이 좀 길어져서 기다리게 했습니다. 죄송합니다.

노승일 증인 : 괜찮습니다.

이정미 재판장 : 그리고 증인이 선서하신 후에 경험하지 않은 사실을 경험하신 것처럼 증언하시거나 기억이 불분명한대도 분명한 것처럼 이렇게 진술하는 등 거짓말을 하시면 위증죄로 처벌 받으실 수가 있습니다. 선서 하시겠습니까?

노승일 증인 : 선서! 양심에 따라 숨김과 보탬 없이 사실 그대로 말하고 만일 거짓이 있으면 위증의 벌을 받기로 맹세합니다. 증인 노승일.

국회탄핵변호인 : …증인은 청문회에서 증언하시기를 대통령이 퇴임 후 재단 이사장으로 오니까 민정 쪽에서 한 번 더 걸러야 하는 거 아닌가? 라고 생각했다고 증언하셨거든요?

노승일 증인 : 네. 맞습니다.

국회탄핵변호인 : 지금 말씀하신 내용이 그런 건가요?

노승일 증인 : 네. 맞습니다. K스포츠 태권도 시범단을 제가 담당을 했었는데 당시에 태권도 시범단 친구들이 한 13명 정

도 됐습니다. 그래서 그 부분이 다 최순실이 이력서 요구를 했고 제가 최순실한테 이력서를 갖다 주고 난 다음에 최순실한테 한 통화 전화를 받았었는데 한 친구는 태권도 도장을 만들려고 그런다. 한 친구는 뇌수술을 받은 경력이 있다, 그래서 제가 의무기록까지 이렇게 확인하는 걸 보니 어, 검증 부분이 민정 쪽에서 이루어지지 않았나? 최순실이 당시 또 이런 얘기도 했습니다. "대통령이 순방 가는데 돌발행동을 할 수 있으니 청와대 쪽에서 검증을 받아야 된다."고 얘기했습니다.

국회탄핵변호인 : 그래서 더 블루K 사무실에서 최순실이 주최한 회의에서 K스포츠 재단의 사업에 대한 안건도 있고, 재단과 더 블루K가 연계해서 추진하는 업무에 대한 안건에 대해서도 회의를 한 것이죠?

노승일 증인 : 네. 맞습니다.

국회탄핵변호인 : 네. 누가 누구에게 보고를 완료했다는 것인가요?

노승일 증인 : BH 보고 완료 그 당시 이 문건에 대해서 포스코하고 미팅을 2월 25일 날 가졌습니다. 2월 25일 날 갖고 난 다음에 더 블루K 사무실에 가서 최순실을 만났는데 최순실이 어제 어떻게 됐느냐? 물어본 겁니다. 그래서 그 부분에 대해서 제가 말씀을 드렸더니 그러면 그 부분을 보고서를 작성을 해라, 그리고 재단에 있는 정 사무총장을 통해서 BH 라인에 전달될 수 있

도록 조치를 취해라, 그렇게 된 겁니다. 그리고 그 날 25일 날 제가 이걸 작성을 하고 정 사무총장한테 전달을 하고 정 사무총장님하고 그날 저녁에 통화를 합니다. 그래서 정 사무총장님이 "잘 전달이 됐다"라고 얘기를 했습니다.

강일원 재판관 : 증인도 힘드실 것 같아요. 똑같은 질문을 지금 계속 검찰, 법원, 헌재 이걸 왜 물으시는 거예요? 지금 질문은 왜 물으시는 거예요? 이게 지금 소추 사유랑 자금 반환된 거 핵심만 물으시면 됩니다. 지금 검찰에서 여러 번 증언한 걸 또 묻고, 또 묻고

국회탄핵변호인 : 죄송합니다.

강일원 재판관 : 다 빼십시오. 이제.

국회탄핵변호인 : 혹시 최근에 증인이 검찰에 이런 내용의 지시 또는 메모가 적힌 포스트잇을 제출한 적이 있죠?

노승일 증인 : 네. 제출한 적이 있고 제가 오늘 또 두 건의 포스트잇을 갖고 왔습니다. 그 부분은 어, 제가 최순실 씨로부터 독일 가기 전부터 지시를 받았던 걸 제가 오늘 갖고 왔습니다.

박근혜 변호인 : 증인 독일어 못하시잖아요?

노승일 증인 : 그 질문을 이경재 변호사님께서도 하셨는데요. 독일에 가면 한인들이 부동산하시는 분들이 한 여덟 분 계시고요.

박근혜 변호인 : 통역을 통해서 했어요?

노승일 증인 : 한인 분입니다. 한국인. 한국인이고요. 그 다음에 박
　　　　　　　　승관 변호사도 한국분입니다.

박근혜 변호인 : 더 블루K 회사를 설립해서 아니 더 블루K 회사를 설
　　　　　　　　립하려고 한 것은 누구의 아이디어에요? 최순실 아
　　　　　　　　이디어에요?

노승일 증인 : 당연히 그 부분은 최순실 아이디어겠죠?

박근혜 변호인 : 최순실 아이디어다?

노승일 증인 : 네.

박근혜 변호인 : 왜 설립하려고 했을까요? 뭐 설립해서 돈을 벌라고
　　　　　　　　그랬겠죠?.

노승일 증인 : 저는 그 이유를 처음엔 몰랐습니다. 뭐 스포츠에 관
　　　　　　　　심이 많으셔서 그런가보다 했는데 나중에 알고 보니
　　　　　　　　구조가 플레이 그라운드가 미르를 지배하고 블루K가

박근혜 변호인 : 나중에 보니까 그렇다는 거죠?

노승일 증인 : 블루K는

박근혜 변호인 : 추측이니까 그만합시다. 그 부분은

노승일 증인 : 아니, 2월 달에 최순실 씨가 회의하자고 해서 갔더니
　　　　　　　　아까 전에 보여주신 더 블루K가 해야 될 일, 재단이
　　　　　　　　해야 될 일, 더 블루K와 재단이 협업해서 해야 될 일,
　　　　　　　　이렇게 분류를 해서 말씀해 주셔가지고 "아, 이 판도
　　　　　　　　최순실 판이구나." 전 그렇게 생각했습니다.

박근혜 변호인 : 최서원을 이용해가지고 재단 법인 K스포츠를 관련
　　　　　　　　해가지고 K스포츠 관련 사업으로 더 블루K회사 예

상 이런 회사 차려놓고 류 부장, 김 실장까지 이렇게 도움을 받으면서 같이 일을 한 걸로 이렇게 보이는데 그렇지 않습니까?

노승일 증인 : 그건 사실과 다릅니다. 저희 입장이 최순실을 이용할 입장도 아니고요. 저희가 청와대를 어떻게 알아서 청와대를 움직이고 그 문체부를 어떻게 알아서 문체부를 움직이겠습니까? 그리고 최순실은 직원들을 대할 때 음식점에 놓여 진 이쑤시개로 생각했는데 저희가 어떻게 그 분을 그렇게 이용을 할 수 있겠습니까? 그거는 진짜 말도 안 되는 얘기라고 생각합니다.

박근혜 변호인 : 그때 국회에서 증언하시는 거 보니까 문건 하나만 다운 받았습니다, 라고 얘길 하던데 왜 한건만 그렇게 다운받았습니까?

노승일 증인 : 한건은 최순실 노트북에서 한 건이고요. 최순실이 제 컴퓨터를 쓰면서 제 컴퓨터에서 받았던 건 한 건입니다. 그리고 각각의 한 건입니다. 그때 백승주 의원님께서 질문하셨을 때에는 어, 이해를 못하신 겁니다. 그러니까 노트북에서 그 다음 컴퓨터에서 따로, 따로인데 그거를 그냥 컴퓨터로 다 이해하신 것 같습니다. 그래서 한 건이라고 그렇게 말씀하신 것 같아요. 그래서 제가 다시 그 부분은 정정해서 말씀드렸습니다.

박근혜 변호인 : 증인은 이걸 해서 약점 잡아가지고 뭘 어떻게 하려고

뭐 다운 받은 건 아니에요?

노승일 증인 : 저는 누구의 약점을 잡아서 뭐를 하고 그러고 싶지는 않습니다.

박근혜 변호인 : 보통 사람은 잘 생각하기가 어렵잖아요? 남의 문서 이렇게 몰래 다운 받는 게

노승일 증인 : 남의 문서 몰래 다운 받는 게 보통 쉽지 않죠. 그런데

박근혜 변호인 : 쉽지 않죠.

노승일 증인 : 이 문건을 제가 정리하다보니 노트북에 '포항'이라는 폴더가 휴지통에 들어가 있었어요. 휴지통 폴더에 그래서 거기에서 보니 '포항'이라고 적혀있었고 '포항'을 클릭해보니 연설문이었습니다. 그래서 갖고 오게 된 겁니다.

박근혜 변호인 : 4-18 한번 물어보겠습니다. 그 용역 계약서 3억 자리, 4억 자리 두 개 만들어가지고 결국엔 돈을 못 받았는데 왜 못 받았어요?

노승일 증인 : 제가 그 부분은 김필승 이사하고 이철용 재무부장한테 얘기를 했습니다.

박근혜 변호인 : 그랬죠?

노승일 증인 : 네. 그 부분에 대해서는 더 블루K는 그러한 용역을 할 수 있는 업체가 아니었습니다. 또한 당시에 최순실 씨가 더 블루K에서 뭐라고 그랬냐면 이거를 받아서 외주를 준다고 했습니다. 그래서 제가 그 부분도 설명을 하면서 도움을 청했던 겁니다.

박근혜 변호인 : 증인은 부장인데 이렇게 중요한 거까지 이렇게 몇 분들한테 말씀하시면서 받으라, 마라, 그렇게 말씀하시네요?

노승일 증인 : 그거는 재단이 잘못되는 길이기 때문에 말씀을 드린 겁니다.

박근혜 변호인 : 아~ 재단이 잘못된 일이 있으면 증인은 꼭 말씀을 드리는 스타일인가요? 업무 스타일이?

노승일 증인 : 네. 맞습니다.

박근혜 변호인 : 알겠습니다. 이거 하나만 물어보겠습니다. 증인은 최근 K스포츠가 빨리 정상화 되가지고 기존에 하려던 사업을 했으면 좋겠다, 고 이렇게 말했던데 기존의 모든 사업이 최서원 지시로 이루어졌다고 그러는데 다시 사업을 진행하면 최서원의 지시대로 되는 거 아닙니까? 사업을 다시 정상화시키면 어떻게 됩니까? 이게?

노승일 증인 : 기존의 사업이라고 표현했던 부분은 단 이겁니다. 돈 없고 백 없고 그런 아이들 꿈만 있으면 운동할 수 있게끔 환경을 열어주는 게 재단인데, 그런 일을 다시 정상적으로 하고 싶다. 이 돈은 어렵게 거쳤지만 이 돈은 정말 깨끗하게 뜻 있는 아이들한테 꿈과 희망을 줄 수 있다면 그렇게 사용이 됐으면 좋겠다. 그 뜻입니다. 기존의 최순실이 지시했던 사업을 다시 만들어서 하겠다, 라는 게 아니고요.

박근혜 변호인 : 아, 그렇다면 최순실이 K스포츠 재단에 아주 영향력이 큰 사람일 수는 있지만은 업무에 있어서 최종 결정권자는 이사장이라고 봐야 되는 거 아닌가요?

노승일 증인 : 그게 기본적으로 맞는 구조죠. 하지만 최순실 씨가 실제로는 모든 권한을 다 행사를 했습니다.

박근혜 변호인 : 아니, 실제로 행사했다고 하는데 실제로 7억 원 지급이 거절 됐는데 어떻게 최순실이 다...

노승일 증인 : 그 부분에 대해서 이경재 변호사님도 그날 서울 지방법원에서 저한테 똑같은 질문을 똑같이 하셨어요. 저도 똑같이 말씀을 드렸습니다. 그렇게 지금과 같이

박근혜 변호인 : 지금 앞에 화면을 한 번 보시고 설명을 해주시죠.

노승일 증인 : 네. 그 우측에 보이는 게 컨설팅 회사 스포츠 에이전시, 계약서, 포함이라고 되어 있고요. 계약 조건, 계약 기간, 지급, 결제 방법 등 최순실이 그 이 부분을 결정해야 된다고 했습니다.

노승일 증인 : 그리고 삼성으로 이제 박 원장을 통해서 삼성으로 전달이 되고요. 네. 이 문건 하나하고요. 이거는 이제 승마선수 육성을 해야 되는데 한번 양식을 만들어봐라, 그래서 상단에 쓰여 있는데 채점표, 그리고 심사위원 표지, 평가, 그리고 각 개인의 성적, 그 다음에 뭐 시합, 그 다음의 훈련 표, 그 다음에 컨설팅 회사 의견서, 그 다음에 밑에 쓰여 있는 게 흘려서 썼지만 대표 급, 이렇게 쓰여 있는 겁니다. 그 나머지는 좀

제가 약간 알아보기 힘들어서요. 그 독일에서 매니지
먼트 했을 때 최순실은 승마를 육성을 하려고 했습니
다. 그래서 승마는 삼성으로 이렇게 진행을 시키려고
했었습니다.

박근혜 변호인 : 네. 그리고 증인 아, 네.

이정미 재판장 : 이거는 어떤 서류입니까?

박근혜 변호인 : 이거는 어떤 자료인가요?

노승일 증인 : 네. 이거는 최순실이 저에게 그날 그 한국에서 8월 초
에 마지막으로 미팅했을 때, 급여 문제 얘기했을 때
최 변호사라고 되어있고요. 그 변호사님의 전화번호
를 적어준 겁니다. 우측 상단을 보시면요. 그 부분은
뭐냐면 최 변호사는 조 대표 이후에 더 블루K 대표가
됩니다. 그래서 제가 최 변호사를 더 블루K에서 봐서
'아, 저번에 일전에 나한테 메모를 주신 분이 이 분이
구나.' 제가 이제 그렇게 생각을 했죠. 그리고 이 변
호사 그 전화번호를 왜 적어줬냐면요. 독일에 법인
을 설립하고 독일에 회사를 운영하기 위해서 이 분한
테 한번 조언을 구하라, 그러면서 저한테 적어준 겁
니다. 직접 이 부분은 좌측 상단에 보시면 IMG, 인프
런트 이런 거 쓰여 있거든요. 그 다음에 세계적 마케
팅 회사라고 이건 직접 다 최순실 자필로 다 써 준거
고요. 그 코어스포츠에 홈페이지를 만들어야 되는데
IMG와 인프런트와 같이 좀 만들어라. 그리고 세계 스

포츠 마케팅 회사인 IMG와 인프런트를 어느 정도로 좀 벤치마킹 하라 이런 뜻이었습니다. 회사를 설립하면서 우측상단에 보시면 로고 플러스 되어 있습니다. 그래서 회사에 로고는 뭘로 할 건지, 그 다음에 홈페이지 도메인, 그 다음 이 메일 주소, 웹사이트 구축, 코어스포츠 이런 부분들 업무 지시를 했던 부분이고요. 좌측 하단에 보시면 사무기기, 사무용품 언급하면서 프린트, 종이, A4, 그 다음에 테이프 가장 본인이 좋아하시는 포스트잇까지 써놨습니다. 좌측 상단에 보시면 코어스포츠에서 등기, 공증, 상의, 그리고 회사, 직원 셋업, 그리고 기구표 완성 이렇게 해서 업무를 지시한 내용입니다. 코어스포츠에서

박근혜 변호인: 이게 다 최순실 씨 글씨라는 건가요?

노승일 증인 : 네. 맞습니다. 제가 지금 읽어드린 건 최순실 씨가 자필로 다 써 준겁니다.

박근혜 변호인 : 그럼 포스트잇은 최순실 씨가 글씨를 써서 증인한테 줬다. 라는 내용이고

노승일 증인 : 네. 저한테 전달해 준겁니다.

박근혜 변호인 : 이 수첩은 증인의 수첩인가요?

노승일 증인 : 네. 맞습니다.

박근혜 변호인 : 증인의 수첩을 이렇게 뭐 달라고 해서 적어준 건가요? 아니면

노승일 증인 : 아, 그때 당시에 저한테 메모할 게 뭐가 있냐? 그래서

수첩을 건네드린 겁니다.

박근혜 변호인 : 그런데 증인이 이 USB가 왜 하필이면 기자에게 주지
않고 이렇게 더 민주당의 원내대표를 지낸 박영선 의
원에게 이 USB를 전달해 준 것은 정치적으로 이용할
명백한 의도가 있는 거 아닙니까?

노승일 증인 : 청문회 안 보셨습니까? 백승주 의원님께서 똑같이 저
한테 질문 하셨거든요?

박근혜 변호인 : 아니요. 그거를 물어보는 게 아니고

노승일 증인 : 그래서 제가 똑같이 다시 한 번 말씀드리면요. 여러
의원님들 다 훌륭하시고 존경스럽습니다. 하지만 이
자료가 진실 되게 세상 밖으로 밝힐 수 있는 건 박영
선 의원님이라고 생각했기 때문에 그 분을 택한 겁니
다. 라고 말씀드렸습니다. 자, 오늘요. 저도 답답해서
한 말씀드리는데요.

박근혜 변호인 : 네네.

노승일 증인 : 이경재 변호사가 질문했던 거, 백승주 의원이 질문했
던 거, 새누리에서 질문했던 거, 다 중복 되서 이렇게
질문하시면

박근혜 변호인 : 아니요. 증인! 지금 대통령 측 변호인으로서는 증인
한테 얼마든지 신문할 수 있는 권리가 있습니까? 왜
냐면 국민이 뽑은 대통령을 탄핵하는 이 중대한 재판
에서 어떻게 증인이 대통령 측 변호인에게 무례하게

이정미 재판장 : 서 변호사님!

노승일 증인 : 그럼 대통령은 윗분이고 국민은 하찮은 인간입니까?

박근혜 변호인 : 아니, 제 질문에 대해서

이정미 재판장 : 서 변호사님!

노승일 증인 : 말씀하시는 게 그런 거 아닙니까? 지금!

이정미 재판장 : 증인! 조용히 하십시오! 서 변호사님, 이제 질문 끝나셨으면 마무리 하겠습니다.

강일원 재판관 : 마지막으로 이것만 좀 의문이 들 것 같습니다. 확인을 해보는데 최서원 씨는 우리 재판장에서 뭐라고 증언 하시냐면요? 지금 본인이 한 일은 별것이 없는데 지금 증인이나 아니면 박 과장, 류 부장, 김 실장 이런 분들이 다 자기들 잇속을 챙기느라고 본인을 그렇게 엮었다, 이렇게 지금 증언을 하고 있습니다.

노승일 증인 : 네. 저는 그 부분은 전혀 사실이 아니라고 다시 한 번 말씀드리고요. K스포츠 재단이 노조가 만들어졌습니다. 원래 노조 설립을 8월 1일 날 설립하려고 했었는데 8월 초에 하려고 했었는데 그걸 최순실 씨가 가로막았습니다. 그리고 난 다음에 저희가 2016년 10월 달쯤에 노조를 다시 만드는데 그 부분은 마지막에 최순실한테 허락을 받고 만든 겁니다.

강일원 재판관 : 아, 그때까지도 허락을 받고 노조를 만들었습니까?

노승일 증인 : 네네.

이정미 재판장 : 네. 노승일 증인에 대한 신문은 이것으로 마치도록 하겠습니다. 증인 수고 많이 하셨습니다. 가서도 좋

습니다.

노승일 증인 : 네. 감사합니다.

노승일 청조준

법정에서 윙크를 날리다

2017년 5월 2일 이날 사건번호 2017고합194 뇌물공여 등 피고인 이재용 외 4명 재판에 증인으로 출석하기 위해서 K-스포츠재단에서 택시를 이용해 서울특별시 서초구에 위치한 서울중앙지방법원 서관 제312호 법정으로 이동해 도착을 했다.

택시요금을 내려는 순간 사장님께서 요금을 받지 않겠다고 하시며 '내가 노승일 부장님께 어떻게 돈을 받을 수 있냐'며 손사래를 치며 못 받겠다고 하셨다. 택시요금을 건네며 이렇게 말씀드렸다.

'저는 대한민국 국민 모든 분들께 빚을 졌습니다. 건강하세요.' 라고 말씀드리며 내렸다.

택시를 타면 이렇게 말씀 하시는 사장님들을 지금도 자주 만나게 된다. 택시만 그런 게 아니다. 식사를 하기 위해 식당을 가도, 커피를 마시러 가거나, 맥주 한잔을 해도 이런 분들을 종종 만나게 된다. 길거리에서 나를 알아본 시민 분들의 응원도 이어진다. 너무 감사하다. 죄송스럽다.

312호 법정에 들어서니 많은 분들이 방청석에 앉아 있었다. 앞줄에 앉아 재판이 시작되기를 기다리고 있었다.

'노승일 증인'하며 재판장이 나를 부른다. 자리에서 일어나 재판장 앞에 놓여있는 증인석으로 향했다.

삼성전자 이재용 부회장과 박상진 사장 황성수 전무가 피고인 자리에 앉아있었다. 삼성전자 박상진 사장과 황성수 전무는 2015년 8월 26일 독일 프랑크푸르트 인터콘티넨탈호텔에서 삼성전자와 최순실의 코어스포츠의 승마지원을 위한 스포츠 매니지먼트 계약을 체결하기 위해 만났던 사람들이다. 그때 내가 찍은 사진으로 인해 박상진 사장과 황성수 전무가 그 자리에 있었다는 것이 고스란히 증거로 남아 있게 되었다. 그때 가슴 조이며 사진을 찍었던 순간이 떠올랐다.

특히 삼성전자 박상진 사장은 2016년 1월 18일 K-스포츠재단 현판제막식에서도 본 적이 있다. 사건번호 2017고합194 뇌물공여 등 피고인 이재용 외 4명의 첫 재판의 증인이 나였다. 이제 이들의 첫 재판이 시작됐다.

박영수특별검사측의 질문이 끝나고 피고인 이재용 외 4인의 변호인단의 질문이 이어졌다. 증인의 감정을 건드리며 질문을 이어갔고, 나는 그 질문에 웃으며 답했다. 내 얼굴을 보며 이재용은 수시로 입술에 무엇인가를 바르며 웃었다. 그런 이재용의 눈을 쳐다보며 윙크를 날렸다.

재판이 다 끝나고 귀가하는 중에 길에서 이재용 외 4인을 변호했던 변호인단 중 두 분을 만났다. 나는 그 두 분께 건강하세요. 라고 웃으며 인사를 건넸다.

체념

　2017년 6월 5일 이날 사건번호 2017고합184 특정범죄가중처벌등에관한법률위반(뇌물) 등 피고인 최서원과 박근혜 재판에 증인으로 출석하기 위해서 K-스포츠재단에서 택시를 이용해 서울특별시 서초구에 위치한 서울중앙지방법원 서관 제417호 법정으로 향했다.

　최순실은 재판에 출석하지 않았다. 어지럼증으로 넘어져 온몸에 타박상을 입었고 꼬리뼈 통증이 심하다는 불출석 사유서를 냈다. 최순실의 변호인 이경재 변호사만 출석했다. 나는 2017년 2월 9일 2016헌나1 대통령 박근혜 탄핵 재판에 증인으로 출석을 하며 2015년 8월 독일로 출국하기 전 최순실이 직접 적어준 업무지시 내용과 독일에서 코어스포츠에서 업무를 지접 지시하며 메모해서 적어준 포스트잇도 이날 함께 제출하며 박근혜 대통령 포항연설문과 대통령 방미기념 한국문화 페스티벌이라는 참 대한민국 페스티벌을 프린트해 증거로 제출하기 위해 준비해 갔다.

피고인 최순실의 변호인 이경재 변호인은 증인이 재판에 출석할 때 마다 돌발적으로 제출하는 증거자료 때문에 당황스럽다고 말했다.

증인의 감정을 건드리는 피고인 박근혜 변호인 유영하와 피고인 최순실의 변호인 이경재 변호인과 이날 재판에서 언성이 높아지며 싸웠다. 나는 이날 이경재 변호인에게서 피고인 최순실을 보았다.

증인신문이 시작되었다.

검찰 : 증인은 2015년 7월31일 최순실 씨를 만나 독일에서 매니지먼트 회사를 맡아 달라는 부탁을 들었죠?

노승일 증인 : 그렇습니다. 당시 최순실 씨가 자필로 현지 변호사의 연락처와 어떤 일을 해야 할지 메모해준 부분이 있어서 가지고 왔습니다.

검찰 : 제시해줄 수 있나요?

박근혜 변호인 : 증거 동의·부동의 과정을 거치지 않았습니다.

검찰 : 사진 5장입니다. 저희와 상의 없이 증인이 가져온 것이다. 추가 증거로 제출하겠습니다.

판사 : 검찰은 증거 신청을 먼저 해주시고, 변호인의 의견을 들어야 한다. 지금 변호인이 열람하세요.

최순실 변호인 : 원본도 같이 볼 수 있나요?

노승일 증인 : 원본은 현재 소지하지 않고 있습니다. 포스트잇은 헌

법재판소에 제출했습니다. 수첩은 집에 있습니다.

최순실 변호인 : 그렇다면 동의하기 어렵습니다. 증인이 불쑥불쑥 자료를 가져오면 차질을 빚을 수 있습니다.

검찰 : 이 증거 자체는 본인 진술을 보강하기 위한 것일 뿐입니다.

판사 : 오늘 증거로 제출하고 내용에 대해 물어보는 것으로 하시죠?

검찰 : 이 사진 속의 메모는 본인이 직접 수첩에 작성한 것인가요?

노승일 증인 : 아닙니다. 최순실 씨가 메모할 종이를 달라고 해서 포스트잇이나 수첩을 건넸습니다. 최순실 씨가 자필로 작성한 것입니다. 일부는 최씨의 지시를 받고 제가 메모한 것도 있습니다.

검찰 : 하나하나 설명해 줄 수 있나요?

노승일 증인 : 1번은 독일에서 정유라가 머물렀던 예거호프 승마장 관련 연락처입니다. 제가 적었습니다. 2번은 독일에서 최순실 씨가 저에게 회사 등기, 공증, 직원 구성, 조직을 만들라는 업무지시를 내린 것입니다. 최순실 씨가 직접 적었습니다. 3번은 사무실에 놓을 집기, 홈페이지 구축 등을 지시했습니다. 최순실 씨의 자필입니다. 4번은 코어스포츠 로고를 파랑과 빨강으로 만들라는 등 업무지시입니다. 역시 최순실 씨가 적었습니다. 5번은 변호사 전화번호를 적어준 최순실 씨

자필 메모입니다.

최순실 변호인 : 입증 취지가 뭔가? 삼성 뇌물과 무슨 관련이 있나요?

검찰 : 최순실 씨가 노승일 증인으로 하여금 페이퍼 컴퍼니인 코어스포츠를 만들게 해서 삼성으로부터 금전 지원을 받았다는 것을 입증하기 위해서입니다.

박근혜 변호인 : 문서도 아니고 사진 촬영한 것인데, 원본의 존재가….

판사 : 복사기로 복사하는 것과 사진 찍는 게 다른가요?

박근혜 변호인 : 증거 제출 방식의 특이성이 문제가 됩니다. 증인은 수많은 검찰 조사에 응하고, 다수의 공판 출석이 있었습니다. 그런데 오늘 갑자기 새로운 증거라며 돌연히 증거를 제출했습니다. 즉석에서 증거로 채택되는 것에 이의가 있습니다.

판사 : 재판부 협의 결과, 지금 증거로 검토하기는 부적절하며, 검찰이 정식으로 제출하면 그때 신문하기로 하겠습니다.

검찰 : 독일 출국 전에 최순실 씨의 지시로 서울 가든호텔에서 데이비드 윤을 만나 매니지먼트 회사 설립에 대해 의논했나요?

노승일 증인 : 그렇습니다.

검찰 : 독일 출국 이후에는 박 전 승마협회 전무를 만났고, 삼성이 정유라 씨에게 거액을 지원하게 된 경위에 대해 대화했나요?

노승일 증인 : 그렇습니다.

검찰 : 박 전무가 이재용 전 부회장도 승마 선수였고, 이재용 부회장이 자신을 '선생님'이라고 부른다고 말했나요?

노승일 증인 : 그렇습니다.

검찰 : 박 전무는 또한 삼성 돈은 탈이 나지 않는다고 말하지 않았나요?

노승일 증인 : 정유라 혼자만 지원받으면 탈이 날 수 있어서 나머지 선수들을 들러리로 넣은 것이라고 말했습니다. 삼성 돈은 탈 안 난다. 삼성은 치밀하다, 라고 말했습니다.

박근혜 변호인 : 증인은 최순실 씨와 관련된 내용을 계속해서 저장장치에 담거나 사진으로 찍었습니다. 마치 자료 수집 목적으로 최씨 주위에 머문 것 같은데?

검찰 : 변호인은 질문의 취지를 알려 달라.

노승일 증인 : 내가 계획적으로 폭로했다고 하는 건가요?

박근혜 변호인 : 사진을 촬영해둔 이유가 무엇인가요?

노승일 증인 : 진실을 밝히기 위해서입니다.

박근혜 변호인 : 최순실 씨에게 속아서 코어스포츠를 그만두게 됐다고 말했는데, 왜 또 K스포츠재단에 입사한 것인가요?

노승일 증인 : 처음 입사할 때는 최순실 씨가 관여하는 곳인지 몰랐습니다.

박근혜 변호인 : 나중에 알고도 안 나왔나요?

노승일 증인 : 솔직히 말하면 다른 데 취직을 못해서 남아 있을 수

밖에 없었습니다. 또 그만 두면 실업자였습니다.

박근혜 변호인 : 그러니까 증인이 지금 한 말은….

노승일 증인 : 피고인의 변호인이 왜곡하면서까지 질문을 던져야 합니까?

박근혜 변호인 : 누가 왜곡을 해!

노승일 증인 : 제가 답변하는 것에 대해서 왜곡하지 않습니까!

판사 : 증인, 흥분하면 질문 시간이 길어지고 감정만 안 좋아 진다. 변호인도 흥분을 가라앉히고….

박근혜 변호인 : 제가 증인이 거짓말한다고 얘기한 적 없죠?

노승일 증인 : 당신은 거짓말합니다. 라는 식으로 질문하지 않았습 니까?

최순실 변호인 : 증인은 독일에서 코어스포츠 회사용 중고차 2대를 구입했는데, 폭스바겐 밴을 구입하면서 정상가보다 두 배를 지출해 말썽을 일으킨 적 있죠?

노승일 증인 : 최순실, 데이비드 윤, 저, 세 명이 폭스바겐 매장에 갔고 협상과 지불은 최순실이 했습니다. 제가 어떻게 두 배 이상 지불하겠습니까? 최순실스러운 질문을 하지 말고 제대로 질문하세요! 제가 그 정도 양심도 없어 보입니까?

판사 : 증인신문이 어려워 보입니다. 잠시 휴정하고. 변호인 이 과도한 면이 있긴 합니다. 감정 싸움할 만한 것 생 략하고 빨리 심리 진행하세요.

최순실 변호인 : 증인 태도를 보면서 상당히 마음이 위축돼서 묻고 싶

은 것을 물을 수 있을 런지…. 증인은 독일 체류 기간

중 영수증을 수집해서 문제된 적 있죠?

노승일 증인 : 없습니다.

이완영 의원이 고소한 명예훼손 무혐의

2017년 8월 13일 이날은 2016년 12월 22일 박근혜 정부의 최순실 등 민간인에 의한 국정농단 의혹사건 진상규명을 위한 국정조사 특별위원회 5차 청문회가 끝나고 자유한국당 국회의원 이완영 의원이 2017년 1월 5일 서울남부지방검찰청에 명예훼손으로 나를 고소한 사건이 서울중앙지방검찰청으로 옮겨져 2017년 5월 24일 피고인 조사와 2017년 6월 13일 K-스포츠재단 박 과장과 정 이사장 그리고 나와 함께 대질심문을 했다. 하지만 서로 상반되는 주장과 진술을 반복하며 대질심문을 끝냈다.

서울중앙지방검찰청에 피고인 조사를 받으러 가기 전 2017년 1월 18일 K-스포츠재단 직원들에게 부탁을 해 2016년 12월 12일 직원들과 함께 점심식사를 하기 위해 이동하며 박 과장에게 들었던 내용을 '사실확인서'를 통해 작성해 달라고 부탁해 이철용, 강지곤, 홍성환, 박재호 직원이 작성해 준 사실확인서를 검찰에 제출했다.

　2017년 8월 13일 자유한국당 이완영 국회의원이 명예훼손 혐의로 고소한 사건이 무혐의로 결론이 났다.

에필로그

2018년 2월 13일 오늘 최순실에게 징역 20년이 선고되었습니다. 저에게 "머리는 뭐 하러 들고 다녀. 무거운데."라고 인격 모독을 했던 최순실의 모습이 떠오릅니다. 이재용의 무죄나 다름없는 2심 판결을 보면서 대한민국 사법부를 불신해야 했던 무거운 마음이 조금은 위로되었습니다.

저는 '박근혜 정부의 최순실 등 민간인에 의한 국정농단 의혹 사건 진상규명을 위한 국정조사 특별위원회 청문회' 이후 수많은 사람들로부터 지지와 격려를 받았습니다. 이 시대의 진정한 의인이라며 저에게는 과분한 평가를 해 주었습니다.

저는 한때 적폐의 중심에 있었습니다. 2014년 12월부터 2016년 10월까지 3년 동안 최순실의 직원으로 일하며 제가 겪었던 일에 대해 서술했습니다.

많은 분들이 저의 용기에 박수를 치지만 최순실에게 협력하며 살아야 했던 지난날들은 인생에 있어서 가장 수치스러운 순간이기도 했습니다. 그래서 청문회 이후 조용히 세상 사람들에게서 잊혀지기를 바란 적도 있었습니다.

독일에서 최순실에 의한 국정농단 자료를 모으기 위하여 최대한 최순실에게서 의심받지 않기 위해 저는 노력을 많이 했습니다. 그래서 어떤 때는 최순실이 저를 의심하기도 했지만, 저에 대한 신뢰를 거둘 수 없었던 처지 때문에 최순실의 다급한 전화통화를 녹음할 수 있었습니다.

최순실의 국정농단에 대해 정확하게 인지한 이후에는 그것을 고발하기 위한 저의 증거수집 과정은 매우 위험했지만 그런 위험을 무릅쓰고 내부 고발을 했기 때문에, 저의 지난날의 행동이 비난받아 마땅함에도 불구하고 많은 분들이 저를 용서해줬다고 생각합니다.

지난 청문회를 통해 진실만을 말하면서 박근혜 최순실의 국정농단을 증언했듯이 이 책을 통해 그동안 말하지 못했던 보다 자세한 과정을 말하고자 했습니다.

이 책을 쓰기까지 끝없는 고민을 하다 보니 이 책이 나왔을 때는 다소 철지난 얘기가 될 수도 있을 것입니다. 그만큼 제가 이 책을 집필하게 된 것은 저의 개인적인 사리사욕을 채우기 위한 것이 아니라 저의 부끄러운 지난 일들에 대해 국민 여러분들에게 알려드리고 제대로 사죄드리기 위해서 입니다. 다시 한 번 저에게 대한민국에서 국가와 사회에 봉사하며 살 수 있는 기회를 주시길 바랍니다.

2016년 그해 겨울 박근혜 최순실 이재용 등에 저항하며 촛불을 들었던 국민여러분들은 저에게 큰 힘이 되었습니다. 청문회 이후 저에게 용기를 주었던 국민 여러분들께 다시 한 번 고개 숙여 사죄드리며 간절히 용서를 바랍니다.

이 책을 판매하며 받게 되는 인세는 대한청소년체육회의 운영과 운동선수의 꿈을 향해 노력하는 친구들에게 도움을 주기 위해 사용하려고 합니다. 저는 지난 날 K-스포츠재단이 이러한 일들을 하는 그런 재단이 되기를 간절히 바랐습니다.

이 책이 나올 때까지 도와주셨던 화백 박재동 선생님, 매직하우스 백승대 대표, 권혜진, 윤창원, 정지훈, 노진환, 신방현, 임광오, 장혜옥, 안수철, 김성운, 그리고 가족과 친구들에게 감사합니다. 진실을 밝히기 위해 헌신의 노력을 하신 대한민국 국회와 법원, 검찰 그리고 대한민국 국민의 눈과 귀와 입이 되어주신 언론사 그리고 기자님들에게 감사합니다. 2016년 10월 29일부터 광화문광장에서 진실의 촛불을 든 대한민국 국민 여러분 다시 한 번 고개 숙여 사죄드립니다.

2018년 2월 13일

노승일